Más allá del dolor de la pérdida

Más allá del dolor de la pérdida

Mindfulness y compasión
para un duelo consciente

Lorena Alonso Llácer

VERGARA

Papel certificado por el Forest Stewardship Council®

MIXTO
Papel procedente de
fuentes responsables
FSC® C117695

Penguin
Random House
Grupo Editorial

Primera edición: enero de 2022

© 2022, Lorena Alonso Llácer
© 2022, Penguin Random House Grupo Editorial, S. A. U.
Travessera de Gràcia, 4749. 08021 Barcelona

Printed in Spain – Impreso en España

ISBN: 978-84-18620-28-7
Depósito legal: B-15.226-2021

Compuesto en Llibresimes, S. L.

Impreso en Romanyà Valls, S.A.
Capellades (Barcelona)

VE 2 0 2 8 7

*Para todas aquellas personas que,
en el paisaje desolado de la pérdida y la muerte,
necesitan una antorcha de luz para encontrar
el camino de regreso a casa.
Para todos los seres cuyo corazón roto grita la ausencia
de los que se fueron. Estamos juntos y juntas en esto*

ÍNDICE

PARTE II

INTRODUCCIÓN

Si en el despertar de la noche, abro los ojos y
tú no estás, me serena pensar y sentir que en mi
espacio interno y en mi corazón siempre habrá
un lugar para ti.

Cada vez que tomo consciencia de tu ausencia,
soy consciente también de tu presencia y eso
me ayuda a continuar en la noche oscura del
alma, porque entiendo que al día siguiente saldrá el sol, y tú seguirás en mi corazón.

Un día me levanté con estas dos frases en mi mente. En ese momento entendí que tenía que empezar a escribir y sumergirme
en la maravillosa aventura de adaptar los programas de *mindfulness* y compasión en los que me había entrenado y formado, para
dirigirme a una población específica. Concretamente a aquellas
personas que han perdido a un ser querido y se sienten vulnerables en este largo camino de sufrimiento, aunque desde mi
visión, también de oportunidad para adentrarse en el interior,
sanar heridas y continuar el viaje de la vida con mayor consciencia y resiliencia.

El libro está dividido en dos partes bien diferenciadas. La primera parte trata de aproximarse progresivamente a la muerte y la impermanencia —conceptos desarrollados en el capítulo 1— a través de reflexiones personales halladas en mi mentecorazón durante estados meditativos que me han conducido sin reservas a la voz de la sabiduría, que habita dentro de mí y en el interior de todos los seres sin distinción. En el capítulo 2 me acerco de una forma sencilla al proceso de duelo mediante los diferentes modelos teóricos de alta relevancia que me permitieron reflexionar sobre las necesidades de los dolientes para poder crear el programa de intervención grupal (también aplicable individualmente), y que ahora comparto con el lector con el fin de que pueda identificar sus necesidades, las fases en las que se encuentra y las tareas a realizar durante el proceso. En el capítulo 3 abro el mundo *mindful* como filosofía de vida para poder acercarnos a nosotros mismos sin reservas, y conectarnos de nuevo con nuestra esencia-corazón a través de la apertura de la consciencia, que nos permite aproximarnos a todas nuestras experiencias internas y externas con paciencia, amabilidad y aceptación. En el capítulo 4 hago una presentación acerca de la compasión como joya preciosa que permite sanar las heridas más profundas de nuestro noble y sabio corazón. En el capítulo 5 comparto una disertación de cómo el *mindfulness* y la compasión pueden contribuir a la elaboración del duelo, y animo al lector a que se embarque en la práctica. Por último, en el capítulo 6 presento el programa MADED (*Mindfulness* y autocompasión para la aceptación del dolor y las emociones en el duelo) justificando el hilo conductor de las diferentes sesiones que forman parte del programa.

En la segunda parte del libro dedico un capítulo completo a cada una de las sesiones que constituyen el programa MADED con la intención de acompañar al lector durante su proceso de duelo semana tras semana, y le proporciono el material necesario para las reflexiones y la práctica personal. En ningún caso el libro sustituye el buen hacer de un profesional de la salud que aplique este programa de intervención en formato grupal (para lo que ha sido diseñado) o individual. Sí sirve como un acercamiento para que el doliente pueda empezar a saborear los beneficios de la práctica y desde esa concienciación y motivación poder embarcarse en el programa posteriormente, cuando se encuentre preparado, de la mano de alguien experto en este tipo de acompañamiento. En el capítulo 7 se sientan las bases de la práctica de la atención plena y cómo esta puede ayudar a normalizar y gestionar las diferentes manifestaciones del duelo. En el capítulo 8 vamos en busca del tesoro perdido, que tiene que ver con la potenciación de los recursos personales a través de la imaginería mental, para encontrar en nuestro interior lugares de seguridad que permitan al doliente, posteriormente, tener la confianza plena de abrir «la caja de pandora», donde se encuentra enquistado el gran dolor de la pérdida. En el capítulo 9 guío al lector a través de diferentes prácticas meditativas que integran las imágenes como formas de llegar más directamente a la parte emocional, para que pueda abrir su corazón y empezar a conectar con el dolor emocional de la pérdida, así como relacionarse de una forma más sana con los pensamientos dañinos. En los capítulos 10 y 11 nos vamos acercando poco a poco a las diferentes emociones que el doliente puede estar experimentando, a través de ejercicios de concienciación, regulación emocional con práctica meditativa, cuentos y metáforas. Además, teniendo en cuenta que la culpa es una emoción difícil que puede llegar a ser invalidante y que puede complicar el proceso del duelo, en el capítulo 12 acompaño al lector en el viaje a la profundidad de su psique para explorar los sentimientos de culpa que le atormentan; desde ahí, podrá empezar a cultivar la autocompasión, bálsamo eficiente frente a esas raíces tan profundas de dolor. En el capítulo 13 trato de reconocer con el doliente las tareas pendientes con el ser querido fallecido y, mediante diferentes herramientas terapéuticas integradas en la práctica meditativa, le hago una invitación para expresarlas y partir desde ahí hacia una sana despedida. En el capítulo 14 se identifican los pilares de la serenidad en los que el doliente puede sujetarse para no caer y proseguir el viaje. Además, se inicia la práctica de la bondad amorosa en diferentes etapas, que incluye también al ser querido fallecido. En el capítulo 15 se exploran las necesidades espirituales de los dolientes y hago una invitación a realizar este trabajo en formato de retiro de meditación y silencio en compañía de otros seres que también estén en proceso de duelo. Para finalizar, en el capítulo 16 animo al lector a seguir transitando el camino del duelo y de la vida con las enseñanzas que esa experiencia tan desgarradora le ha hecho descubrir y de esa manera poder seguir cultivando todo aquello que pueda darle sentido a su existencia. El capítulo 17 refleja los resultados más importantes de la investigación que llevé a cabo para la tesis doctoral que defendí en 2017, titulada *Mindfulness y duelo: Cómo la serenidad mindful y la compasión contribuyen al bienestar tras la pérdida del ser querido. Programa MADED (Mindfulness para la aceptación del dolor y las emociones en el duelo).* He sentido la necesidad de resumir la esencia de los resultados, ya que gracias a esta investigación he podido escribir este libro. En el apartado de notas finales reflejo cómo la situación actual en la que nos hallamos como humanidad —sumergidos en un cambio global donde la muerte ha dejado de estar entre bambalinas para formar parte del escenario debido a la pandemia de COVID-19—, hace necesario que las personas en duelo puedan ser acompañadas de la forma más exquisita posible a través de un programa como este.

Puede observarse en la Figura 1 que se han conexionado dos mundos: *mindfulness* por un lado y duelo por el otro, dando lugar a un modelo terapéutico para abordar el duelo desde la filosofía del *mindfulness*. De esa manera entiendo el *mindfulness*, no como una herramienta de trabajo, sino como un modelo. Constituye por tanto una forma de procesar y experimentar el duelo desde una perspectiva diferente, impregnada por la filosofía y psicología budista. Lo que tienen en común el duelo y el *mindfulness* es que ambos son procesos que requieren de un papel activo por parte de la persona, para llegar a un crecimiento personal y espiritual tras los constantes cambios y pérdidas que nos depara la vida.

Este libro es un grito de esperanza para todas aquellas personas que han perdido a un ser querido, para que no se sientan esclavas de las circunstancias externas y puedan recobrar su papel activo, convirtiéndose en «personas capitanas de sus barcos».

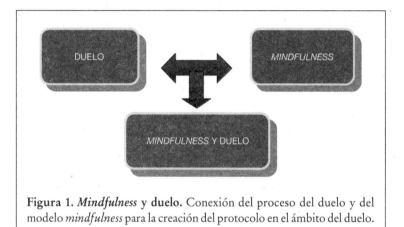

Figura 1. *Mindfulness* **y duelo.** Conexión del proceso del duelo y del modelo *mindfulness* para la creación del protocolo en el ámbito del duelo.

Para mí ha sido un honor poder diseñar este programa y aplicarlo, teniendo en cuenta que a día de hoy no conocemos apenas programas basados en *mindfulness* y compasión que estén orientados específicamente a dolientes. Tras la investigación realizada y los resultados obtenidos, ahora siento que es el momento de dirigirme al gran público de dolientes y transmitirles lo que he descubierto con la aplicación de este programa, e invitarlos a que emprendan este viaje. Otros seres ya lo hicieron y muchas de sus experiencias están plasmadas en este libro. Doy las gracias a esos corazones generosos y deseosos de ayudar a otras personas en su dolor con sus testimonios, gracias por vuestra entrega incondicional al programa. Sin todos estos corazones rotos y su voluntad de compartir el dolor y transformarlo, no hubiese sido posible.

PARTE I

1

Contemplaciones sobre la impermanencia y la muerte

Hay un romperse
del cual surge lo irrompible.
Un hacerse añicos
del cual crece lo que no puede hacerse añicos.
Hay un dolor más allá de todos los sufrimientos
el cual nos conduce al gozo
y la fragilidad
de cuya profundidad emerge la fortaleza.
Hay un espacio vacío
demasiado inmenso para las palabras,
que atravesamos con cada pérdida
y desde cuya oscuridad refrendamos la vida.
Hay un llanto
más profundo que el sonido,
cuyo filo dentado desgarra el corazón
al tiempo que nos abrimos
a nuestro interior,
el cual es irrompible y total
mientras estamos aprendiendo a cantar.

RASHAMI, «Lo irrompible»

Impermanencia

En estado meditativo, dejo que caiga en mi mente una piedra, un guijarro, que abarque su totalidad: el consciente, el inconsciente y lo que está en la profundidad, que corresponde a la gran sabiduría interna. Ese guijarro atraviesa todas esas capas y, como por efecto de una onda expansiva, llega a la parte más sabia: un cofre escondido que se abre al percibir esa onda producida por el guijarro. El guijarro tiene grabada la palabra *impermanencia*. Me tomo unos instantes para observar la experiencia que engloba la totalidad de mi ser (pensamientos, emociones, sensaciones) mientras esa palabra va penetrando en mi consciencia. Lo primero que percibo al abrirle espacio a esa palabra y a su significado es una sensación de vacío y una ausencia de expresión, como un respeto máximo. Y si me voy a la experiencia física noto como si algo se cerrara dentro de mí. El guijarro se queda parado frente a una puerta y llama. Sin mucha deliberación, la puerta se abre y el guijarro entra. Focos de luz dorada alumbran el guijarro y la palabra que tiene grabada se hace gigantesca. Es como si unas enormes pantallas proyectaran lo que se lee en la piedra. La palabra se hace grande: IMPERMANENCIA.

Nada permanece, nada es para siempre, todo cambia, todo tiene un principio y un final y de ese final parte un nuevo principio, un nuevo comienzo, un nuevo cambio. Todo gira, no hay nada estático. La impermanencia, como todo lo condicionado, tiene sus pros y sus contras. Si empezamos por los aspectos positivos de la impermanencia, conecto con la idea de que ni siquiera los estados emocionales desagradables, por muy dolorosos que sean, permanecen en el tiempo. Todo aquello que nos asfixia dejará de hacerlo en algún momento, precisamente porque nada permanece, nada es para siempre. El dolor, la angustia, la tristeza, el enfado, todas estas emociones son estados mentales transitorios que pueden transformarse. De hecho, todos se transforman si dejas que las cosas fluyan, si dejas que se disuelvan de una forma natural, todo tiene tendencia a cambiar.

De positivo tiene también que, gracias a que todo está cambiando y nada permanece estático, los seres podemos crecer, evolucionar, podemos transformarnos. Podemos permitir que exista la vida, podemos plantar una semilla y que crezca, que eche raíces en la tierra; que de esa semilla crezca un árbol; que ese árbol ofrezca flores y esas flores se transformen en frutos. Que de esta manera se extienda la vida, la vegetación, la reproducción de todos los seres vivos, los animales y los seres humanos. Juntos creciendo, desarrollándonos. Si todo fuera permanente, nada de esto sería posible. No se podría engendrar una vida. Si el agua estuviera estática se corrompería, de la misma manera que si nuestras células no estuviesen continuamente cambiando y nuestra sangre circulando, no podría ser posible mantener un cuerpo. El cuerpo puede existir gracias a la impermanencia.

Los ciclos respiratorios, inhalando y exhalando, inhalación tras inhalación, exhalación tras exhalación, de forma rítmica y cíclica, al facilitar que en la inhalación entre oxígeno en nuestro cuerpo, y en la exhalación pueda salir el dióxido de carbono, son un ejemplo claro de la impermanencia. Si el aire se quedara dentro y no pudiéramos expulsarlo y dar paso a una nueva inhalación, no existiríamos como cuerpo físico. Si nuestras células no muriesen para dar paso a unas nuevas células, no existiríamos. La impermanencia en el mundo condicionado en el que vivimos es lo que permite la vida.

Todo lo descrito con anterioridad son los aspectos positivos de la impermanencia si nos atrevemos a mirarla más allá de su siniestra apariencia. Solo cuando no comprendemos en su totalidad lo que la impermanencia significa, los seres humanos nos quedamos enganchados con los aspectos negativos de la misma. Nadie quiere dejar de existir, nadie quiere dejar de estar en el cuerpo que habita, nos aferramos a lo que tenemos, y como todo es impermanente (pensamientos, emociones, sensaciones), de la misma manera el cuerpo también lo es. El cuerpo perecerá, nuestro cuerpo, el de todos los seres a los que amamos y el de todos los que habitan en el planeta Tierra, todos pereceremos. Esa es la parte «negativa» de la impermanencia cuando no se acepta de una forma incondicional y radical. La impermanencia mal entendida generará sufrimiento. La impermanencia bien entendida generará liberación y también crecimiento. Precisamente porque los cuerpos, los nuestros y los de otros seres, son limitados en el tiempo, porque el tiempo es limitado en el mundo condicionado, justamente por eso, podemos desarrollar el compromiso de abrirnos totalmente a nosotros mismos y a los demás con plena atención. Abrirnos tal y como somos de una forma genuina nos permitirá vivir una vida con sentido.

La impermanencia es parte de este mundo, la muerte es un ejemplo claro de impermanencia y, aunque sea una experiencia desagradable para todos los seres, tarde o temprano tendremos que reflexionar sobre ella y mirarla de frente para perder el miedo y beneficiarnos del tesoro que esconde en su interior.

Mi intención al reflexionar sobre la impermanencia persigue desarrollar el amor suficiente como para saber bailar en mi propia impermanencia y en la de otros seres, saber manejar la impermanencia del mundo. Es vital para mí aceptar la impermanencia si quiero ofrecer un buen acompañamiento a los que están pasando por una experiencia de sufrimiento (enfermedad, muerte y duelo). Poder aceptar la impermanencia no significa que no vaya a doler, sino que podemos proseguir el viaje de la vida incluyéndola, puesto que es una experiencia inevitable.

Mientras reflexiono sobre la impermanencia brotan en mi consciencia preguntas, seguidas de respuestas, que me hacen afinar más en el concepto. ¿Qué le dice la impermanencia al amor? ¿Y el amor a la impermanencia? ¿Qué tiene que ver el amor con la impermanencia? En estado meditativo escucho en mi interior que la impermanencia le dice al amor *suéltalo*, y el amor le dice a la impermanencia *vívelo, vive hoy*. Percibo una imagen mientras estoy conectada con esas preguntas reflexivas, veo un río que separa a cada orilla la impermanencia y el amor, y veo castillos artificiales de colores preciosos que celebran una integración/boda de ambos. Esto me hace pensar que si aceptamos la impermanencia de una forma amorosa podremos sentirnos completos pese a las pérdidas de la vida. El amor es lo que puede transformar la impermanencia en una oportunidad de regresar a nuestra verdadera esencia y dar lo mejor de nosotros al mundo. En vez de volvernos cada vez más amargados con las pérdidas, podemos transformar el dolor en sabiduría y desde ahí vivir en una mayor armonía con todo lo que existe.

Percibo la impermanencia a través de imágenes sobre incendios, huracanes, terremotos, destrucción. Detrás de la impermanencia guardando sus espaldas se encuentra el amor, pegando los trozos rotos, construyendo, desarrollando confianza de nuevo en la vida. Es el amor lo que da sentido a la impermanencia. Esto me lleva a la metáfora de la resiliencia, que es esa taza rota que cobra más valor gracias a que ha sido pegada con hilos de oro. Una sabia ecuación: **resiliencia = impermanencia × amor**. Es esa capacidad de crecer con las pérdidas, los traumas dolorosos de la vida, saliendo fortalecidos. Sin duda esto es posible gracias al amor hacia la vida que habita en nuestro interior y que nos levanta una y otra vez, resurgiendo de nuestras cenizas como el ave fénix.

Ahora llega el momento de reflexionar acerca de la muerte. Compartiré mis primeros encuentros con la misma y lo que ella me ha enseñado, para invitar al lector a explorar con minuciosidad la muerte y su significado más allá del dolor.

Muerte

ANTE EL ESPEJO DE LA MUERTE

A todos nos aterra la muerte, incluso aunque, a veces, las condiciones sean nefastas. Es como un *copyright* en nuestro cerebro que nos lleva a sobrevivir, a querer vivir a toda costa. Lo llamamos instinto de supervivencia y es inherente a todo ser vivo. Es por ello que la muerte nunca es bienvenida o, al menos mientras nuestra consciencia está cerrada o empañada, se percibe como un enemigo contra el que luchar, batallando y dejándonos la piel en el intento. ¿Y si en vez de ser una enemiga, la muerte nos mostrara la verdadera esencia de la vida?

Sogyal Rimpoché, en *El libro tibetano de la vida y de la muerte*, compara la muerte con un espejo en el que se refleja la verdad de quien eres y la verdad de la existencia sin ningún tipo de sesgo mental. Cuando somos conscientes de que la muerte está presente y que forma parte de la vida, y la integras en tu día a día; cuando entiendes la muerte como el otro lado de la moneda —si no hubiese muerte no habría vida—, es cuando empiezas a vivir de verdad. Vida y muerte, como las dos caras de la misma moneda. Pero los seres humanos pretendemos quedarnos con una única cara, la que nos interesa: la vida. Es ahí donde empiezan nuestros problemas, porque no puede existir vida sin muerte. Es parte del ciclo vital: nacer, crecer, reproducirse, envejecer y morir. Esa es la película entera, pero nos hemos empeñado en cortar la película a mitad de camino: nacer, crecer, reproducirse, tener éxito y subir a lo alto de la cima de la montaña. De esa manera, cuando viene el declive resulta que no podemos recordar —o no queremos— que la película tenía otro final distinto al que deseamos. Si desde el principio del viaje tenemos consciencia de la historia completa, seguramente nuestro viaje estará mucho más ligero de equipaje y podremos saborear la plenitud en el día a día.

La muerte nos recuerda que el tiempo es limitado, que es importante no perderlo, pues es un bien muy preciado. También nos recuerda que, ya que los seres humanos a los que amamos forman parte de nuestros valores esenciales, y precisamente porque sabemos que ellos también morirán algún día, ¿de qué sirve malgastar el tiempo y la energía enfrentándonos a ellos, enfadándonos, cuestionando, juzgando? La muerte nos enseña que es importante mirar a esos seres como si fuese la primera y la última vez que los vemos. La primera, para activar esa mente principiante y curiosa, y la última, para honrar a ese ser humano desde lo más profundo de tu ser, pues no sabes si mañana seguirá viviendo y volverás a encontrarlo. Desde esa consciencia clara de la muerte, desde ese vislumbramiento, la vida se torna más viva. Desde esa visión tan reveladora, todo cobra un brillo especial. Muchas personas que han estado al borde de la muerte y que han transformado su existencia tras esa experiencia, empiezan a percibir algo diferente, sus vidas se vuelven menos materialistas, superficiales y son más conscientes de la interconexión y del amor como valor esencial. Menos ambiciosos en un sentido material y más ambiciosos a nivel ético y espiritual. Como si ahora el motor que mueve su vida fuese otro, hubiese cambiado íntegramente. La gasolina que mueve el motor es de oro y proviene de esa fuente pura de sabiduría, de amor, compasión, ecuanimidad, alegría compartida. De esa manera, la muerte puede despertarte. Cuando un ser querido muere, o cuando te diagnostican una enfermedad, cuando trabajas en un área donde la muerte está a la orden del día, es inevitable despertar, si realmente te hallas en ese lugar con el corazón abierto. Ese corazón abierto va a hacer que tu consciencia se transforme para siempre. Por eso dicen los sabios que «aprender a morir es aprender a vivir».

EXPERIENCIAS PERSONALES CON LA MUERTE

Haciendo un análisis en retrospectiva de mi vida y reflexionando sobre la muerte, me doy cuenta de que las primeras muertes con las que me topé fueron de algunas mascotas que tuve cuando era niña. O cachorros de perro con los que se divertían «niños crueles», arrojándolos contra la pared. Quizá no había la suficiente consciencia ni ética como para que se diesen cuenta de que estaban atentando contra la vida de un ser vivo.

La primera muerte de un ser muy querido para mí se produjo cuando aún era muy pequeña. Tengo grabadas a fuego las imágenes de ese momento. No recuerdo el día, solo sé que tenía nueve años, pero sí me acuerdo perfectamente del lugar en el que me encontraba.

Todos mis familiares estaban en una habitación en la casa de mis abuelos, vestidos de negro. A los niños nos mantenían fuera en el comedor. No sé exactamente lo que sentía mientras estaba ahí fuera, pero sí recuerdo que hubo algo que me impulsó a entrar en ese cuarto pese a la prohibición de los adultos. Me colé entre todos ellos, llorando la pérdida de mi abuelo, de sesenta y tres años. Lo que recuerdo a la perfección es que atravesé la habitación en ese mundo de gigantes afligidos para llegar a colocarme a la altura de la cabeza de mi abuelo que yacía en el ataúd. Lo miré fijamente y, pese al ambiente triste, desolador y desgarrador de la muerte, me encontraba totalmente serena. Sentí en mi fuero interno que él ya no habitaba en ese cuerpo. Que el cuerpo se había quedado vacío, inerte, pero que la vida de ese ser permanecía en algún lugar, no sabía muy bien dónde. Percibí una sensación de continuidad, de permanencia más allá de un cuerpo físico impermanente. Solo tenía nueve años, aun así tuve este vislumbre temprano. No había leído nada al respecto, ni era creyente, ni venía de una familia que lo fuese, así que esta experiencia estuvo poco contaminada de la transmisión educacional y cultural, siendo desde mi punto de vista una experiencia directa de sabiduría temprana.

Además de esa certeza de permanencia, algo se congeló en mi interior con la pérdida de mi abuelo, que fue para mí como un padre amoroso. Cada vez que me llegaban noticias de muertes, parecía que eso no iba conmigo, como si no fuese real, no podía sentir ninguna emoción, ni el dolor de la muerte; ni siquiera esa especie de negación de la muerte por la que todos los seres pasamos en el mundo occidental actual.

Precisamente porque la muerte es un tema tabú, vivimos a espaldas de la misma y corriendo cada vez más rápido para no enfrentarnos a la realidad de la existencia.

Creo que mi búsqueda espiritual o trascendental desde muy joven tiene que ver con este hecho que he narrado. El sufrimiento puede abrir una puerta mágica hacia la transformación y hacia la verdad de la existencia.

Otra muerte que acabó despertándome aún más fue la muerte de mi amiga Gema con apenas veintitrés años de edad. Ella tenía un cáncer en la cabeza con el que estuvo batallando durante cinco años. Tuvo unos años de tregua pero finalmente el cáncer progresó y acabó con su vida. No éramos conscientes del pronóstico de su enfermedad en aquella época, entre otras cosas porque había una conspiración de silencio por parte de la familia y una negación de la propia afectada acerca de la enfermedad. Recuerdo con nitidez que ella atribuía su ceguera y falta de movilidad a una inflamación del cerebelo y se proyectaba en el futuro expresando: «Qué ganas tengo de salir del hospital y que nos vayamos de viaje a México». Todos mirábamos hacia otro lado, y realmente no fui consciente de que se estaba muriendo hasta que un día, haciendo una meditación dirigida hacia un enfermo, desaparecieron todos los mecanismos de defensa y a través de una imagen vi con claridad que se estaba yendo. Ese día decidí ir al hospital a verla. Estaba dormida con los típicos ronquidos preliminares de la muerte. Aunque no pude hablar con ella, me despedí y esa misma noche de madrugada murió.

La muerte de Gema tambaleó mi edificio de creencias espirituales, lo derrumbó en su integridad y empezaron a emerger dudas, fue una especie de crisis existencial. ¿Y si todo en lo que creo no es cierto? ¿Y si no hay nada después de la muerte? ¿Y si todo lo que ese ser ha sido se esfuma sin más? ¿Por qué tiene que enterrar una madre a un hijo? Ante tantas dudas, preguntas, inquietudes, tuve un par de sueños lúcidos donde mi propia sabiduría interna me respondió. En uno de los sueños mantuve una conversación con mi amiga fallecida, recuerdo perfectamente su imagen y dónde se encontraba situada. La vi en mi sueño sentada en el sofá de la casa en la que vivía con mi pareja de aquel entonces. Su imagen era como cuando ya estaba enferma pero con buen aspecto (antes del progreso de la enfermedad). Me sonrió y me expresó: «Estoy muy bien, solo que os echo mucho de menos. Estate tranquila, todo en lo que crees es cierto, la muerte solo es una transición, un cambio de estado». En el otro sueño presencié una vida diferente a la mía, en la que yo era madre de un niño de unos años. Vi que era yo quien moría y podía percibir el dolor de mi hijo mientras estaba ausente por haber fallecido. Ahí entendí que el dolor por la muerte de un ser querido se produce en todas las direcciones; cuando muere un hijo y cuando un hijo pierde a su madre. Comprendí que la pérdida genera dolor y que es inevitable, pero que enzarzarse en el discurso de la injusticia lo único que hace es agravar el duelo añadiendo más capas de dolor a la experiencia, haciéndola insostenible. Que pese a que nos parezca injusto a bote pronto, la muerte es natural en cualquier edad, precisamente porque la naturaleza lo permite.

Desde ese momento, el sentido de permanencia en el que creo desde bien niña siguió creciendo. La muerte abre en nuestro interior una puerta que tiene que ver con las cuestiones existenciales: ¿quiénes somos?, ¿hacia dónde vamos?, ¿qué sucede después de la muerte?, ¿qué sentido tiene la vida?, ¿qué sentido tiene el sufrimiento?, ¿qué sentido tiene la muerte?

Cuando estamos dormidos en nuestra vida rutinaria —lo que Sogyal Rimpoché denomina «la pereza activa»— estamos ocupados sin parar, en el modo «hacer continuo», sumergidos en una gran cantidad de actividades sin cesar, que nos mantienen anestesiados y, por lo tanto, controlados por la sociedad. En ese estado de consciencia, totalmente cerrado, oscuro, turbio, no podemos vislumbrar ni siquiera quiénes somos. Nos perdemos en el exterior, en la sociedad, en lo que esta espera de nosotros, olvidándonos del verdadero protagonista. Pero de repente, acontece algo en nuestras vidas, sucede un hecho que nos llega a lo más profundo de nuestro corazón y nos mueve, nos tambalea y nos hace rompernos, resquebrajar todo el caparazón de historias que nada tienen que ver con nosotros. Todo se va rompiendo, absolutamente todo, los disfraces, las mentiras, las historias que nos han contado, todo se rompe. Todo cae al suelo y es ahí, en ese momento, justo en ese instante, en el que todo se rompe, donde puedes llegar a tener la oportunidad de ser consciente de quién eres y lo que has venido a hacer. La muerte nos da una oportunidad. Tanto tu propia muerte como la muerte de cualquier otro ser es una maestra que te puede ayudar a despertar una consciencia más verdadera.

Los motivos que me llevan a contaros esto es porque considero que es útil reflexionar acerca de lo que significa para cada uno de vosotros la muerte. ¿Qué es la muerte para ti?, ¿cuál es el sentido de la vida y la muerte para ti?, ¿cuáles son los significados profundos de la muerte para ti?, ¿qué creencias habitan en ti en relación a la muerte?, ¿qué sentido puede darle a la vida reflexionar sobre tu propia muerte o la de un ser querido?, ¿qué sucede cuando morimos? Quizá es un buen momento para cerrar los ojos y dejar que estas preguntas actúen como un eco profundo que toca el lugar más sabio de tu corazón. Quizá es un buen momento para escucharte y escribir lo que te llega.

A lo mejor, de esta manera, la muerte de tu ser querido y tu propio proceso de muerte puedas transformarlos en una oportunidad para viajar a tu interior y recuperar la joya perdida. Considero que estar en paz con la muerte es estar en paz con la vida. Que cuando tenemos miedo a la muerte tenemos miedo a vivir. Por eso reflexionar acerca de la muerte rompe el tabú y la enemistad con ella, para poder acercarnos a nuestro proceso de duelo con mayor templanza y sabiduría y, desde ahí, salir fortalecidos para seguir viviendo y amando.

Quisiera regalar al lector un poema acerca de la muerte que escribí tras una meditación profunda acerca de la impermanencia y la muerte.

La muerte

Mirar a la muerte es mirar a la vida.
Temer morir es temer vivir.
Dos fieles compañeras,
las dos caras de la misma moneda.
Vida y muerte; muerte y vida.
Como maestra que es
nos devuelve a la vida,
nos despierta del sueño,
nos recuerda quiénes somos,
nos encamina hacia nuestra misión
y convierte en oro el tiempo.
Aprender a morir es aprender a vivir,
vivir con los sentidos y el corazón bien abiertos,
vivir saboreando los regalos del presente,
vivir amando, con sentido,
sabiendo que en el algún momento nos apearemos
en la parada del tren cuando sea nuestro momento.
La muerte despierta la consciencia,
despierta tu verdadera esencia,
ayuda a no perder el tiempo,
a expresar amor, gratitud.
Saber que algún día la muerte vendrá a buscarnos,
llena de profundidad y sentido la vida,
nos recuerda la belleza que reside en nuestro interior.
Somos impermanentes,
todo gira, todo cambia,
nada es para siempre,
tú dejarás de estar y yo también.
Si esto está presente,
respetarás a cada ser sintiente,
disfrutarás de su presencia cada día,
pues no sabemos cuándo finaliza el viaje.
Tus relaciones estarán llenas de profundidad.
La muerte es un gran despertar,
un espejo reluciente donde se refleja la verdad,
más allá del sufrimiento,

más allá del dolor,
más allá del miedo,
hay algo que permanece.
Eso que permanece eres tú, soy yo,
esa es la verdad de la muerte.
Desaparecen las sombras y los personajes creados,
y ahí estás tú, dispuesto a la eternidad,
pura luz, irrompible, puro amor, inmortal.

La joya escondida: la permanencia trascendental

Seguramente los lectores alguna vez habrán volado en avión y habrán tenido la experiencia directa de sobrevolar por encima de las nubes. Si no lo han hecho, les invito a hacerlo. Es maravilloso poder contemplar que por encima de las nubes hay un espacio infinito, un cielo interminable. De la misma manera, más allá de las nubes de la impermanencia que enturbian nuestra mente hay un gran espacio de claridad. Es muy liberador darse cuenta de que aquello que reside en nuestra mente de una forma fija nos ciega la visión de la verdadera naturaleza de la propia mente, que en realidad es un lago en espejo. De la misma manera que las nubes nos impiden ver lo que hay por encima de ellas, nuestros pensamientos nos impiden ver la naturaleza espaciosa y transparente de nuestra mente-corazón.

Relacionamos la impermanencia con la destrucción, con el fin de todo. Mi experiencia es que cuanto más reflexionamos sobre la impermanencia y la muerte, más nos acercamos empíricamente a esto que tanto nos aterra; la cara monstruosa de la impermanencia nos revela otra cara más dulce y sonriente. Nos muestra una joya escondida que responde a la pregunta que muchos nos hacemos y que en mi caso emerge cuando reflexiono sobre la impermanencia: ¿Hay algo que permanezca? ¿Hay algo que a pesar de los cambios incesantes de la vida permanece? Y esto me conduce a múltiples respuestas, quizá desde diferentes niveles y lugares dentro mí. Algunas de esas respuestas tienen que ver con una trascendencia más horizontal, y otras tienen que ver con una trascendencia vertical.

En primer lugar, me gustaría aclarar al lector el concepto de trascendencia, que podemos definirlo como ir más allá de nosotros mismos. Según la RAE, una de sus acepciones sería «aquello que está más allá de los límites naturales». En segundo lugar, me gustaría explicar la diferenciación que hace el modelo de la SECPAL (Sociedad Española de Cuidados Paliativos) entre trascendencia vertical y horizontal. La primera tiene que ver con una conexión con algo que va más allá de nosotros en sentido vertical, la creencia en Dios, en que después de la muerte hay algo, en la existencia de otras dimensiones donde el cuerpo no existe, pero sí la consciencia. La trascendencia horizontal tiene que ver con la conexión con otros seres, el amor, la solidaridad, la huella vital que dejamos en el corazón de las personas.

Mi respuesta a la pregunta «¿Hay algo que permanece?» abarcaría ambos tipos de trascendencia. Cuando un ser querido se va es cierto que no podemos verlo, ni tocarlo, ni olerlo, ni conversar con él físicamente. Pero todas las vivencias sensoriales almacenadas en nuestro cerebro están accesibles para nosotros, los recuerdos vividos con ese ser habitarán en nuestra mente-corazón para siempre. De hecho podemos seguir conversando simbólicamente con el ser querido fallecido, y es una de las tareas a realizar en el proceso de duelo (reconstruir/resignificar la relación con el deudo). Es decir, transformar el vínculo con el ser querido fallecido en una relación simbólica. De esta manera la realidad psicológica, el vínculo psicológico permanece más allá de la muerte. Permanecen los recuerdos, permanecen los valores de las personas que se fueron y que forman parte de nuestros valores nucleares, las enseñanzas que nos transmitieron, el amor que nos dieron, su presencia. Todo eso permanece. El amor, por tanto, permanece más allá de la muerte; la conexión permanece más allá de la muerte. Muchas veces me gusta decirles a mis pacientes que la muerte puede llevarse muchas cosas, pero no puede llevarse el amor, pues es algo inmaterial que no se destruye, sino que por el contario crece, aunque la persona ya no esté físicamente.

Algunas personas a las que he acompañado y escuchado hablando de sus duelos expresan que su ser querido sigue existiendo para ellas, que no lo pueden ver, pero que sí existe en su interior. Que sienten mayor cercanía, mayor presencia. Esto me conecta con una de las citas introductorias con las que me desperté un día, antes de embarcarme en esta aventura de diseñar un programa de intervención psicológica para el duelo basado en *mindfulness* y compasión: «Cada vez que tomo consciencia de tu ausencia, soy consciente también de tu presencia, y eso me ayuda a continuar en la noche oscura del alma, porque entiendo que al día siguiente saldrá el sol y tú seguirás en mi corazón».

Todo lo anterior estaría dentro de la dimensión horizontal de la trascendencia, pero si los lectores se preguntan si además creo en una trascendencia vertical, les respondo que sí. Mi forma de entender la vida es como si esta fuese una escuela donde venimos a aprender a ser cada vez mejores personas, más éticas e íntegras. Disponemos de un cuerpo que nos lleva, de la misma manera que un coche nos lleva a los lugares que queremos ir. Pero cuando el coche se estropea y deja de funcionar, lo que hacía que funcionase el coche sigue estando, en otro estado de consciencia o en otra dimensión. Siento que hay algo que permanece, es lo que Sogyal Rimpoché llama lo inmutable, y yo he decidido denominar la *permanencia trascendental* para que pueda abarcar ambos tipos de trascendencia. Ese algo inmutable, para mí, es una consciencia pura, clara, íntegramente amorosa. Esta visión sin duda la relaciono con la experiencia temprana que tuve al ver el cuerpo sin vida de mi abuelo, pues tuve la certeza de que había algo que permanecía. Esa visión en mi caso le da sentido a la vida y a la muerte. Para nada pretendo inculcar esa visión, pero sí me gustaría alentar al lector a reflexionar sobre los tipos de trascendencia y hacerse preguntas sobre la existencia. A través del programa de *mindfulness* y compasión que presentaré a lo largo de los capítulos de este libro, pretendo acompañar al lector en su viaje al interior, y que pueda al menos hacerse preguntas y genere las condiciones adecuadas para que surjan las respuestas sabias a través de la meditación, donde entrenamos a nuestra mente a estar en calma y a nuestro corazón a estar despierto y receptivo. Había un sabio que decía que podía entender un mundo sin respuestas, pero no un mundo sin preguntas. Las preguntas son las que nos ayudan a abrir la consciencia, reflexionar y, en algunos momentos, escuchar respuestas. Respuestas que no vienen desde fuera, sino que vienen desde dentro. La meditación, como en capítulos posteriores señalaré, es una gran herramienta de crecimiento personal y autoconocimiento. Algo que puede estar al servicio de todos los seres, para que podamos evolucionar y transformarnos.

Me gustaría compartir con el lector unas reflexiones que hice sobre la permanencia que surgieron durante un retiro de meditación y silencio.

PERMANECER PESE A LA IMPERMANENCIA

Aunque todo cambia, permanece el dolor no resuelto congelado en el tiempo si tratas de huir de él.

Permanece el manantial subterráneo de la bondad amorosa que baña tu dolor con verdadera devoción.

Permanece la puerta abierta de tu corazón que te ofrece la oportunidad de liberación y de un nuevo comienzo.

Permanecen las huellas de amor que dejas a través de tus acciones hábiles.

Permanece la capacidad de amar y ser amado hasta cuando la cabeza nos ha abandonado y nos hemos despojado de todos los personajes (por ejemplo, en la demencia o en el Alzheimer).

Permanecen las raíces sólidas de los que fueron antes de nosotros y ya se fueron.

Permanece la chispa de luz amorosa que ofrece la oportunidad de transformación.

Permanece la energía que no se puede destruir, solo transformarse en algo nuevo, diferente.

Permanece la vida tras la muerte cuando el coche ha llegado a su fin. El cochero permanece.

Permanece mi corazón junto al tuyo y el de todos los seres para formar el latido del corazón de la tierra.

Y aunque todo cambia en el espejismo de lo mundano, en el subterráneo del mundo sutil/espiritual permanece la bondad y claridad de la mente-corazón universal.

Permanece la sabiduría ancestral gracias a todos los seres despiertos que compartieron y compartirán las enseñanzas de generación en generación y con ellas la oportunidad de liberación para todos los seres.

Permanece en tu corazón el niño o la niña interior que fuiste dispuesto a tenderte la mano para que recuperes tu luz y puedas ser feliz a pesar del dolor, la enfermedad y la muerte.

Permanece la impermanencia que permite la vida. El día, la noche, los ciclos de luz y oscuridad, las estaciones del año.

Y si permaneces observando la impermanencia puedes vislumbrar que no eres nada de lo que cambia y eres todo lo que permanece. Energía cósmica amorosa que sonríe ante el cambio de lo ilusorio.

2

El camino del duelo

Aunque la pérdida de un ser querido es un acontecimiento que no puede escogerse, la elaboración del duelo es un proceso activo de afrontamiento lleno de posibilidades.

THOMAS ATTIG

Introducción

Una forma sencilla y fundamental de entender el dolor que experimentamos las personas tras la pérdida de un ser querido la encontramos en la teoría del apego de Bowlby. Según el autor, desde el preciso momento en que nacemos, las personas tenemos ciertas necesidades de protección, seguridad y afecto que perduran a lo largo de todo nuestro ciclo vital. Esas necesidades podrían explicar la tendencia humana a crear lazos, vínculos con nuestros seres queridos. De esa manera, cuando se quebranta uno de esos vínculos, se producen fuertes reacciones emocionales (Bowlby, 1977). Puede observar el lector en esta cita que los humanos somos seres con una gran necesidad de vinculación, sociales por naturaleza, al igual que nuestros hermanos los mamíferos. Sin el cuidado y protección de otros semejantes no hubiésemos podido sobrevivir. La interconexión por tanto está tejida en nuestra piel, y esa es la razón por la que cuando muere uno de los nuestros se genera una respuesta intensa de dolor ante la pérdida. A eso es a lo que se llama duelo: una respuesta natural, universal e inevitable, por la que todos los seres tarde o temprano vamos a pasar.

El psiquiatra George Engel planteó una pregunta muy interesante: ¿Es el duelo una enfermedad? Él señala que la herida que queda al perder a un ser querido es tan trágica como herirse o quemarse desde un plano más físico. Desde mi punto de vista, la única diferencia estaría en que la herida física la podemos ver, y la herida psicológica la tenemos que inferir atendiendo a lo que se expresa verbalmente, a través del lenguaje no verbal y a través del comportamiento. Engel entiende que al igual que es necesario curar esa herida física para que no se infecte, será necesario sanar esa herida psicológica. Por tanto para él, y también para mí, el duelo es «un proceso natural de sanación», no una enfermedad (Engel, 1961).

El duelo, en el ámbito de la pérdida de un ser querido (puesto que existen otro tipo de pérdidas que también pueden considerarse duelo), se define como la experiencia de la persona que ha perdido a un ser querido. También puede entenderse como el proceso por el que pasa una persona al adaptarse a la pérdida de su ser querido. Otro significado sería el de la pérdida a la que la persona trata de adaptarse (Worden, 2013). De alguna manera es el camino que emprendemos para podernos adaptar a una nueva situación en la que el ser querido que ha fallecido ya no está físicamente. Aunque realmente esto es una experiencia universal, nuestras vinculaciones afectivas, nuestro sistema de apego, que es esencial para nuestra supervivencia, es tan fuerte que, cuando perdemos a un ser al que amamos, se produce tal respuesta de dolor que requiere un tiempo y un proceso poder elaborar cada uno de los eslabones que haya quedado tocado por la pérdida.

Desde la perspectiva humanista, el duelo es el proceso de

elaboración realizado a partir de la integración de la vivencia difícil y a veces traumática de la muerte de un ser querido, pudiendo conducir a las personas afectadas a experimentar una transformación profunda. Como proceso de crecimiento, se desarrolla y evoluciona en el tiempo como una experiencia de aprendizaje, cuyo resultado final es la emergencia de cambios en la propia identidad (Payás, 2010). En esta definición puede observar el lector que pese a lo desgarradoras que pueden llegar a ser estas experiencias de pérdida, de alguna manera llevan implícita una oportunidad de transformación y aprendizaje, dándole al duelo una visión esperanzadora, puesto que tarde o temprano todos viviremos esta experiencia humana universal.

El duelo normal abarca una serie de sentimientos, sensaciones físicas, cogniciones y conductas que puede experimentar la persona que ha perdido a un ser querido. No es necesario experimentar todas y cada una de ellas, pero en ningún caso hablaríamos de patología, sino de un «proceso natural y normal» (Worden, 2013).

Estos **sentimientos** pueden manifestarse en forma de tristeza, rabia o enfado, culpa y autorreproche, ansiedad, soledad, fatiga, impotencia, shock, anhelo, alivio, insensibilidad, etc. Hay **cogniciones** que pueden hacer referencia a incredulidad, confusión, preocupación, sentido de presencia, alucinaciones. Algunas **conductas** pueden presentarse a modo de trastornos del sueño, trastornos alimentarios, conducta distraída, aislamiento social, soñar con el fallecido, evitar recordatorios del fallecido, conducta de búsqueda, suspiros, hiperactividad desasosegada, llanto, atesorar objetos que pertenecían al fallecido, visitar lugares o llevar consigo objetos que recuerden al fallecido. También pueden experimentarse **sensaciones físicas** como vacío en el estómago, opresión en el pecho, opresión en la garganta, hipersensibilidad al ruido, despersonalización, falta de aire, debilidad muscular, falta de energía, sequedad de boca, etc.

Todas estas manifestaciones del duelo en las diferentes dimensiones se consideran normales, por lo que si las tienes presentes en tu vida, puedes sentirte parte de la humanidad compartida, que en momentos de pérdida sienten exactamente lo mismo que en estos momentos estás sintiendo tú.

Pese a que el duelo es una experiencia normal y por tanto no se debe patologizar ni medicalizar, en ocasiones el duelo se complica. Para la mayoría de las personas evoluciona favorablemente con el apoyo exclusivo de la red social natural y, a pesar del sufrimiento intenso, llegan a poder adaptarse a la pérdida y a sus consecuencias y con tiempo rehacen sus vidas. Sin embargo, hay una minoría de casos, entre el 10 y el 20 por ciento, en que el duelo no evoluciona favorablemente y aparecen consecuencias severas que afectan a la salud mental y física de los supervivientes (Barreto y Soler, 2008). El duelo complicado deriva en ocasiones en problemas de salud como son la depresión, la ansiedad, abuso de alcohol, consumo de fármacos, incremento del uso de recursos sanitarios, aumento de la mortalidad dentro del primer año y suicidio (Prigerson *et al.*, 1997). Por fortuna, la mayoría de los dolientes evoluciona favorablemente, aun así, atendiendo a estas estadísticas sabemos que el duelo puede complicarse, por lo que se hace necesario disponer de intervenciones adecuadas para acompañar a las personas en estos procesos.

Un duelo es complicado cuando se cumplen los criterios diagnósticos del «Trastorno por Duelo Prolongado», de Prigerson, Vanderwerker y Maciejewski (2008) incluidos en el *DSM 5* (*Diagnostic and Statistical Manual of Mental Disorders, Fifth Edition* [*Manual diagnóstico y estadístico de los trastornos mentales*]), que son los siguientes:

Criterio A: Presentar a diario al menos uno de estos síntomas:

1. Pensamientos intrusivos —que entran en la mente sin control— acerca del fallecido.
2. «Punzadas» de dolor incontrolable por la separación.
3. Añorar —recordar su ausencia con profunda tristeza— intensamente al fallecido.

Criterio B: Presentar al menos cinco de los nueve síntomas siguientes:

1. Estar confuso acerca de cuál es el papel de uno en la vida, o sentir que ha muerto una parte de sí mismo.
2. Dificultad para aceptar la realidad de la pérdida.
3. Tratar de evitar todo lo que le recuerde que su ser querido ha muerto.
4. Sentirse incapaz de confiar en los demás desde el fallecimiento.
5. Estar amargado o enfadado en relación con el fallecimiento.
6. Sentirse mal por seguir adelante con su vida (como, por ejemplo, hacer nuevas amistades o interesarse por cosas nuevas).
7. Sentirse frío o insensible —emocionalmente plano— desde el fallecimiento.
8. Sentirse frustrado en la vida, que sin el fallecido su vida está vacía y no tiene sentido.
9. Sentirse como «atontado», aturdido o conmocionado.

Criterio C: La duración de estos síntomas es de al menos seis meses.

Criterio D: Estos síntomas causan un malestar clínicamente significativo o un importante deterioro de la vida social, laboral o de otras áreas importantes de la persona en duelo.

En los apéndices del libro, el lector podrá acceder a un cuestionario que le ayude a diferenciar si en estos momentos padece un duelo complicado o no. Como puede verse, para hacer este diagnóstico se requiere que la duración de estos síntomas sea de al menos seis meses, además de causar un malestar tan significativo que deteriore la vida de la persona que lo padece, afectando a diferentes áreas.

Al duelo que no sigue el curso esperado se le denomina «duelo complicado» (DC), «patológico» o «crónico». Este interfiere en el funcionamiento general de la persona complicando su salud, por lo que en estos casos la psicoterapia se hace imprescindible (Barreto, De la Torre y Pérez-Marín, 2013).

Según Worden (2013), existen diferentes tipos de duelo complicado, en los cuales directamente está indicada la terapia individualizada, aunque también se puede llevar a cabo en formato grupal. Son los siguientes:

- **Duelo crónico:** Se expresa la pena con la misma intensidad durante un largo periodo de tiempo.

- **Duelo retrasado:** No se expresa en absoluto la pena y, después de un tiempo, ante una situación diferente u otra pérdida aparece el dolor por esa pérdida que fue reprimida.

- **Duelo exagerado:** Se trata de respuestas exageradas donde aparece desbordamiento y conductas desadaptativas. Ejemplos claros son la clínica depresiva y de ansiedad.

- **Duelo enmascarado:** Suele aparecer sintomatología física, conductas desadaptativas o clínica psicopatológica significativa que el doliente no reconoce asociadas a la pérdida. Algunos ejemplos pueden ser los problemas psicosomáticos, de ansiedad o la conducta delictiva en adolescentes.

En mi experiencia clínica como psicóloga, cuando atiendo a cualquier persona suelo preguntar por las pérdidas importantes, aunque el motivo de la consulta sea otro, puesto que la no elaboración del duelo es un factor contribuyente para el debut de un trastorno mental. He tratado a personas con trastornos de ansiedad que en la base tenían duelos no resueltos. A medida que las he acompañado en la elaboración de esos duelos, la sintomatología ansiosa ha ido desapareciendo. Y muchas veces el motivo de la consulta no ha sido la pérdida, puesto que la persona en cuestión no puede ver esta relación en un principio.

El proceso del duelo. Modelos descriptivos

Mi objetivo en este apartado es conseguir que el lector pueda reconocer de una forma clara y sintética los diferentes modelos psicológicos que hablan del proceso del duelo. Existen varias formas de abordar el proceso del duelo: como etapas, como fases o como tareas. En el primer enfoque estarían las etapas del proceso de morir de la doctora Elisabeth Kübler-Ross, que también se han utilizado para explicar el proceso de duelo, y que han recibido muchas críticas, puesto que no existe un avance lineal entre las etapas, y no todas las personas pasan por ellas. Esas etapas son negación, ira/negociación, depresión y aceptación (Kübler-Ross, 2003).

El segundo enfoque se centraría en las fases por las que pasa el doliente. Siguiendo a Parkes (1972), son cuatro fases: insensibilidad, anhelo, desorganización y conducta reorganizada. Existen otros autores que también defienden este modelo de fases, aunque modifican el nombre de las mismas. La crítica principal que ha recibido este modelo es que supone que el doliente ocupa un rol pasivo ante la pérdida.

Ante las críticas hacia los enfoques anteriores, aparece un tercer modelo que se centra en las tareas que una persona que ha sufrido una pérdida ha de desempeñar en el proceso de duelo, reconociendo un papel activo de los dolientes; es decir, las personas pueden hacer algo para mejorar. Es en este tercer enfoque en el que nos centraremos, precisamente por ese papel activo, que además enlaza muy bien con el *mindfulness*, teniendo en cuenta que desde esta filosofía *mindful* (como veremos en el capítulo siguiente) siempre se puede hacer algo para mejorar, además de que es la propia persona la que hace ese algo. Esto es muy esperanzador, ya que el duelo no te sitúa en un rol pasivo (es algo que te sucede a ti y poco puedes hacer); más bien te sitúa en un lugar proactivo (es algo que te sucede y lo puedes elaborar a través de diferentes tareas que necesitas desempeñar).

MODELOS DE TAREAS

Hay dos autores importantes que defienden este último enfoque de tareas, que son Worden y Neimeyer. Se dan algunas pequeñas diferencias en las tareas que nombran uno y otro, pero también existen similitudes. Para poder hacer el proceso de comparación entre ambos, incluyo a continuación un cuadro resumen de las tareas, que posteriormente comentaré, así como los mediadores del proceso de duelo que tiene en cuenta Worden (ver *Tabla 1*). Para mí estos dos autores son muy importantes y, teniendo en cuenta que el programa que voy a compartir con el lector está basado en los modelos de tareas, creo primordial poder compartir de forma sintética los elementos esenciales de sus modelos.

Tabla 1
Enfoque basado en las tareas del duelo (Alonso, 2017)

	WORDEN (2004, 2013)	NEIMEYER (2007, 2012)
TAREAS	I. Aceptar la realidad II. Trabajar las emociones y experimentar el dolor III. Adaptarse al entorno sin el ser querido (adaptaciones externas, internas y espirituales) IV. Recolocar y recordar al ser querido	I. Reconocer la realidad de la pérdida II. Abrirse al dolor III. Revisar nuestro mundo de significados IV. Reconstruir la relación con lo que se ha perdido V. Reinventarnos a nosotros mismos
MEDIADORES	1. La persona fallecida 2. Naturaleza del apego 3. Circunstancias de la muerte 4. Mediadores relacionados con la personalidad 5. Mediadores relacionados con el historial 6. Mediadores sociales 7. Cambios concurrentes	

Tarea I Worden: Aceptar la realidad

La primera tarea del duelo es afrontar plenamente la realidad de que la persona está muerta, que se ha marchado y no volverá. Asumir que el reencuentro es imposible, al menos en esta vida.

Tarea I Neimeyer: Reconocer la realidad de la pérdida

El reconocimiento de la realidad de la pérdida nos obliga a aprender la lección a un nivel intensamente emocional, pero tiene una segunda dimensión, puesto que no sufrimos la pérdida solo como individuos, sino también como miembros de sistemas familiares. Por ello, es conveniente comentar la pérdida con los niños, los enfermos y los ancianos. El funeral supone poder empezar con esta primera tarea, a través del inicio de la despedida del ser querido fallecido. Además, las conversaciones que se tienen con los familiares supervivientes animan a la consolidación y a la puesta en común de recuerdos e historias sobre el desaparecido, al mismo tiempo que fortalece los vínculos entre los supervivientes.

Tarea II Worden: Trabajar las emociones y experimentar el dolor

La palabra alemana *Schmerz* recoge con mayor claridad la definición de dolor en el doliente, teniendo en cuenta que es tanto físico, como emocional y conductual. Es necesario reconocer y trabajar este dolor, puesto que si no se hace se manifestará mediante algunos síntomas u otras formas de conducta disfuncional. Parkes señala: «Sí, es necesario que la persona elabore el dolor emocional para realizar el trabajo del duelo, y cualquier cosa que permita evitar o suprimir de forma continua ese dolor es probable que prolongue el curso del duelo» (Parkes, 1972, p. 173).

Tarea II Neimeyer: Abrirse al dolor

Es necesario identificar los matices de los sentimientos que aparecen, para elaborarlos y poner orden en ellos, ya sea en momentos de reflexión y contemplación privada o en momentos compartidos de conversación. Según Neimeyer, «Si desarrollamos la consciencia que tenemos de nuestras emociones, podremos superar los restantes desafíos que plantea la elaboración del duelo con un sentido claro de dirección, cultivando nuestra madurez y profundidad personal al hacerlo» (Neimeyer, 2012, p.77).

Tarea III Worden: Adaptarse a un medio en el que el fallecido está ausente

Existen tres áreas de adaptación que se deben abordar tras la pérdida de un ser querido:

1) Adaptaciones externas, es decir, cómo influye la muerte en la actuación cotidiana de la persona; qué roles ha de desempeñar que antes no realizaba porque su ser querido vivía.

2) Adaptaciones internas, es decir, cómo influye la muerte en la imagen que tiene la persona de sí misma, cómo afecta a su amor propio, en su eficacia personal, en su identidad.

3) Adaptaciones espirituales, es decir, cómo influye la muerte en las creencias, los valores y los supuestos sobre el mundo. Existen tres supuestos que la muerte suele tambalear: que el mundo es un lugar benévolo; que el mundo tiene sentido; que la persona misma es importante.

Tarea III Neimeyer: Revisar nuestro mundo de significados

La experiencia de la pérdida de un ser querido, además de quitarnos a ese ser nos mina nuestras creencias y presuposiciones que formaban la base sólida de nuestra existencia. Hacemos una revisión de esas creencias y supuestos, de forma que algunos que quedan obsoletos se van a la basura, y por otro lado aparecen nuevas creencias, nuevos valores e incluso nuevas conductas. Según Neimeyer se produce una reconstrucción de la visión del mundo: «Si incorporamos la realidad de los acontecimientos traumáticos a nuestro mundo revisado de creencias y les damos un significado personal, dejaremos que la tragedia nos transforme, haciéndonos más tristes, pero más sabios» (Neimeyer, 2007, p. 81).

Tarea IV Worden: Recolocar y recordar al ser querido y seguir viviendo

Se sabe que las personas no se desvinculan de los difuntos sino que encuentran maneras de desarrollar unos «vínculos continuos» con ellos (Klass, Silverman y Nickman, 1996). Esta cuarta tarea se basa en encontrar un lugar para el fallecido que permita a la persona superviviente estar vinculada con él, pero de un modo que no le impida seguir viviendo. El objetivo consiste en que el superviviente sea capaz de seguir amando y creando nuevos lazos afectivos, sin necesidad de que esto suponga olvidar al ser querido fallecido.

Tarea IV Neimeyer: Reconstruir la relación con lo que se ha perdido

La muerte transforma las relaciones con los difuntos, en vez de ponerles fin. No es necesario distanciarse de los recuerdos del ser querido, sino aprender a relacionarse con él de una forma distinta, simbólica.

Tarea V Neimeyer: Reinventarnos a nosotros mismos

Una parte de nosotros muere cuando perdemos a un ser querido, por lo que nos guste o no nunca volveremos a ser nuestro antiguo yo después de una pérdida importante, aunque con mucho esfuerzo podemos construir un yo diferente, estableciendo una continuidad con el anterior. Por eso Neimeyer señala la necesidad de reinventarnos, que está relacionada con la revisión de nuestro mundo de significados (tarea III) como puede observarse en esta cita: «Al revisar la filosofía que orienta nuestra vida, también nos revisamos a nosotros mismos, abriendo posibilidades que antes parecían cerradas, desarrollando habilidades e intereses que habían permanecido dormidos en nuestro interior o cultivando relaciones que habíamos abandonado o no habíamos explorado». (Neimeyer, 2007, p. 81)

Los mediadores hacen referencia a los factores que contribuyen a que sea un duelo normalizado o a que pueda complicarse. Por supuesto cada muerte es diferente, y cada duelo lo es también. No es lo mismo que fallezca un hijo, una madre, que un primo lejano. Es muy distinto que el vínculo con el fallecido se caracterice por un estilo de apego seguro o ambivalente. Este último, por el hecho de amar y odiar al mismo tiempo a la persona que ha fallecido, genera mayor nivel de culpa, así como mucha rabia porque el fallecido ha dejado solo al superviviente. En relación a la forma de morir, no es lo mismo morir de forma natural, que accidental, por un suicidio o por un homicidio. Además es importante tener en cuenta que influirá también si se trata de una muerte imprevista o esperada, si es una muerte violenta, si existen pérdidas múltiples, si se trata de muertes evitables, muertes estigmatizadas (como, por ejemplo, muertes por sida) o muertes ambiguas donde los supervivientes no han podido ver los cuerpos de los difuntos. Se ha de tener en cuenta la historia de pérdidas anteriores y cómo se elaboraron dichos duelos, puesto que influyen de alguna forma en el proceso de duelo actual. Además las variables de personalidad influyen en el proceso de duelo de una forma considerable. Influye la edad y el sexo del doliente, el estilo de afrontamiento, el estilo de apego, el estilo cognitivo, la fuerza personal (autoestima y eficacia) y el mundo de supuestos o creencias. Por ejemplo, las estrategias activas de afrontamiento son más eficaces que las pasivas (Worden,1996). El apego saludable produce pena, pero el apego poco saludable produce ira y culpa cuando la persona fallece (Winnicott, 1957). Las personas optimistas afrontan mejor el duelo que las pesimistas; las viudas con una impresión más fuerte de eficacia personal tienen mayor sensación de bienestar emocional y espiritual, además de encontrarse en mejor forma física (Worden, 2004). Y ciertos supuestos protegen, como la creencia de que uno estará unido con el difunto para toda la eternidad (Smith, Range y Ulmer, 1991), mientras que el no encontrar un sentido a la muerte de un ser querido puede provocar dificultades en la tarea III (adaptarse al entorno sin el ser querido), sobre todo en las adaptaciones espirituales. No es lo mismo tener apoyo social que no tenerlo, desempeñar roles sociales que no desempeñarlos. Además muchas veces las familias están sometidas a cambios que pueden generar tensiones y, por tanto, hacer más difícil el proceso del duelo.

En la tabla resumen que aparece a continuación el lector podrá encontrar los factores de riesgo que la literatura científica tiene en cuenta a la hora de predecir un duelo complicado.

Tabla 2
Factores de riesgo
(Arranz, Barbero, Barreto y Bayés, 2003)

En relación con la persona doliente	• La edad: Si es joven o anciana más riesgo. • Afrontamiento pasivo en otras pérdidas o connotaciones depresivas, más riesgo. • Enfermedad física o psíquica anterior, más riesgo.
Características de la enfermedad o la muerte	• Se complica el proceso si es muerte repentina o suicidio. • Si la enfermedad dura mucho o muy poco también es un riesgo añadido. • Muerte incierta o no visualización de la pérdida, puesto que no vemos el cuerpo, dificulta el proceso. • Enfermedad donde no hay un control de síntomas y el sufrimiento del familiar terminal es muy grande.
Aspectos relacionales	• Falta de disponibilidad de apoyo familiar y social. • Bajo nivel de comunicación con familiares y amigos. • Escasa posibilidad de expresar la pena o incapacidad para hacerlo.
Otros factores influyentes	• Duelos previos no resueltos. • Pérdidas múltiples. • Crisis concurrentes. • Obligaciones múltiples.

Además de los factores de riesgo, también es necesario tener en cuenta los factores protectores que predicen un duelo normalizado, y son precisamente estos factores protectores lo que es necesario promover para evitar que un duelo se complique. Algunas estrategias de afrontamiento como la capacidad de aceptación —sobre todo en las situaciones en las que no podemos cambiar lo sucedido (por ejemplo, el caso de la muerte de un ser querido)— y la espiritualidad —que es una estrategia de afrontamiento que ha sido ampliamente documentada— son saludables para el proceso del duelo. Las creencias religiosas y espirituales, así como las conductas relacionadas, parecen facilitar el ajuste positivo a la pérdida de un ser querido. Otras variables que se evidencian como protectores en determinado ámbitos de la salud y que pueden ser extrapolables al ámbito del duelo son la fluidez comunicativa, la percepción de autoeficacia, los sentimientos de utilidad en los cuidados del enfermo, la habilidad para la planificación y resolución de problemas, la flexibilidad mental, el autocuidado y la capacidad para encontrar un sentido a la experiencia (Barreto y Soler, 2008).

El duelo de cada persona es único, idiosincrático, no hay dos duelos iguales, por tanto no hay recetas mágicas para la elaboración de la pérdida. Cada ser humano ha de transitar su propio camino de dolor. Son tantos los factores que influyen en el duelo, como he querido ejemplificar con los datos aportados anteriormente, que algo que considero esencial es respetar los ritmos de cada cual y comprender que cada persona hace lo que puede para salir adelante ante este tipo de experiencias de pérdida. Ahora bien, en los casos en los que hay más papeletas para un duelo complicado porque hay más factores de riesgo no dudes en ponerte en manos de un profesional que te acompañe en el proceso. Este tiempo que te regalas es la mejor inversión que puedes ofrecerte.

MODELO INTEGRATIVO-RELACIONAL Y LAS «6 R»

El modelo integrativo-relacional de Payás (2010) supone una integración de los modelos de fases y de tareas. La autora defiende que existen diferentes fases y que en cada una de ellas se llevan a cabo tareas distintas. Las fases son cuatro: choque (shock); evitación-negación; conexión-integración y crecimiento-transformación.

Esta visión defiende el papel activo del doliente a través de las tareas importantes a desempeñar para avanzar en el proceso del duelo. Según el modelo, los dolientes pasan por fases iniciales donde existen manifestaciones somáticas características del trauma (fase de choque) o una gran variedad de emociones como la rabia y la culpa, que tienen el papel de evitar el dolor de la pena, así como estrategias de afrontamiento dirigidas a desconectar del dolor (fase de evitación-negación). Tras esas fases iniciales, los dolientes progresan hacia otras más avanzadas, donde estos ya son capaces de conectar con el dolor de la pérdida para elaborarlo a través de tareas en las que se trabaja el perdón, la gratitud, la expresión de amor al familiar fallecido (fase de conexión-integración), para encaminarse después hacia la fase de crecimiento-transformación. Payás revela que, para llegar a esa última fase que tiene que ver con el crecimiento postraumático, es necesario haber realizado un trabajo de conexión-integración del dolor. Es por ello que actuar con intervenciones terapéuticas dirigidas a ese cometido será enormemente útil. Según la autora, «el precio por no sentir el dolor del duelo es también cerrarse a la posibilidad de experimentar los cambios necesarios para poder volver a vivir la vida con plenitud» (Payás, 2010, p.110). De ahí la importancia de hacer ese trabajo de conexión con el dolor. En la segunda parte del libro, se acompañará al lector para que pueda acercarse al dolor de la pérdida desde el modelo integrativo de *mindfulness* y autocompasión para duelo (programa MADED), que será presentado en el capítulo 6 de esta primera parte.

Según Payás (2010), quienes sufren la pérdida de un ser querido u otras formas de sufrimiento elaboran ciertos mecanismos de defensa o estrategias de afrontamiento frente al dolor. Las personas tratamos de «meter el dolor en un cajoncito para que no nos duela. La llave que cierra ese baúl es la misma llave que lo abre». Con lo cual es importante indagar en las estrategias de afrontamiento empleadas por la persona, para poder así acercarnos a las tareas del duelo que es recomendable que desempeñe esa persona en la elaboración del dolor de la pérdida. Es decir, el objetivo no es que tengas que eliminar esas estrategias de afrontamiento, sino indagar para ver qué tareas encierran y así poder desempeñarlas. Muchos autores se obstinan en eliminar aquellas estrategias de afrontamiento que desde el punto de vista teórico son desadaptativas. Pero, en realidad, todas las estrategias de afrontamiento son independientes de su resultado, y deberemos ser capaces de mirar más allá para tomar consciencia de qué esconden. ¿Esa estrategia empleada ayuda a conectar o a desconectar del dolor? De hecho, una misma estrategia de afrontamiento nos puede estar sirviendo en una persona para conectar y en otra, para evitar el dolor. De alguna manera, recurrimos a las estrategias de afrontamiento por alguna razón, de ahí la importancia de no quererlas eliminar de forma radical, tratándolas como sintomatología adversa. Por el contrario, es importante investigar qué hay detrás de la estrategia de afrontamiento, qué necesidad está cubriendo: llegarás ineludiblemente a la tarea de duelo que está pendiente. Es por eso que las estrategias de afrontamiento son la llave que te ayudará a «abrir el cajón» para poder hacer el trabajo de conexión e integración. Para que sirva de ejemplo, un doliente podría estar viendo fotos del difunto (estrategia de afrontamiento) como una forma de conectar con el dolor de la pérdida para darse permiso y poderlo elaborar; o, por el contrario, podría ser una estrategia de evitación. Si el doliente expresase que al ver las fotos evita sentir el dolor de la pérdida, porque es como recordar los momentos vividos cuando el ser querido estaba presente, podemos intuir que la estrategia está ayudando a huir del dolor. De ahí deducimos que la tarea que necesita poner en marcha este doliente es la de aceptación y la de abrirse al dolor emocional. La llave maestra es la estrategia de afrontamiento que el doliente pone en marcha como buenamente puede, y la clave está en saber tirar del hilo para llegar a las tareas del duelo que se necesitan activar para una sana elaboración del mismo.

En este modelo es muy importante la parte relacional, tal y como recoge la teoría de la vinculación de Bowlby y como señala la autora: «La pérdida de la relación debe sanarse en el contacto que proporciona la relación con los otros; sin ese otro sanar no es posible» (Payás, 2010, p. 26). De ahí que la relación con el terapeuta en sí ya sea un promotor de cambio en el doliente, y por tanto este libro no puede sustituir bajo ningún concepto la ayuda terapéutica. De hecho, se considera a los profesionales como portadores y promotores de oxitocina (Martínez, 2017) puesto que, a través del vínculo y el apego seguro, se produce la magia de la transformación de lo duro e insostenible en algo blando, líquido y llevadero.

Este modelo describe el duelo como un proceso dinámico en el que las distintas respuestas de afrontamiento a las que el doliente recurre para manejar el sufrimiento y adaptarse a la situación van emergiendo y disolviéndose, siendo sustituidas unas por otras a medida que el proceso avanza. Van surgiendo tareas/necesidades diferentes que requieren de afrontamientos distintos. Las tareas de duelo reflejan la forma concreta de atender y responder a esas necesidades en las diferentes fases. Las cuatro fases y sus características son las siguientes:

Aturdimiento y choque

Se caracteriza por reacciones como descreimiento, confusión, aturdimiento, disociación, etc., que sirven para alterar el input, reprimiendo, suprimiendo o mitigando el impacto de la realidad. Se oscila entre los mecanismos de evasión y aproximación, siendo esto normal. Es decir, en ocasiones uno conecta con el dolor y lo expresa, y en otras, la persona está como ausente, anonadada.

Hay muchos elementos somáticos, ya que el dolor se siente a través del cuerpo. La tarea principal de duelo en esta etapa es manejar los aspectos más traumáticos de la pérdida. Si el proceso se detiene y se fija en esta fase da lugar a un duelo complicado conocido como «duelo TEPT» (Trastorno por Estrés Postraumático).

Evitación y negación

Prevalecen respuestas de evitación, por lo que la persona puede negar los hechos o minimizar la importancia de lo sucedido, o bien mantenerse activa para manejar la sintomatología, o sustituir la pérdida, o experimentar una culpa excesiva que se transforma en rumiaciones improductivas. La tarea principal en esta etapa es ir disolviendo progresivamente las estrategias protectoras de distorsión-evitación y aumentar progresivamente la tolerancia al dolor. Si se produce una fijación en esta fase da lugar a un duelo complicado denominado «duelo ausente o evitativo», que se caracteriza por hiperactividad, conductas autodestructivas, adicciones, enfado desplazado, ideas obsesivas de venganza, etc.

Conexión e integración

En esta fase se ponen en marcha respuestas de afrontamiento orientadas a conectar con la realidad de la pérdida, tales como conectar con el dolor, la tristeza o la culpa, hablar de la relación, adentrarse en el dolor, sentir la ausencia a través del recuerdo, aceptar la realidad de lo ocurrido mediante rumiaciones productivas, utilizar rituales de conexión, visitar los lugares asociados al ser querido, etc. La tarea adaptativa en esta fase consiste en realizar el trabajo de duelo asociado a los aspectos relacionales de la pérdida que hacen referencia a la expresión del amor, la gratitud y el perdón. La detención o fijación en esta fase puede llevar al duelo complicado denominado «duelo crónico».

Crecimiento y transformación

Se produce la reorganización del mundo interno con relación al ser querido perdido, con uno mismo y con el mundo en general. En un duelo elaborado, es necesario que las personas hayan ido más allá de su estado anterior y convertir esa experiencia en un crecimiento personal. La tarea principal de esta etapa es sustituir creencias antiguas por nuevos esquemas mentales que incorporen todo el peso y la significación de la pérdida. El resultado final es un nuevo edificio o constructo multidimensional que incluye cambios en todas las facetas del ser humano dando lugar al crecimiento postraumático.

Entiendo el modelo de fases no como momentos temporales lineales y estancos por los que ha de pasar un doliente ineludiblemente, sino como un modelo que proporciona un mapa conceptual que nos ayuda a entender los afrontamientos que estamos empleando para sobrellevar el dolor de la pérdida en cada momento. De hecho, creo que cuando transitamos el duelo podemos en un mismo día presentar estados de evitación-negación y estados de conexión-integración. Por tanto, el objetivo de la terapia será que puedas disponer de las herramientas adecuadas para poder hacer esa conexión con el dolor y las emociones de una forma serena, y poder llegar al crecimiento-transformación, ya que es la única vía para hacerlo, pues no puedes alcanzar esta fase de crecimiento si no transitas el dolor de la pérdida. Es más, si, hipotéticamente, existiera una píldora mágica que quitase el dolor de la pérdida, ¿te la tomarías? A lo mejor la primera respuesta automática es que sí porque no quieres sufrir, pero cuando profundizas en el significado del dolor y cómo este es el reflejo del amor, estoy convencida de que dirías que no quieres distraerte del dolor, que quieres sentirlo, transitarlo, vivirlo y desde ahí poder llegar a este crecimiento o transformación. Borrar ese dolor sin transitarlo te impediría integrar a tu ser querido en tu realidad psicológica, impidiendo a su vez sentir el amor que sigue viviendo después de la muerte.

El modelo de las «6R» de Therese Rando (1988) está formado por tres fases (evitación, afrontamiento y acomodación) y por seis tareas. En la fase de evitación, la tarea esencial es reconocer la pérdida (aceptar y comprender la muerte). En la fase de afrontamiento, existen tres tareas: reaccionar a la separación (experimentar el dolor, sentir, identificar, aceptar las reacciones psicológicas de la pérdida e identificar y hacer duelo de todas las pérdidas secundarias); recordar y reexperimentar al ser querido y la relación que mantenían (revisar y recordar de forma realista y revisar y reexperimentar los sentimientos), y relegar/abandonar el antiguo apego al deudo y la forma de asumir el mundo anterior. En la fase de acomodación, las tareas son reajustarse para moverse de forma adaptativa en el nuevo mundo sin olvidar el antiguo (revisar los conceptos del mundo, desarrollar una nueva relación con el difunto, adaptar nuevas formas de estar en el mundo, formar una nueva identidad); y reinvertir (invertir la energía que estaba puesta en la relación de otras formas que aporten nuevas gratificaciones).

En conexión con este modelo de Rando, el programa MADED —que te presentaré al final de esta parte del libro, en el capítulo 6— se centra en que puedas llegar a la aceptación de la pérdida a través del desarrollo de la consciencia plena, teniendo en cuenta que aceptar y comprender la pérdida es la tarea esencial en la fase de evitación. También se legitiman todas las emociones que como doliente puedas experimentar, proporcionándote un espacio de permiso para recordar, sentir, expresar emociones (fase de afrontamiento) y, por último, proporcionarte herramientas para que puedas llegar a la fase de acomodación (fomentar una relación simbólica con el difunto, un ritual de despedida, invertir la energía en el presente).

Permitir las emociones y el dolor de la pérdida

Según Worden (2013), muchos dolientes van a verlo porque quieren una píldora mágica que les alivie el dolor de la pérdida, pero, como ya sabe el lector, ese remedio sería peor que el propio dolor. Evitar sentirlo multiplica la tensión y, por tanto, el trabajo es justo lo contario: abrirse y permitir que el dolor esté contigo. En esto el *mindfulness*, desde mi punto de vista, es la herramienta ideal a través de la regulación emocional. Las emociones no debemos negarlas, ni suprimirlas, ni olvidarlas, ni desatenderlas, tampoco podemos controlarlas, pero sí regularlas. La diferencia entre control y regulación es importante. Teniendo en cuenta que las emociones son manifestaciones inherentes al ser humano y también a los animales, y que contienen información que nos ayuda a adaptarnos al medio, su control no ha de ser tu objetivo, sino su regulación. Puede observarse un ejemplo claro de la naturaleza que te ayudará a diferenciar el control de la regulación. No puedes controlar que llueva o no, lloverá independientemente de lo que hagas; en cambio, sí que puedes aprender a regular tu conducta para no mojarte: puedes coger un paraguas, o no salir a la calle cuando llueve. Lo mismo sucede con las emociones: no puedes controlar su aparición, pero sí puedes regularlas y gestionarlas, para posteriormente hacer un proceso más profundo de introspección que te permita aprender de ellas y verlas como amigas, no como enemigas que has de fulminar.

En esta regulación emocional, según Worden (2013), tendrás que trabajar tanto con el enfado, la culpa, la ansiedad, la impotencia, la tristeza, el sentimiento de soledad, de alivio tras la muerte de un ser querido, la fatiga, el anhelo y la insensibilidad, como con la ausencia de emociones y de sensaciones (lo cual constituiría un bloqueo). Este último sería una negación del dolor, un cortocircuito en la segunda tarea. Como señala Bowlby, «Antes o después, aquellos que evitan todo duelo consciente sufren un colapso, habitualmente con alguna forma de depresión» (Bowlby, 1980). De ahí la importancia de permitir la expresión del dolor para su posible elaboración. Comprender esto es esencial, ya que aquello que evites emocionalmente te perseguirá siempre dando paso a enquistamientos en tu corazón en forma de emociones patológicas que puedan devorarte desde el interior. Así que el camino no es otro más que abrirte al dolor de la pérdida, y es a eso a lo que te voy a invitar a lo largo de este libro que tienes en tus manos.

Para Payás (2010), «Emocionarse es recordar. Las experiencias sin significación emocional van a ser elaboradas exclusivamente de forma cognitiva y por eso su impacto en la memoria es mucho menor» (p. 99). Según la autora, si tenemos en cuenta todas las teorías psicobiológicas del proceso emocional, las emociones nos ayudan a mejorar la productividad del procesamiento neurológico integrando elementos que de otra manera no sería posible. Cuando tenemos emociones podemos acceder a la memoria implícita que se encuentra en la amígdala. A su vez, esta memoria implícita activa el hipocampo dándole espacio y temporalidad a eso que ha rescatado en un principio la amígdala. Posteriormente, se activa el córtex prefrontal encargado de la ejecución, modulando nuestras acciones con consciencia. Es decir, disponemos de un «atajo emocional» que es la amígdala, que se activa de forma inconsciente, lo cual explicaría cómo una persona al pasar por un lugar donde tuvo una experiencia positiva o negativa hace que afloren sensaciones, emociones que experimentó en el pasado sin que la consciencia esté interviniendo. Esa activación de la amígdala permite activar luego el hipocampo y entonces comienzan a recordarse todos los aspectos de lo sucedido de forma clara y concreta. Esto ya sería «la carretera sin atajos».

Todo esto sucede de forma natural cuando la intensidad de la emoción está dentro de la ventana de tolerancia (veremos este concepto más desarrollado en el capítulo 8 de la segunda parte), es decir, cuando tiene una intensidad intermedia. En cambio, si la intensidad cae fuera del intervalo de tolerancia (por exceso o por defecto), no se activará el hipocampo. Esto explicaría que en casos de experiencias traumáticas donde la intensidad de la emoción es muy alta, no se active el hipocampo y el córtex prefrontal, de forma que la amígdala al tener vida propia sin estar gestionada por sus «hermanas mayores» da lugar a la fragmentación en forma de imágenes recurrentes sin estar debidamente integradas, totalmente descontextualizadas. A esto en psicología se le llaman *flashbacks*.

Según la autora, las emociones son adaptativas, actúan como señales y son procesos integrados que incluyen un conjunto de reacciones fisiológicas, cognitivas y conductuales que contribuyen a la toma de decisiones más ajustadas. Además, desempeñan un papel esencial en la construcción de nuevos significados y en la transformación de la identidad, pues el acceso a la memoria que se produce gracias a las emociones permite la reorganización constante del material interno de esquemas y valores (Payás, 2010).

Las emociones son adaptativas y necesarias para poder hacer posteriormente un trabajo más cognitivo de significación, aunque en ocasiones se convierten en fijaciones y defensas que necesitan ser disueltas para que el proceso de duelo sea saludable. De alguna forma, el trabajo terapéutico dirigido a la emoción te permitirá, por un lado, prevenir esas fijaciones que conducirían a un duelo complicado o disolver las fijaciones cuando ya existen; y, por otro lado, hacer ese trabajo de conexión-integración necesario para que puedas avanzar a esa última fase de crecimiento-transformación.

En la segunda parte del libro, voy a acompañarte semana tras semana para que puedas hacer este proceso. Precisamente, en los capítulos 10 y 11, tendrás mucha más información acerca del mundo emocional para que puedas perder el miedo a sentir lo que sea que sientas, permitiéndote un espacio para sentir lo que es. En vista de que la culpa es predictora del duelo complicado, en el capítulo 12 te acompañaré para que puedas explorar en detalle esta emoción, transitarla y elaborarla.

3

La luz del *mindfulness*

La sabiduría es la fuente de luz en el mundo, el
mindfulness en el mundo es el despertar.

BUDA

Señor, dame serenidad para aceptar las cosas
que no puedo cambiar, valor para cambiar las
cosas que puedo cambiar y sabiduría para conocer la diferencia.

REINHOLD NIEBUHR

Introducción

El *mindfulness* es una terapia de tercera generación que tiene sus
raíces en la filosofía oriental y que se define como «atención
plena». Los elementos que definen el *mindfulness* son la aceptación, el no juzgar y la vivencia del momento presente. Se podría
decir que el *mindfulness*, más que una técnica concreta, es una
filosofía de vida, una actitud frente a la vida que proviene de las
prácticas meditativas de Oriente. Se ha practicado durante mu-

chos siglos, pero solamente en la última década ha cobrado interés en la literatura médica y psicológica (Simón, 2006).

Esta filosofía de vida proviene del budismo, aunque la aplicación en el ámbito de la salud y en el mundo de la educación se hace desde una perspectiva secular. Pese a ello, me gustaría honrar las raíces a través de estos párrafos que siguen a continuación.

La columna vertebral de los programas de *mindfulness* son las cuatro nobles verdades y el noble sendero óctuple del Buda. Siguiendo a Sangharákshita (1997), estas son las cuatro nobles verdades:

1. La verdad del sufrimiento, la insatisfacción o la falta de armonía, que vemos a nuestro alrededor y también experimentamos dentro de nosotros mismos.

2. La verdad de la causa del sufrimiento, que es el anhelo egoísta o la «sed», tanto en nosotros mismos como en los demás. Se trata del deseo o apego de que las cosas sean de otra manera diferente.

3. La verdad del cese del sufrimiento, su erradicación completa, que es sinónimo del estado de iluminación o budeidad. La aceptación nos llevará a la iluminación a través de la erradicación del deseo apegado.

4. La verdad del camino que conduce al cese del sufrimiento, que es el noble sendero óctuple.

Las tres características de la existencia condicionada son que hay sufrimiento, que es impermanente y que carece de una verdadera esencia personal propia. Según la tradición budista, existe un sufrimiento primario que es inevitable y un sufrimiento secundario que es evitable. Este último tiene que ver con la forma de relacionarnos con el sufrimiento primario que se basa en la resistencia, la no aceptación de las cosas que no podemos cambiar, precisamente porque en el mundo existe sufrimiento, porque existe impermanencia y condicionalidad. La tercera característica de la existencia hace referencia a que hay una interconexión que va más allá de nuestra individualidad y, por lo tanto, no podemos controlarlo todo: existen condiciones que van más allá de nuestros deseos. Lo que ocurre en nuestro mundo interior y exterior depende de una multitud de condiciones cambiantes que interactúan mutuamente, de las cuales no somos conscientes, y que en su mayor parte no podemos controlar. Cuando no aceptamos estas tres características de la existencia se produce *Dukka*, que es el sufrimiento secundario, y es de lo que es necesario liberarse.

El noble sendero óctuple del Buda se caracteriza por los ochos caminos que se cultivan a través de la práctica budista: visión perfecta, emoción perfecta, habla perfecta, acción perfecta, subsistencia perfecta, esfuerzo perfecto, atención consciente perfecta y *Samadhi* perfecto (meditación/iluminación). El primer sendero es el de la visión, y los siete restantes constituyen el sendero de la transformación, ya que representan los medios por los que transformaremos nuestro ser, con base en la visión de la existencia. El primero corresponde a la sabiduría, los cinco siguientes corresponden a la ética, y los dos últimos hacen referencia a la meditación.

El esfuerzo y la atención consciente (*mindfulness*) se encuentran participando claramente en la práctica de meditación (senderos seis y siete), junto con la última rama del sendero óctuple, el *Samadhi* perfecto.

Por otro lado, los cuatro inconmensurables de la tradición budista son *Metta, Karuna, Mudita y Upeksa* (la bondad amorosa, la compasión, la alegría empática y la ecuanimidad). Son los cuatro matices del amor incondicional, clave en los programas de *mindfulness* y compasión.

Cultivar *mindfulness* a través de los programas existentes permite acercarnos al sufrimiento desde una perspectiva secular. A través de la práctica, ampliamos el foco de la consciencia, que nos posibilita integrar el dolor como parte de la vida (comprendiendo las cuatro nobles verdades desde una perspectiva experiencial) y, por otro lado, estamos cultivando los cuatro inconmensurables. La columna vertebral de los programas existentes es tan consistente que el impacto en la sociedad (ciencia, salud, educación) está siendo muy alto, ya que está ayudando a liberar a muchas personas de su sufrimiento.

El interés en las prácticas meditativas se empezó a producir por al menos tres factores. En primer lugar, debido a la divulgación en Occidente de estas prácticas que pueden explicarse por el factor emigración-inmigración. Muchos jóvenes de Occidente se fueron a Oriente en búsqueda de nuevas experiencias, nuevas sensaciones, y se encontraron con la meditación. También muchos monjes budistas, tras la invasión de China al Tíbet en 1951, tuvieron que huir y trasladaron sus centros budistas a Occidente. En segundo lugar, por la maduración de la psicología cognitiva con la aparición de las terapias de tercera generación que se centran en la atención, en la concentración y en la metacognición. Y, en tercer lugar, el desarrollo de la neurociencia ha permitido poder explorar qué sucede en el cerebro de una persona cuando medita, a través de los correlatos neurobiológicos que pueden observarse en la Resonancia Magnética Funcional (RMF), la Tomografía por Emisión de Positrones (PET) y la Electroencefalografía (EEG) (Simón, 2006).

Estos tres factores han permitido sin duda que el *mindfulness* ya no se catalogue como una práctica esotérica, sino como una práctica sustentada por la ciencia, ya que investigadores como Richard Davidson y colaboradores de la Universidad de Wisconsin han trasladado Oriente al laboratorio (a monjes de las tradiciones tibetanas) para explicar los cambios en las estructuras del cerebro que fundamentan de una forma científica los beneficios de practicar meditación.

Una de las razones por las que el uso de la atención plena está teniendo éxito es porque contribuye al restablecimiento del equilibrio emocional, y porque favorece los estados de ánimo positivos y las actitudes de aproximación frente a las de evitación, razón por la que se ha utilizado en el tratamiento de los cuadros depresivos (Segal, Williams y Teasdal, 2002; Simón, 2002).

Los beneficios son múltiples, ya que el *mindfulness* proporciona equilibrio emocional, flexibilidad de respuesta, autoconocimiento (*insight*), modulación del miedo, reducción del malestar psicológico (que se traduce en una reducción de los niveles de ansiedad y de depresión constatado a través de la puntuación en los test), reducción del dolor (tanto físico como psicológico), mejora del sistema inmune y mejora de la capacidad de afrontar el estrés (Simón, 2002).

La consciencia plena es un estado mental en el que el individuo es altamente consciente y enfoca la realidad del momento presente, con apertura y sin juzgar ni dejarse llevar por pensamientos o reacciones emotivas. Por tanto, requiere una intención especial que reduzca al mínimo la utilización del «piloto automático», manteniendo la consciencia en lo que ocurre «aquí y ahora» (Kabat-Zinn, 1990).

Según Thich Nhat Hanh (1976), *mindfulness* (atención o consciencia plena) puede definirse como «mantener la consciencia habitando la realidad presente». Según Lutz, Dunne y Davidson (2007) es un «estado en el cual el practicante es capaz de mantener la atención centrada en un objeto durante un tiempo ilimitado». Aunque ambas definiciones estén separadas en el tiempo, puede observarse que las dos tienen en común esa capacidad de centrar la atención en el presente inmediato, que precisamente es la instrucción básica en *mindfulness*. Pero solo con la instrucción ya mencionada no es suficiente, pues se requiere una actitud de aceptación, de apertura, curiosidad, paciencia, constancia y amor.

Para que sirva de ejemplo, Davidson y colaboradores (2003) llevaron a cabo una investigación para evaluar los cambios cerebrales tras una intervención de *Mindfulness Bassed Stress Reduction* (MBSR) durante ocho semanas en una muestra de veinticinco sujetos. Este entrenamiento produjo una asimetría prefrontal, a favor del córtex prefrontal izquierdo, que se traduce en una mejoría del estado de ánimo, en un aumento de la reactividad a los estímulos positivos y en una mayor habilidad de afrontar estímulos negativos. Concretamente, el *mindfulness* activa el lado izquierdo del cerebro, que está relacionado con las emociones positivas (bienestar psicológico), y desactiva el lado derecho, que se relaciona con la percepción de emociones negativas. Dicha investigación y muchas otras demuestran la efectividad del *mindfulness* en múltiples ámbitos (afrontamiento de enfermedades como el cáncer, la fibromialgia, trastornos emocionales, conductas adictivas, etc.). El *mindfulness* tiene sus raíces en los fundamentos de la actividad de la consciencia: atención y darse cuenta. El darse cuenta consiste en el registro consciente de los estímulos, a través de los cinco sentidos, el sentido kinestésico y las actividades mentales. Es lo que nos permite estar en contacto con la realidad, y no producir distorsiones de la misma basadas en nuestros esquemas, creencias, actitudes, etc.

Normalmente procesamos la información de arriba abajo, es decir, en función de esos esquemas, creencias que hemos ido acumulando a lo largo de nuestra vida. Las consecuencias de este procesamiento es que los conceptos, las ideas, los juicios son habitualmente impuestos, muchas veces de forma automática, en todo aquello que se experimenta (Bargh y Charttrand, 1999). Los esquemas cognitivos, las creencias y las opiniones dirigen en parte las percepciones que tenemos (Leary, 2004; Hayes, 2011). Aunque este tipo de procesamiento de la información es necesario y tiene ciertos beneficios para poder simplificar el mundo en el que vivimos y poder movernos en él, tiene como desventaja que se produce un gran sesgo, ya que la realidad se percibe en parte, no tal cual es. Es como si tuviéramos puestas unas gafas de color verde y viéramos la realidad con base en ese color (ese color sería como un esquema cognitivo), aunque la realidad es mucho más amplia y no se corresponde con ese color. Es decir, este tipo de procesamiento supone un atajo mental, para podernos mover en él, pero se deja a un lado una gran variedad de coloridos que ese esquema no nos permite ver. Se trataría pues de un procesamiento superficial.

En cambio, la forma de percibir el mundo a través de la consciencia plena (*mindfulness*) implica un estado receptivo de la mente, donde la atención se centra en todo lo que existe a través de un procesamiento de abajo-arriba. Es como desnudar la mente de todos los esquemas que sesgan la realidad, para poder ver con mayor claridad. Cuando se utiliza esta forma de ver el mundo, las capacidades básicas de atención y de consciencia permiten que el individuo esté en el presente, conectando con la realidad, pudiendo ser consciente de todos los pensamientos, emociones, imágenes, impulsos de acción, como un observador directo de todos ellos. De hecho, la consciencia es un recipiente más amplio que contiene los demás procesos, por lo que esa consciencia puede observar el resto de los procesos. Por ejemplo, cuando se tiene una emoción, a través de este tipo de procesamiento *mindful*, se puede ser consciente de esa emoción, poniéndole un nombre, sintiéndola en el cuerpo, siendo consciente de aquello a lo que nos impulsa y percibiendo los pensamientos asociados a ella. Con este tipo de procesamiento se rompe el «piloto automático» bajo el que estamos acostumbrados a funcionar, de forma que, en vez de reaccionar automáticamente, podemos dar una respuesta libre ante una determinada situación. El *mindfulness* posibilita un contacto directo con la experiencia tal cual es, sin los sesgos cognitivos y automáticos a los que estamos acostumbrados, aportando claridad y frescura, que permiten una mayor flexibilidad y mayor objetividad en las respuestas psicológicas y comportamentales.

El término *mindfulness* deriva de la palabra *sati*, de la lengua pali, que significa recordar, pero como una modalidad de consciencia, significa la **presencia de la mente** o aplomo (Bodhi, 2000). Brown y Ryan (2003) han definido *mindfulness* como una atención receptiva y como un darse cuenta de los sucesos y experiencias del presente.

Es importante matizar que las diferentes escuelas del pensamiento enfatizan ciertas características del *mindfulness* más que otras, pero destacan algunas comunes a todas ellas como: claridad de la consciencia; consciencia no conceptual y no discriminatoria; flexibilidad de la consciencia y de la atención.

A continuación mostraré al lector una descripción breve de las diferentes características ya citadas con anterioridad y a las que los autores les otorgan mayor importancia. La primera se refiere a la **claridad de la consciencia**, tanto de aspectos internos como de aspectos del mundo exterior, incluyendo pensamientos, emociones, sensaciones, acciones, que existen en cualquier momento (Mishra, 2004). Por esta razón, el *mindfulness* se ha denominado como «atención desnuda» o «consciencia pura o lúcida». Existe una metáfora zen que explica esta característica como un espejo brillante, donde se reflejan los pensamientos, sensaciones, emociones, tal cual son, con una gran claridad y transparencia.

La segunda característica del *mindfulness* es su **naturaleza no conceptual y no discriminatoria**. El modo de procesar *mindful*, es pre- o para-conceptual (Marcel, 2003); no compara, no categoriza o evalúa, lo que hace es contemplar y hacer uso de la introspección (Brown y Ryan, 2003; Hayes 2011). *Mindfulness* se refiere a una forma de procesar que no interfiere con la experiencia, sino que permite que lleguen los inputs a la consciencia simplemente percibiendo lo que está sucediendo sin más. Es lo que Vicente Simón en su artículo sobre *neurobiología del mindfulness*, denomina mente principiante (Simón, 2006). El *mindfulness* no persigue que la mente se quede en blanco, es decir, no pretende que no haya pensamientos, sino que al haberlos haya una relación diferente con ellos. Como señala el autor, los pensamientos no son siempre la realidad y precisamente al observarlos y aceptarlos se produce una relación distinta con ellos (Simón, 2006). Por tanto, los pensamientos, incluyendo las imágenes mentales, la narrativa y otros fenómenos cognitivos, son vistos como objetos de atención de la consciencia.

La tercera característica es **la flexibilidad de la atención y de la consciencia**. Como una lente de zoom, la mente se puede mover a través de la focalización en aspectos concretos, disminuyendo el campo de la consciencia o, por el contrario, ampliando el foco de la consciencia, de forma que el recipiente de esta se hace más grande y abarca muchos más aspectos de los que aparentemente se puedan observar. Es como poder salir de uno mismo para ver las cosas desde un ángulo superior. Como si se pudiera ver una determinada situación desde la cima de una montaña. Para pasar de un estado de focalización a un estado de amplitud se requiere una gran flexibilidad. La evidencia sugiere que el *mindfulness* está relacionado con cierto control de la atención y una gran capacidad de concentración (Brown, 2006), pero la capacidad de atención plena y la concentración son diferentes (Dunn, Hartigan y Mikulads, 1999). Mientras que la concentración requiere una restricción de la atención en un objeto interno o externo, sin ser consciente del resto (Engler, 1986), el modo de procesar *mindful* supone una regulación fluida y voluntaria de los estados de la atención y de la consciencia. En realidad, en la concentración se produce una reducción del campo de la consciencia, pero en el estado *mindful* hay una amplitud de la consciencia, aunque de forma flexible se puede reducir el campo para observar con mayor detalle una porción de la realidad. El *mindfulness* juega con la reducción del campo y la amplitud de forma flexible para no perder detalles de la realidad. A veces, es conveniente acercarse y, otras veces, alejarse, de ahí la comparación con esa lente de zoom.

Todas las características descritas anteriormente se relacionan con la noción de la presencia o capacidad de estar en el presente. La mente tiene tendencia a viajar a memorias del pasado o a fantasías del futuro; es lo que se denomina «mente de mono o mente errante», porque tiene tendencia a saltar de aquí para allá. Esto la mente lo hace para que pueda haber una continuidad de uno mismo y de las metas que uno se marca, pero no hay que olvidar que solo existimos en el momento presente. Cuando la mente se va al pasado y al futuro se pierde el único momento real que tiene, el presente (Simón, 2011).

Un gran número de aproximaciones, particularmente la psicología humanista (Rogers, 1961) y la Gestalt (Perls, 1973), han enfatizado la importancia de la experiencia inmediata. Por ejemplo, Rogers argumentó que pasar de una actitud de distancia a un acercamiento a la experiencia inmediata es un cambio central en el proceso terapéutico. La Gestalt ha diferenciado entre vivir en el presente y vivir para el presente, ya que este último denota hedonismo, impulsividad y fatalismo (Zimbardo y Boyd, 1999). El *mindfulness* pretende que la consciencia esté despierta al presente, mientras que otras formas de orientación al presente, como el hedonismo, puede implicar una falta de habilidad para conectar con la experiencia actual (Sheldon y Vaanstenskiste, 2005).

Esta cualidad de atención y consciencia plena no es frecuente en la mayoría de las personas, no obstante, *mindfulness* es una capacidad inherente al ser humano (Brown y Ryan, 2003; Kabat-Zinn, 2003). Lo único que sucede es que es una habilidad que hemos perdido al estar corrompidos por una sociedad consumista donde el estrés y las prisas son el traje que llevamos puestos. Una sociedad centrada en el modo hacer, no en el modo ser.

Según el antropólogo Steve Miller, hace unos seis mil años comenzó un proceso histórico por el cual los seres humanos empezaron a preocuparse seriamente por la acumulación de riquezas y el desarrollo material. Un proceso cultural que ha creado una mente individual enfocada hacia el tener y hacia el hacer. Esta actitud orientada a la acción es la responsable de todos nuestros avances tecnológicos en energía, medicina, agricultura, transporte y telecomunicaciones. Pero también es responsable del sufrimiento cuando tratamos de resolver los estados emocionales negativos rumiando o preocupándonos sobre el futuro. El intento desesperado de resolver emociones negativas mediante la acción mental es uno de los causantes de las enfermedades del siglo xxi, el estrés y sus dos derivadas, que son la ansiedad y la depresión (Martín Asuero, 2011).

Es por ello que el *mindfulness* pretende que la mente funcione en modo «ser» en ciertos momentos del día, para que esta pueda conseguir un respiro y, por tanto, descanso y claridad. Siguiendo a Martín Asuero (2011), el modo ser no es mejor ni peor, simplemente es distinto, y su utilización enriquecerá la vida de las personas que lo lleven a cabo. El modo ser resulta muy útil para facilitar momentos de recuperación y renovación. Es el modo mental que resulta de la conexión con el presente tal cual es, lo que permite una mejor adaptación.

Existen diferencias en la conceptualización del *mindfulness* en la tradición budista y en la psicología contemporánea. De hecho, esta última presenta grandes variaciones en la naturaleza del *mindfulness* (Dimidjian y Linehan, 2003; Hayes y Wilson, 2003); por ejemplo, el *mindfulness* ha sido definido como una capacidad de regulación del *self* (Brown y Ryan, 2003), una habilidad de aceptación (Linehan, 1994) y una habilidad metacognitiva (Bishop *et al.*, 2004).

El papel del cuerpo en el trauma

El cuerpo es un elemento esencial en la práctica del *mindfulness*, y conocer cómo le afecta el trauma y cómo el cerebro *mindful* ayuda a la integración de las experiencias traumáticas es fundamental. Las ideas que siguen a continuación van en la línea de hacer comprensible la relación entre el trauma y el cuerpo. A través del trabajo con el cuerpo y con la consciencia plena del aquí y el ahora se consigue la integración de las modalidades de procesamiento de la memoria implícita y la memoria explícita, del hemisferio izquierdo y el hemisferio derecho, y del conocimiento intelectual consciente y las sensaciones corporales. Nuestra mente tiende de forma innata hacia la integración y la sanación, movimiento que con frecuencia puede quedar bloqueado después de la vivencia traumática (Siegel, 2007). Esta consciencia receptiva implica una atención aceptadora, amable, no crítica, que podría ser la clave de que la mente sea capaz de desplazarse del caos y la rigidez dentro de los estados no integrados, al funcionamiento coherente que aflora con la ayuda de la integración. Una de las características humanas por excelencia es la flexibilidad: la capacidad de tomar decisiones respecto de la forma de responder a su entorno. Esta flexibilidad es el resultado de la propiedad que tiene el neocórtex humano de integrar una amplia variedad de diferentes fragmentos de información, de darle un sentido tanto a los estímulos entrantes como a los impulsos físicos que estos suscitan, y aplicar el pensamiento lógico para calcular el efecto a largo plazo de una determinada acción en particular (Siegel, 2007). En los pacientes traumatizados, el neocórtex no funciona adecuadamente y son las pautas de acción rígidas las que guían la acción. En situaciones de estrés, las áreas cerebrales superiores responsables del funcionamiento ejecutivo (planificación del futuro, anticipación de las consecuencias de las propias acciones e inhibición de las reacciones inapropiadas) se vuelven menos activas (Van der Kolk, 1996).

Las emociones nos sirven como guías para la acción, en cambio, cuando existe trauma esto no es así. Como ya señalaba Darwin (1872), las emociones correspondientes al miedo, al asco, la rabia o la depresión son señales para comunicarles a los demás que retrocedan, desistan, se detengan o que les protejan. Cuando una persona queda traumatizada, dichas emociones no generan los resultados esperados: el depredador no retrocede, ni desiste, ni protege, y cualquiera de las acciones que emprenda la persona traumatizada no logra restablecer la sensación de seguridad. De esta manera se pierde la capacidad de utilizar las emociones como guías para la acción. Se activan las emociones pero la persona no reconoce lo que está sintiendo (alexitimia). Esta incapacidad de reconocer lo que está pasando por dentro —emociones, sensaciones y estados físicos— hace que las personas pierdan el contacto con sus propias necesidades y sean incapaces de atenderlas, lo que a menudo se extiende a tener dificultades en comprender los estados emocionales de los otros.

Neurobiológicamente hablando, la única parte del cerebro

consciente que es capaz de influir en los estados emocionales (localizados en el sistema límbico) es el córtex prefrontal medial, la parte del cerebro que interviene en la introspección. Diversos estudios con neuroimágenes han puesto de manifiesto una disminución de la activación del córtex prefrontal medial en las personas con TEPT (Lanius, 2002). Esto significa que las personas traumatizadas padecen serios problemas a la hora de prestar atención a las sensaciones internas. Tienden a sentirse desbordados o bien niegan percibir ninguna. Suelen tener una imagen corporal sumamente negativa y, por lo que a ellos respecta, cuanta menos atención presten a su cuerpo, mejor. Pero no podemos aprender a cuidar de nosotros mismos si no estamos en contacto con las exigencias y los requerimientos de nuestro yo físico.

Siguiendo a Ogden y sus colaboradores (2011), la terapia consiste en aprender a convertirse en un observador atento del flujo y reflujo de la experiencia interna, advirtiendo con plena consciencia todos los pensamientos, sentimientos, sensaciones corporales e impulsos que salen a la superficie. De esta manera, las personas traumatizadas aprenden que no es malo tener emociones y sensaciones, además de que la experiencia corporal jamás permanece estática. A diferencia del momento de traumatización, en el que todo parece congelarse en el tiempo, las sensaciones y las emociones están fluyendo constantemente.

Con la terapia es necesario activar el córtex prefrontal medial, la capacidad de introspección, desarrollando así una profunda curiosidad respecto a las experiencias internas, sin huir de ellas. Hacer un trabajo con el cuerpo permite que el nivel de activación fisiológica, las sensaciones, la postura y los movimientos del cuerpo se vayan volviendo más adaptativos y, por ende, pueda emerger a la superficie un sentido diferente y más positivo de la propia identidad, respaldado por estos cambios físicos. Esta combinación integrada de intervenciones ascendentes y descendentes permite que las personas afectadas por experiencias traumáticas puedan encontrar una solución y un sentido a sus vidas, además de desarrollar un sentido nuevo y somáticamente más integrado de la propia identidad (Ogden, 2011).

Cuando hay un trauma, el ciclo debilitador y reiterativo de la interacción entre la mente y el cuerpo mantiene «vivo» el trauma del pasado, alterando el sentido de la identidad y perpetuando los trastornos asociados a dicho trauma. Se conservan recuerdos fragmentarios de las experiencias traumáticas, una multitud de reacciones neurobiológicas fácilmente reactivadas, junto con unos recuerdos no verbales intensos, desconcertantes (reacciones y síntomas sensoriomotrices que «narran la historia sin palabras», como si el cuerpo supiese lo que ellos desconocen a nivel cognitivo). Pierre Janet (1889) enfatiza que los traumas no resueltos generan déficits profundos en la capacidad de integrar las experiencias. Este defecto de integración conduce a una excesiva compartimentalización de la experiencia: los distintos elementos del trauma no se integran en un todo unitario o en un sentido integrado de la propia identidad (Van der Kolk, Van der Hart y Marmar, 1996).

Una forma de compartimentalización se evidencia en la tendencia de las personas traumatizadas a alternar entre (1) la insensibilidad emocional / corporal y la evitación de los estímulos que recuerden al trauma y (2) la reviviscencia intrusiva del trauma a través de *flashbacks*, sueños, pensamientos y síntomas somáticos (Van der Kolk y Van der Hart, 1989).

Existe un procesamiento jerarquizado de la información repartida en tres niveles diferentes de organización de la experiencia: cognitivo, emocional y sensoriomotriz (Wilber, 1996). En neuropsicología, una explicación paralela de esta jerarquía fue esbozada por MacLean (1985), quien describió el concepto de cerebro triuno como «un cerebro que incluye un cerebro dentro de otro cerebro». Estos tres cerebros son el reptiliano, el límbico y el neocórtex. Se puede considerar que los tres niveles de procesamiento de la información (cognitivo, emocional y sensoriomotriz) se correlacionan a grandes rasgos con los tres niveles de la arquitectura cerebral.

El cerebro reptiliano genera un conocimiento conductual innato: tendencias de acción y hábitos instintivos básicos relacionados con cuestiones primitivas como la supervivencia. Es el primero en desarrollarse desde una perspectiva evolutiva, regula la activación fisiológica, la homeostasis del organismo y los impulsos reproductores, y se relaciona a grandes rasgos con el nivel sensoriomotriz del procesamiento de la información, incluidas las sensaciones y los impulsos motrices programados. El sistema límbico brinda un conocimiento afectivo: sentimientos subjetivos y respuestas emocionales a los hechos del mundo. Este cerebro circunda al cerebro reptiliano e interviene en la emoción, en la memoria, determinadas conductas sociales y el aprendizaje. Esta teoría del cerebro triuno será más desarrollada en la segunda parte del libro en el capítulo 10, en el subapartado de la evolución filogenética del cerebro.

Estos tres niveles son mutuamente dependientes y están entrelazados (Damasio, 1999), funcionando como un todo unificado, con el grado de integración correspondiente a cada uno de los niveles de procesamiento afectando a la eficacia de los restantes niveles. Se tiene la idea de que las estructuras inferiores del cerebro se desarrollan y maduran antes que las estructuras del nivel superior; se piensa que el desarrollo y el funcionamiento óptimo de las estructuras superiores depende, en parte, del desarrollo y el funcionamiento óptimo de las estructuras del nivel inferior. Las funciones superiores son característicamente más abiertas o flexibles, mientras que las inferiores son más reflejas, estereotipadas y cerradas.

Tras la ocurrencia de un trauma, la integración del procesamiento de la información a nivel cognitivo, emocional y sensoriomotriz suele verse afectada. La desregulación de la activación fisiológica puede regir el procesamiento emocional y cognitivo de la persona traumatizada, haciendo que las emociones se intensifiquen, los pensamientos se rumien y se malinterpreten los estímulos ambientales actuales confundiéndolos con los correspondientes al trauma del pasado (Van der Kolk, 1996).

Existe una relación bidireccional entre el cuerpo y la mente. Es decir, el procesamiento cognitivo y el procesamiento emocional afectan fuertemente al cuerpo, y el procesamiento sensoriomotriz afecta fuertemente a las cogniciones y las emociones; de ahí, la importancia de trabajar en ambas direcciones.

En la psicoterapia sensoriomotriz, la dirección descendente se utiliza para facilitar el procesamiento sensoriomotriz en lugar de limitarse a controlarlo sin más. Le podemos pedir al paciente que rastree con plena consciencia (lo que supone un proceso descendente, cognitivo) la secuencia de sensaciones y de impulsos físicos (lo que supone un proceso sensoriomotriz) a medida que van progresando a lo largo del cuerpo, y dejar a un lado, transitoriamente, las emociones y los pensamientos que puedan salir a la superficie, hasta que las sensaciones y los impulsos corporales se resuelvan alcanzando un nivel de reposo y estabilización. Una vez procesado el nivel sensoriomotriz, podemos pasar a trabajar sobre el contenido de las emociones y cogniciones.

De la misma forma que un paciente que viene a terapia con un duelo no resuelto puede identificar y vivenciar el duelo (procesamiento emocional), un paciente que muestra unas reacciones sensoriomotrices no resueltas puede identificar y vivenciar estas reacciones físicamente (procesamiento sensoriomotriz ascendente). El paciente aprende a observar y seguir las reacciones sensoriomotrices que se activaron en el momento del trauma, además de realizar con plena consciencia unas acciones físicas que neutralicen las tendencias desadaptativas.

Como conclusión, quiero señalar que, aunque los enfoques descendentes que tratan de regular los procesos sensoriomotrices y afectivos irrefrenables forman parte de la terapia del trauma, si dichas intervenciones sobrecontrolan, ignoran, suprimen o no favorecen los procesos corporales adaptativos, las reacciones traumáticas pueden quedarse sin resolver. De forma similar, las intervenciones ascendentes que desembocan en el secuestro ascendente (en la atención involuntaria en los niveles inferiores, impidiendo la progresión hacia los niveles superiores de procesamiento de la información), o que no incluyen el procesamiento emocional y cognitivo, pueden sabotear la integración y desembocar en unos *flashbacks* reiterados interminables, una retraumatización secundaria o una activación traumática crónica. Para tratar el trauma en los tres niveles de procesamiento, es preciso equilibrar concienzudamente el manejo descendente y somáticamente documentado de los síntomas (de inspiración somática, que incluya la información y el conocimiento relativo al cuerpo), la consciencia introspectiva y la comprensión, y el procesamiento ascendente de las sensaciones, la activación fisiológica, los movimientos y las emociones.

La mayoría de las personas traumatizadas tienen un margen de tolerancia estrechos y son más susceptibles de desregularse a causa de las fluctuaciones normales en la activación fisiológica. Estas personas son vulnerables a la hiperactivación y/o a la hipoactivación fisiológica y, con frecuencia, oscilan entre los dos extremos. Para poder devolver el pasado al pasado, los pacientes deben procesar las experiencias traumáticas dentro de los márgenes de una «zona óptima de activación fisiológica». Situada entre los dos extremos de la hiperactivación y la hipoactivación, esta zona se conoce como el «margen o ventana de tolerancia». Dentro de esta ventana, se pueden procesar distintas intensidades de activación fisiológica y emocional sin alterar el funcionamiento del sistema (Siegel, 1999). En esta zona de activación óptima se mantiene el funcionamiento cortical (lo que supone un prerrequisito para integrar la información en los niveles cognitivo, emocional y sensoriomotriz). Este concepto de ventana de tolerancia será más desarrollado en la segunda parte del libro, en el capítulo 8.

El cuerpo por tanto es fundamental en el trauma, ya que todas las experiencias traumáticas dejan huella en nuestro cuerpo, aunque nuestra mente haga un esfuerzo por borrar las imágenes de los sucesos acontecidos. Cualquier intervención terapéutica que quiera ser efectiva requiere integrar al cuerpo en el abordaje. De la misma manera el duelo genera un impacto en el cuerpo, teniendo en cuenta que en las primeras fases del mismo nos encontramos en shock, donde el impacto de la experiencia se vive a través de la experiencia somática del cuerpo. La importancia de cuidar de él es fundamental; recuperar el sueño, alimentarse adecuadamente, habitar en el cuerpo y recuperar la seguridad en ese habitar son tareas esenciales en el proceso de duelo. El *mindfulness* puede ayudar mucho a este cometido. La atención plena puede considerarse el catalizador que permite la integración del cerebro triuno (reptiliano, límbico y neocórtex) para que la persona pueda ser consciente del pasado y del dolor de la pérdida sin perderse en ese pasado. Teniendo un pie en el presente a través de la luz de la atención plena, el doliente puede recuperar su presencia en el aquí y el ahora para darse lo que realmente necesita en estos momentos de pérdida tras el fallecimiento de su ser querido. Puede aprender a cuidarse, precisamente porque sufre, y esta resonancia con el sufrimiento de uno mismo lo cambia todo.

Mecanismos de actuación del *mindfulness* en el bienestar psicológico

Existen varios procesos que pueden ayudar a explicar los beneficios del *mindfulness* en el bienestar psicológico. Por un lado, el *mindfulness* proporciona *insight*, entendido como la toma de consciencia de que los pensamientos son solo pensamientos, los sentimientos son solo sentimientos y que son reflejos de la realidad, no la realidad (Kabat-Zinn, 1990). El *insight* metacognitivo ayuda a que se produzca una perspectiva descentrada, es decir, una perspectiva de distanciamiento respecto a los pensamientos, emociones, que contribuye directamente a eliminar ciertos elementos perturbadores como las rumiaciones, obsesiones, y los estados rígidos que contribuyen a comportamientos rígidos y automáticos (Teasdale y Segal, 2002). Proporciona *insight* en los deseos, en las necesidades, en los valores, disminuyendo la tendencia automática a reaccionar de forma impulsiva y la sensación de estar controlados por fuerzas internas y externas, facilitando así una mayor capacidad en la elección de respuesta en el comportamiento (Ryan, 2005).

Por otro lado, el *mindfulness* supone una forma de **exposición**, ya que no se huye de los pensamientos, ni de las emociones, sensaciones; no se huye de la realidad sea cual sea. Lo que se hace es observar lo que hay, exponiéndose de forma voluntaria a lo agradable y a lo desagradable. De esta forma se produce una reducción del malestar emocional y cognitivo, además de respuestas comportamentales adaptativas (Felder, Zvolensky y Spira, 2003).

Otro proceso que explicaría los beneficios del *mindfulness* sería el **desapego**, precisamente por esa aceptación de lo que hay, en contraste con los estados de la mente que pretenden evitar o controlar. El desapego *mindful* facilita una gran ecuanimidad, comodidad y otros estados que reflejan una enorme estabilidad en la experiencia de bienestar psicológico, una felicidad incondicional, que no depende de las circunstancias externas (Tart, 1994).

Otro mecanismo que explicaría los beneficios sería el **aumento del funcionamiento mente-cuerpo**, a través de una interconexión directa entre ambos. Se ha visto que los beneficios del *mindfulness* en la salud física, además de obtenerse a través de mediadores psicológicos y comportamentales, también se producen directamente, ya que mejora la resistencia inmunológica, promueve la relajación, aumenta la tolerancia al dolor, y otros procesos físicos.

En general, las características de exposición voluntaria, desapego, *insight* y mejor conexión cuerpo-mente constituyen el papel central del *mindfulness* en un funcionamiento integrado.

Además, el *mindfulness*, a través de la consciencia plena, estaría relacionado con el bienestar hedónico, así como con el bienestar eudaimónico. Por un lado, se consigue bienestar a través de la búsqueda del placer y la evitación del dolor (bienestar hedónico) y, por otro lado, se obtiene bienestar mediante la realización del propio potencial, de las gratificaciones (estados de absorción o fluidez que nacen de realizar actividades que requieren el empleo de nuestras fuerzas distintivas), la virtud y el crecimiento personal (Carr, 2007).

La práctica del *mindfulness* ayuda a eliminar el afecto negativo, potenciando el positivo, así como evaluando las situaciones estresantes como menos estresantes y actuando a través de la evaluación cognitiva de las situaciones sin un sesgo que denote amenaza. Todo ello estaría relacionado con el bienestar hedónico, que se caracteriza, como se ha comentado con anterioridad, por la búsqueda del placer y la evitación del dolor. Ese placer hace referencia a los placeres corporales, que se logran por medio de los sentidos, y a los placeres superiores, que surgen de actividades y sensaciones más complejas como la dicha, la alegría, el bienestar, el éxtasis y el entusiasmo. A través de la práctica del *mindfulness*, se consigue abrir los sentidos de par en par y se recibe todo el exterior como algo novedoso (mente principiante), a la vez que se disfruta plenamente de las sensaciones corporales placenteras y de todo lo que los sentidos captan del exterior. Es como aguzar los sentidos para vivir una realidad llena de matices. Esto estaría relacionado con los placeres corporales pero, además, *mindfulness* ayuda a experimentar sensaciones como bienestar, entusiasmo, éxtasis, que son catalogadas también como placeres (Carr, 2007).

Por otro lado, el *mindfulness* estaría relacionado con el bienestar eudaimónico, ya que a través de la práctica de meditación se consigue un estado de consciencia donde la creatividad surge de una forma espontánea, las personas conectan con su potencial y crecen, para sentirse así autorrealizadas. La meditación supone un camino, un arte que empuja al ser humano a ser quien es, sin miedo y fluyendo plenamente en sus cualidades, sus virtudes (Kabat-Zinn, 2003).

El hecho de que el *mindfulness* esté asociado con un aumento del funcionamiento ejecutivo, mejor regulación del *self*, mayor autonomía y un aumento en la capacidad de relacionarse con los otros, hace posible que, cuando los individuos sean más *mindful*, se muestren más capaces de actuar según sus elecciones, no reaccionando automáticamente, permanezcan más abiertos a la experiencia y más conscientes de sí mismos y de las situaciones en las que se encuentran. Es por todo ello que el *mindfulness* contribuye a la consecución del bienestar emocional y psicológico en general. Ya que no podemos hacer que vuelvan esos seres queridos, al menos poder vivir el proceso de duelo desde la serenidad que aporta el *mindfulness*, a través de estos mecanismos de actuación.

4

El calor de la compasión

El amor y la compasión no son lujos, sin ellas
la humanidad no puede sobrevivir.

Si quieres que otros sean felices
practica la compasión;
y si quieres ser feliz tú,
practica la compasión.

DALAI LAMA

El *mindfulness* se considera el corazón de la psicología budista. Es un proceso mental que reduce nuestra tendencia a hacernos la vida más difícil luchando contra la incomodidad que encontramos en ella (Simón, 2011). Cuando practicamos *mindfulness*, en vez de huir del dolor y del sufrimiento nos acercamos a él con una consciencia amable. Cuando tenemos emociones desagradables como la ira, la pena, el miedo, la desesperación, luchamos contra las emociones, luchando contra nosotros mismos, y eso provoca que las emociones crezcan. Además, al sentir estas emociones, nos juzgamos y nos consideramos malas personas. De esa manera, la consciencia amable a través de la autocompasión nos permitirá apaciguarnos, recobrando la serenidad. Sin duda la compasión puede considerarse el corazón del *mindfulness* (Simón, 2015).

Podemos entender el *mindfulness* y la compasión como las dos alas de un pájaro, ambas imprescindibles para emprender el vuelo. Prestar atención es amar, amar es prestar atención. Es por ello que la compasión está implícita en la práctica de la atención plena; la no existencia de la misma nos indicaría que lo que estamos cultivando no es consciencia plena.

La meditación el *mindfulness*, tal y como se entiende en Occidente, consiste en tres habilidades o procesos mentales principales: consciencia focalizada en un solo punto (concentración), consciencia de campo abierto (*mindfulness*), y bondad amorosa o compasión. Estas tres habilidades se resumen en «focaliza tu atención, mira lo que aparece y date cariño a ti mismo» (Simón, 2011).

Ni la consciencia focalizada ni la consciencia de campo abierto por sí solas nos aliviarán del sufrimiento, por lo que hay que cultivar la tercera habilidad de la meditación *mindfulness*, que es la bondad amorosa o compasión. Según Simón (2011), la compasión nos alivia incluso cuando no podemos cambiar nuestras circunstancias vitales. Fluye de manera natural cuando alguien al que queremos sufre, pero también nos la podemos proporcionar a nosotros mismos.

La palabra compasión deriva de las raíces latinas y griegas *patiri* y *pashkein* (sufrir) y de la raíz latina *com* (con), de forma que compasión significa «sufrir con otra persona». La compasión posee dos elementos clave: el emocionarse por el sufrimiento ajeno y el deseo de aliviarlo (Simón, 2015). Como señala Brito (2014), el término latino *cumpassio* toma su origen del término griego *sympatheia* (sentir juntos), que está relacionado con *empatheia* (sentir en). De esta manera la capacidad de sentir en el otro causaría la emergencia de la compasión a través de la resonancia emocional.

La compasión es lo que sucede cuando el amor se encuentra con el sufrimiento, es el deseo de que los demás estén libres de sufrimiento (Dalai Lama, 2010). En la psicología budista se emplea más el concepto «bondad amorosa», o «consciencia amable», para distinguirlo del amor romántico. De alguna forma es un amor incondicional, universal, algo similar a un amor de madre bien entendido, extendido a todos los seres vivos.

La autocompasión es darnos a nosotros mismos igual cuidado, consuelo y serenidad que de forma natural hacemos llegar a quienes queremos cuando están sufriendo. En cambio, normalmente empleamos hacia nosotros mismos la trinidad diabólica: autocrítica (no soy digno de que me quieran), aislamiento (nos escondemos de los demás o de nosotros mismos comiendo, trabajando demasiado, o mediante otras conductas nocivas) y ensimismamiento (¿por qué me pasó esto a mí?) (Simón, 2011).

Neff (2003) diseñó la Escala de Autocompasión (SCS) —de la que existe una versión española de Juan Muzquiz—, que mide tres componentes: amabilidad con uno mismo (ser afable y alentador con uno mismo), humanidad compartida (todas las personas podemos pasar por experiencias similares, ya que el dolor y el sufrimiento forman parte de la experiencia humana) y *mindfulness* (atención ponderada y ecuánime, es decir, acercarnos a las sensaciones y sentimientos desagradables con curiosidad y apertura).

La autocompasión se asocia con el bienestar, la inteligencia emocional, la conexión social, la satisfacción vital, los sentimientos de competencia, la felicidad, el optimismo y la sabiduría (Neff, 2011). Las personas autocompasivas cumplen mejor con las dietas y con los programas de ejercicio, tienen más probabilidad de dejar de fumar y reducen la postergación. Se relaciona también con la disminución de la ansiedad, de la depresión, del enfado y del narcisismo. Las personas autocompasivas tienen la autoestima más alta y saben cómo reconfortarse a sí mismas cuando fracasan, aprendiendo y creciendo con sus equivocaciones.

La investigación ha demostrado que cuanto más nos fustiguemos para cambiar, más difícil es ese cambio. La curiosa paradoja de la vida es que cuando nos aceptamos como somos, entonces podemos cambiar (Rogers, 1961).

Paul Gilbert, el investigador más destacado de la autocompasión en el Reino Unido, ha descubierto que se activan subsistemas diferentes del sistema nervioso cuando somos compasivos y cuando somos autocríticos. La autocompasión se encuentra integrada en el cableado de nuestro sistema nervioso, y solo hemos de desarrollar esta habilidad con la práctica del *mindfulness* (Gilbert, 2009). Según Gilbert (2015), el *mindfulness* ayuda a que nos demos cuenta de los ciclos de barruntamiento, y a romperlos; además nos permite saborear los placeres de la vida con mayor atención.

La Terapia Focalizada en la Compasión (TFC) de Gilbert consiste en una síntesis de las teorías de apego de Bowlby y la teoría de la mente, que, junto con la visión evolutiva del cerebro humano y algunas referencias de corte budista, sirve de base a su propia visión de los tres sistemas de regulación de los afectos (de amenaza, de motivación y de calma), para, a partir de dicha síntesis, establecer la compasión como el regulador principal de los tres sistemas. Su modelo se fundamenta en un modelo de neurociencia que se comparte con el cliente. Además, a nivel operativo, emplea una diversidad de técnicas tanto conductuales como cognitivas y narrativas, junto con las de visualización, terapia Gestalt, *mindfulness* y otras varias que se revalorizan con la visión compasiva de su modelo. Es precisamente esta visión la que otorga mayor efectividad en la terapia para poder trabajar con la voz crítica, la vergüenza, la culpa, la ansiedad, etc.

Digamos que el desarrollo de una voz compasiva a través de la práctica proporciona un efecto regulador de las otras voces, que corresponden a la gran variedad de emociones humanas que nos acompañan en nuestro paso por la vida. Esa voz compasiva se distingue por tres características básicas que es necesario consolidar y modelar con el paciente: sabiduría, fortaleza y compromiso. A través de diálogos que se establecen con las voces que generan sufrimiento, la voz compasiva va ejerciendo de madre nutriente, promoviendo así la activación del sistema de calma (Gilbert, 2015).

La autocompasión se puede cultivar con la meditación formal y con la informal, dirigiendo la compasión hacia nuestras intenciones, pensamientos, emociones y conductas, cuando estas aparecen (Simón, 2011). Existen cinco caminos para practicar la autocompasión:

- **Físico:** ablandar el cuerpo, no tensar, tomar baños calientes, acariciar el perro, hacer ejercicio, practicar sexo.
- **Mental:** permitir que los pensamientos vayan y vengan, dejar de luchar contra ellos.
- **Emocional:** hacerse amigo de los sentimientos, no evitarlos, perdonar a los demás y perdonarse a uno mismo, colocando la mano en el corazón y respirando con consciencia plena.
- **Relacional:** conectar con otras personas, dejar de aislarse, compartir.
- **Espiritual:** ser fiel a los valores que uno tiene, dejar de ser egoísta, meditar, orar, caminar por la naturaleza, hacer las paces, hacer actos de caridad, etc.

Otra forma de practicar la autocompasión es realizando el ejercicio «Ablanda, tranquiliza y permite» (Germer, 2009), que es una forma rápida de manejar las emociones difíciles con compasión. Consiste primero en percibir las sensaciones físicas que produce la emoción, para luego intentar ablandar el cuerpo a través de la respiración, tratando de ablandar los músculos. Luego, con la mano en el corazón procuramos tranquilizarnos, sintiendo la respiración en el cuerpo, tratando de calmarnos, como si abrazáramos a un niño que llora, dándonos ánimo y cariño. Y, por último, permitimos la presencia de la molestia, abandonando el deseo de que la emoción desaparezca. Deja que el dolor o la emoción vayan y vengan, como si fuera un huésped que tienes en casa. Puedes repetir «permitir, permitir, permitir». Este ejercicio abarca los tres dominios de la autocompasión: el físico (ablandar), el emocional (tranquilizar) y el mental (permitir). Es importante ofrecerse amabilidad porque nos sentimos mal, no para sentirnos mejor. No tratamos de cambiar nada, precisamente por eso se produce el cambio (Simón, 2011).

Dentro de la compasión, pueden distinguirse dos elementos que integran la práctica: la bondad amorosa y la compasión. En esencia podemos señalar que es lo mismo, aunque la bondad amorosa hace referencia a desear la felicidad de uno mismo y de los demás, y la compasión es eso mismo en el contexto del sufrimiento. Por tanto, la diferencia entre ambos es el contexto donde se aplica, más que el deseo en sí (García-Campayo, Cebolla y Demarzo, 2016).

La meditación de la consciencia amable, bondad amorosa o *metta* es como ir al gimnasio para un entrenamiento intensivo del cerebro. Hay que practicarla entre 20 y 45 minutos diarios. Se ha visto que cuanto más tiempo invertido, mejores son los beneficios. Es como una medicina: los efectos dependen de la dosis (Simón, 2011). Este tipo de meditación se puede trabajar evocando la imagen de una persona o animal que nos despierte mucha ternura, repitiendo frases como «que seas feliz, que tengas paz, salud, que te vaya bien en la vida», para luego centrarnos en nosotros mismos e incluirnos en ese círculo de buena voluntad: «Que tú y yo seamos felices, que tengamos paz, que estemos libres de dolor y sufrimiento».

Existe un tipo de meditación que se denomina *mettabavana* (cultivo de la bondad amorosa o consciencia amable), que trabaja en cinco etapas:

- compasión hacia uno mismo
- compasión hacia un ser querido
- compasión hacia un ser neutro
- compasión hacia un enemigo
- amor incondicional que se extiende a todo el planeta Tierra

Existe también, además de *metta*, otra herramienta llamada *tonglen* (dar y recibir), que se basa principalmente en la visualización. Quien la practica debe imaginarse que tiene delante a la otra persona, o a sí mismo. Se visualiza cómo el sufrimiento de la persona sale en forma de humo negro al mismo tiempo que el practicante inhala. A continuación, en la exhalación se envía a la imagen una nube cargada de amor, paz, salud, etc. (Chödröm, 2001). Las emociones dolorosas, si las afrontamos con autocompasión, pierden gran parte de su efecto destructor. Sufrimos, pero no nos hundimos en el sufrimiento, sino que lo aliviamos en un bálsamo de cariño que nos proporcionamos a nosotros mismos (Germer, 2009).

Podemos considerar la compasión como un manantial de agua ilimitada para todos los seres sintientes que habita en nuestro corazón. Es el sufrimiento el que nos permite acceder a este manantial oculto, es la vulnerabilidad la que nos puede llegar a hacer más humanos, más compasivos, más reales. A través de las prácticas de *mindfulness* y compasión regamos semillas potenciales de bondad amorosa, de compasión, de alegría compartida y de ecuanimidad. Estas semillas forman parte del amor incondicional, son diferentes reflejos de la luz de un mismo sol. Si deseamos ser felices y que otros seres lo sean, estamos siendo bañados por el rayo de la bondad amorosa. Si lo que ansías es estar libre de sufrimiento y que otros seres también se liberen de él, entonces el rayo que te ilumina es el de la compasión. Si sientes gozo y alegría por estar vivo cada día y tu corazón está lleno de gratitud, además de que eres capaz de compartir y saborear las alegrías de otros seres como si fuesen tuyas, entonces estás siendo bañado por la alegría compartida. Si hay paz en tu corazón, equilibrio y aceptación de las luces y sombras del mundo, de cada uno de los seres sintientes que hay en el mundo —incluido tú—, si no te peleas con la existencia y si te saliste de la dualidad y las preferencias, entonces estás siendo bañado por el rayo de la ecuanimidad. Cada uno está en su viaje vital, y tú sigues amando sin condiciones. La ecuanimidad es la cumbre del amor incondicional. Es ese sol que sale todos los días para todo el mundo independientemente de nuestros pensamientos, sentimientos, impulsos de acción y acciones. Es una luz impregnada de amor benevolente que irradia en todas direcciones. A través del cultivo del amor incondicional con estas cuatro semillas podemos recuperar sin duda nuestra verdadera esencia y volver al manantial refrescante de la *bodhicitta*, que según Pema Chödröm nos cuida y nos nutre cuando todo se derrumba.

Comparto con el lector unas reflexiones sobre la bondad amorosa que surgieron tras una contemplación profunda en estado meditativo.

REFLEXIONES SOBRE LA BONDAD AMOROSA

La bondad es ver tus ojos iluminados brillantes diciéndome adelante.

La bondad es no importarte perderlo todo, porque lo que pierdes te lleva al encuentro de la todopoderosa bondad. La bondad es estar en paz con la existencia, ella no está aquí para satisfacer tus deseos.

La bondad es poder ver a través de los ojos de las personas la luz solar.

La bondad es el material oculto del que está hecho tu corazón más allá del órgano físico llamado corazón.

Es la bondad la que te ayuda a encontrar el sentido a la vida cuando todo se resquebraja, cuando todo se hunde, cuando todo se derrumba.

Si tu corazón se rompe, ahí está la bondad dispuesta a filtrarse por las grietas, siendo el pegamento que une lo desunido.

Es la bondad la que te coge de la mano y te trae de nuevo a casa sin recriminaciones cuando te saliste del camino.

Es la que bucea en los lugares oscuros, los lugares que te asustan para liberar el dolor y resplandecer como un espejo brillante.

Es la bondad la que mira de frente al miedo paralizante, con mirada cálida pero firme, y ante ella se derrite como el hielo sometido a la luz del sol.

Es la bondad la que te canta cada noche al acostarte mientras duermes, mientras sueñas, para que no olvides qué eres. Eres bondad con un cuerpo humano, pero en esencia un suspiro fresco y cálido de bondad.

No te pertenece, simplemente ERES bondad. Sin apariencias, sin personajes, sin agenda, sin prisa, sin amenazas, sin juramentos. Eres amor bondadoso conectado con el TODO a través de lazos invisibles.

En realidad formas parte de ese todo y no existe línea divisoria entre tú y yo, entre tú y los demás. Somos un Nosotros en continua evolución.

Es la bondad la que te recuerda que podrías ser el niño inocente, la víctima, o el verdugo, capaz de dañar a otros en su afán de defenderse. Es la bondad la que te invita a soltar el látigo castigador enjuiciador y te recuerda que no son más que sombras de la realidad que aumentan la separación y la lucha.

> Si quieres conocer la bondad deshazte de todos los nombres, de todos los roles, de todos los egos que tratan de protegerte. Deshazte de TODO y, cuando ya seas NADA, la bondad resplandeciente del sol naciente de tu corazón emitirá una luz interminable, chispeante, brillante, que jamás te abandonará.
>
> Porque eres bondad y siempre lo fuiste aunque no lo pudieses ver. Bienvenidos a casa.

El cultivo de la compasión es imprescindible en el proceso de duelo, ya que nos permite por un lado acercarnos a las emociones difíciles con amabilidad para poderlas regular, con un acompañamiento creativo, que hace que podamos convertirnos en nuestra propia figura de apego seguro. Y, por otro lado, nos permite transformar el aislamiento que se produce ante el dolor en una oportunidad de conexión, a través de la humanidad compartida. Es por ello que, en el protocolo de intervención que se presenta en la segunda parte de este libro, cultivaremos esta habilidad a lo largo del programa. Solo el amor puede sanar las heridas más profundas del alma cuando todo se derrumba, y el cultivo de la compasión es fundamental para resurgir de las cenizas de la pérdida como el ave fénix.

Comparto con el lector este poema que escribí tras un retiro de meditación y silencio donde mi corazón me habló con claridad a través de estas vibrantes palabras.

Oración de compasión

Compasión que estás en el cielo,
Compasión que estás en la tierra,
Compasión que habitas en el corazón
de las criaturas vivientes.

Ven a mí, abrázame, nútreme.
Acércame a la verdad.
A la verdad del manantial subterráneo de bondad,
que acaricia tiernamente a todos los seres sintientes.
Joya suprema, asciende, desciende,
toca el corazón de los hombres y sus acciones.
Permite la paz en el mundo,
cicatriza las heridas de la tierra y sus habitantes,
y recuérdanos a todos los seres quién eres, qué eres,
a través de una mirada cercana y cómplice,
a través del calor del contacto,
a través de la espaciosidad para poder ser,
a través de la sencillez.
Recuérdanos, compasión, que la joya suprema
habita en nuestro interior.
Hoy abro mi corazón para que a raudales,
llegue la compasión del cielo y la tierra.
Hoy abro mi corazón para darle al mundo lo que él me da,
en su infinita generosidad.
Hoy me uno al baile sagrado de la compasión en acción.

5

Mindfulness y duelo

El duelo es el proceso de pasar de perder lo que
tenemos, a tener lo que hemos perdido.

STEPHEN FLEMING

Uno de los libros que más me ha aportado y del que tanto he
aprendido es *Grieving Mindfully: A Compassionate and Spiritual Guide to Coping with Loss*, de Sameet M. Kumar. Cuando
lo leí lo hice en su lengua original. Muchas de las reflexiones de
este capítulo están inspiradas en este maravilloso libro.

Según Kumar (2005), el *mindfulness* es una capacidad básica del ser humano. Ser *mindful* significa ser testigo y conectar
conscientemente con cualquiera de los elementos de nuestras
vidas que están aconteciendo en el momento presente, aquí y
ahora. Nos convierte así en los observadores directos de nuestras propias experiencias, en vez de ser víctimas. Pasamos a
ser testigos de todos los cambios que acontecen en nuestras vidas, tomando consciencia de la impermanencia inherente a la
vida. Practicar *mindfulness* en el proceso del duelo nos permite
sanar y transformar el dolor de la pérdida en amor y compasión.

El *mindfulness* supone una medicina para morir y para vivir. Cuando llegamos a entender que la muerte es tan natural como la vida misma, y que es natural también sentir dolor cuando uno ama y pierde al ser querido, dejamos así de ser víctimas para convertirnos en observadores activos sobre el proceso del duelo. Eso es precisamente lo que permite la práctica del *mindfulness* en nuestro día a día.

Las pérdidas forman parte de la vida: cuando nos divorciamos o nos separamos de nuestra pareja, cuando nos despiden en el trabajo, cuando tenemos que emigrar, cuando acontecen terremotos y otras catástrofes naturales, cuando enfermamos, cuando la muerte nos ronda. El duelo por las pérdidas acontecidas es un proceso tan natural como la vida misma que nos ofrece la oportunidad de parar y ver, profundizar en nuestro interior para encontrar nuevos significados en la vida, así como nuevos proyectos vitales. Nos ofrece la oportunidad de crecimiento personal y espiritual.

Cuando hemos perdido a un ser querido y estamos sumergidos en el proceso de duelo, sabemos que el intenso dolor por la pérdida es temporal ya que, con el tiempo, las personas empiezan a encontrarse mejor. Aun así, va a depender de lo que hagamos con el dolor, de cómo trabajemos para sentirnos mejor. Vivir la pena y el proceso de duelo de una forma *mindful* permite ser consciente del dolor intenso tras la pérdida del ser amado. Ser consciente del dolor no significa hundirse en él, significa aceptarlo como parte de la vida, como parte del proceso de duelo, sin huir de él (Kumar, 2005). Vivir el duelo de forma *mindful* supone emplear nuestra vulnerabilidad emocional, no para sufrir malestar o para intensificar el dolor, sino para redirigir el dolor hacia el crecimiento personal. Entrando en este proceso natural a través de la consciencia plena entramos en contacto con nuestros pensamientos, emociones, sentimientos, nuestra identidad tras la pérdida, siendo todos ellos vehículos para nuestra evolución como seres humanos. Con consciencia plena sobre el proceso de duelo podemos dejar de vivir con miedo, miseria y descontento, para vivir con apertura y amor. Vivir el duelo de forma *mindful* supone interpretar el duelo como una oportunidad para crecer buscando un significado a ese dolor.

Si podemos llegar a entender que la pena del duelo es una extensión del amor, entonces podremos entender que no hay nada malo en el proceso de duelo. Si el duelo fuese algo patológico, también lo sería el amor, y no es así. La pena del duelo es el espejo del amor, sin amor no hay pena. No puede doler la ausencia de un ser querido si no se le ama, de ahí que duelo y amor vayan de la mano (Kumar, 2005).

En la filosofía budista existe un episodio en la vida de Buda que pone en relación ambos conceptos (pena por el duelo y amor). Se trata de la historia de una madre joven llamada Krisha Gotami que vivió en los tiempos de Buda. El hijo de Gotami enfermó y murió, por lo que la madre desesperada salió a la calle en busca de alguien que la ayudase. Se encontró con una persona que le dijo que el único que podía ayudarla era Buda. Fue en su búsqueda y cuando lo halló, le pidió que le devolviera la vida a su hijo muerto. Buda consintió ayudarla con una condición, que le trajese a alguien de la ciudad a quien nunca le hubiese visitado la muerte. Gotami aceptó el trato y partió para localizar a esa persona. Llamó a todas las puertas de la ciudad y se encontró con que en todas ellas había visitado la muerte en alguna ocasión. Entonces entendió lo que Buda trataba de transmitirle: que la muerte y la pérdida son inevitables y que el duelo es un proceso natural. Gotami decidió quemar el cuerpo sin vida de su hijo y se hizo discípula de Buda (Kumar, 2003).

Cuando aceptamos la universalidad de la pérdida y del duelo, podemos llegar a sentirnos libres de la esclavitud del dolor y reemplazarlo por el camino de nuestra evolución espiritual. La inevitabilidad de la muerte y de la pérdida es la piedra angular de la enseñanza de Buda. La idea de una vida perfecta y confortable es una ilusión; el sufrimiento es lo que sentimos cuando esta ilusión se esfuma, precisamente porque no tenemos lo que queremos. En cambio, si nos damos cuenta de que la pérdida es inherente a la vida, dejaremos de vivir esclavizados por esa ilusión, y seremos más flexibles frente a las pérdidas y frente a los cambios que acontecen. Kumar escribe en su libro: «La relación entre la pena y el amor es fácil de olvidar cuando estás sufriendo. Con la práctica del *mindfulness*, encontrarás el lugar natural para la pena en tu vida. Creo que ese lugar está en tu corazón, codo con codo con el rol que ocupa el amor en tu vida» (Kumar, 2005, p. 134).

Sin duda, la pena por la pérdida de un ser querido es el reflejo del amor por ese ser. Cuando entendemos que el amor que le tenemos no puede morirse tras el fallecimiento, comprendemos a su vez que ese ser albergará un lugar en nuestro corazón eternamente. La muerte física no puede quebrantar el amor, ya que el ser querido vive en nosotros, forma parte de nosotros, es una parte de nosotros. El *mindfulness* puede ayudarnos en el proceso del duelo a identificar la fuente de nuestros pensamientos y sentimientos, generando un entendimiento claro en la experimentación del proceso de duelo. Además, nos permite aprender a ser pacientes con nosotros mismos, especialmente cuando experimentamos una profunda pena o dolor emocional.

Kumar (2005) entiende el duelo no como una sucesión de etapas sino como un proceso impredecible; no es algo lineal. Lo describe como las subidas y bajadas, el flujo y el reflujo, con una forma libre, curvilínea, que en algunas ocasiones toma la apariencia de una escalera en espiral. De esta manera quiere ilustrar cuán de impredecible es el proceso de duelo. Las fases agudas y las fases más sutiles o crónicas se alternan en un complejo baile dentro de esta espiral de emociones. La espiral se caracteriza por ser interminable y amorfa, además tiene la capacidad de crecer, sin saber lo larga que será, o cuántos bucles tendrá. El duelo, según este autor, lo podemos interpretar como un huracán en espiral, similar a los que podemos observar en la naturaleza. El ojo de la tormenta, el centro de la espiral, es el momento de la pérdida, que corresponde con el duelo agudo, cargado habitualmente de un profundo dolor y emociones muy intensas. En medio hay periodos de calma, periodos de un duelo más sutil. Como el proceso del duelo, los huracanes se caracterizan por sus efectos devastadores, pero es importante tomar consciencia de que son necesarios para la vida de los ecosistemas porque abren la puerta para la renovación y regeneración del planeta Tierra. En el contexto del duelo, esta renovación se manifiesta a través del crecimiento personal en diferentes ámbitos (espiritual, emocional e interpersonal).

Cultivar *mindfulness* también es un proceso, como lo es el duelo. No es un suceso que ocurre de repente, es algo que acontece de forma gradual. Como la práctica del *mindfulness*, el duelo también es gradual y repetitivo. En ambos procesos (*mindfulness* y duelo), lo que experimentas en un momento determinado no es necesariamente lo que experimentarás después. Por ello, todo es impredecible, nada es permanente, ni siquiera nuestros pensamientos, emociones, sentimientos. Todo fluye en un ir y venir; aceptar esta impermanencia es una de las cosas que el *mindfulness* nos enseña, de ahí su idoneidad para arrojar luz en el proceso del duelo.

Los seres humanos percibimos el mundo a través de unas gafas duales: blanco o negro, pero, en realidad, existen miles de matices de colores distintos entre el blanco y el negro. El *mindfulness* permite que dejemos de experimentar el mundo a través de la dualidad, dando paso a la aceptación de las cosas tal cual son, asumiendo la impermanencia como parte de la vida. Esa impermanencia provoca sufrimiento pero, si además sufrimos porque sufrimos, aparece un sufrimiento secundario que nos desconecta de la realidad y nos conduce a evitarlo a través de caminos diferentes al *mindfulness* como pueden ser el alcohol, las drogas, el aislamiento, la agresividad, etc. En cambio, aceptando el sufrimiento por la impermanencia a través del *mindfulness*, permitimos que se cierren las heridas del dolor y se abre la posibilidad de encontrar nuevos sentidos en nuestra vida que aceleren nuestro crecimiento espiritual. Desde un punto de vista psicoespiritual, un duelo saludable permite emplear el dolor de la pérdida para convertirnos en mejores personas, más humanas, más compasivas (Kumar, 2005). La práctica del *mindfulness* hace posible que podamos abrazar el dolor de la pérdida a través de esa actitud de aceptación que promueve la práctica de la meditación. Nos enseña que no podemos huir de nuestros pensamientos, emociones, sentimientos, no podemos huir de nuestro dolor. Nos enseña a parar de correr y a aceptarlo todo como algo inherente a nuestras vidas. La aceptación nos revela la forma de relacionarnos con nuestros pensamientos, emociones y sentimientos de una forma más saludable, sin tratar de eliminarlo, lo cual incrementa el sufrimiento. Lo que resistes, persiste; lo que aceptas, se transforma.

El *mindfulness* y la aceptación requieren de la compasión como actitud principal hacia uno mismo (pensamientos, emociones, acciones) y hacia los demás. Cuando practicamos el *mindfulness* y la aceptación que lo caracteriza, estamos practicando amor incondicional hacia nosotros mismos, abrazando nuestros pensamientos y nuestros sentimientos. De esta manera aceptando el dolor, hecho que supone un cambio de actitud, disminuye el sufrimiento. La aceptación supone el «camino medio» en la filosofía budista. Esto significa no dejarse ahogar por los pensamientos y sentimientos, pero tampoco huir de ellos. Supone ser consciente de ellos y de su impermanencia ya que vienen y van dentro de esa escalera en espiral.

A través del *mindfulness* se puede transformar el proceso de duelo en una de las tareas más importantes y de mayor significado que una persona pueda experimentar. La aceptación permite integrar la pérdida dentro de la identidad personal. Permite vencer el error humano de creer que existe permanencia en un mundo impermanente. Es importante tener en cuenta que la aceptación es un proceso, como lo es el duelo. No es el final del viaje, no es un objetivo finito. Sucede momento a momento, poco a poco a lo largo de la escalera en espiral. Es el resultado de cultivar *mindfulness*, aunque requiere tiempo y paciencia.

Una de las razones por las cuales el duelo es tan intenso es porque provoca cambios muy profundos en nuestra psique. Las emociones del doliente durante ese proceso denotan que está tratando de encontrar su lugar en este nuevo mundo; un mundo que ha sido transformado por la pérdida de su ser querido (Kumar, 2005). El ser consciente a través de una actitud *mindful* posibilita que seamos activos en el proceso del duelo, que encontremos nuevos significados de vida y que tengamos la oportunidad de cambiarla. Buscar significado de forma activa tras la pérdida es el eje central de vivir el proceso de duelo de una forma *mindful*. El *mindfulness*, por tanto, nos permite participar activamente en el proceso del duelo, encontrando nuevas formas de relacionarnos con los demás y con el mundo a través del amor.

Como he señalado anteriormente, todo lo que empieza, tiene un final, la pérdida es universal. Todas las experiencias son temporales por muy bellas que sean. Con la práctica del *mindfulness* nos damos cuenta, a través de la consciencia de la respiración, que cada exhalación es un final que da paso a un nuevo principio, una nueva inhalación, repitiendo el ciclo una y otra vez. Nuestra vida depende de ese ciclo de pérdida y regeneración que es evidente en nuestra respiración. Lo mismo sucede con la muerte, al igual que hay nacimientos han de haber fallecimientos, forma parte del proceso natural de las cosas.

Es importante aprender a decir adiós, y esto no es sinónimo de olvidar al ser querido. Si no se ha podido hacer físicamente, es importante hacerlo simbólicamente, a través de las cinco cosas (Byock, 1997): lo siento; te perdono; te amo; gracias; adiós. Tomarse tiempo para decir estas cinco cosas ayuda a cerrar esa despedida de la forma más saludable posible. Se puede hacer a través de una carta o a través de la práctica de la meditación de una forma simbólica, como veremos en el protocolo basado en *mindfulness* para dolientes.

Como he comentado anteriormente, el *mindfulness* ayuda a encontrar sentido al dolor, y ese sentido es el desarrollo de la espiritualidad a través de una nueva actitud hacia la vida. El duelo facilita que crezcamos personal y espiritualmente, y produce cambios significativos en nuestra forma de pensar, sentir, actuar y de relacionarnos con los demás. Nos permite convertirnos en eso que queremos ser. El dolor nos motiva a querer sentirnos mejor y a buscar la manera de conseguirlo, transformando nuestros esquemas, nuestro mundo, nuestra vida.

La pena por la pérdida de un ser querido provoca una alquimia en nuestra psique y transforma el malestar, el sufrimiento, la ignorancia, en experiencias con significado, en compasión, trascendencia y autorrealización. El dolor y el malestar son metafóricamente el mercurio y el cobre que el alquimista funde para transformarlo en oro espiritual. Por tanto, el dolor permite que los seres humanos evolucionemos y crezcamos espiritualmente.

La aceptación incondicional de Rogers coincide con la compasión de la filosofía budista. Relacionarnos con las emociones del duelo con amor incondicional es la piedra angular que ayuda a construir la vida que uno quiere vivir mañana. Permitir, aceptar y abrazar los sentimientos como una parte invisible de nosotros mismos, según palabras de Rogers, hace que nos movamos hacia la actualización del *self* (Rogers, 1995). Esta es la esencia de la transformación del duelo en crecimiento espiritual.

Los sentimientos durante el duelo nos recuerdan la capacidad tan grande de amor que hay en nosotros. El duelo es la transformación del sentimiento de amor en el sentimiento de pena por la pérdida. Por ello, como la pena y el amor van de la mano, es posible recuperar de nuevo el amor tras la pérdida. Al fin y al cabo ambas (pena y amor) derivan del amor. Esta transformación es el misterio del sufrimiento, puesto que sintiendo dolor podemos llegar a sentir un incremento de amor y compasión por los demás. Y esta actitud se cultiva a través de la práctica del *mindfulness*, de ahí su utilidad en el proceso del duelo. Cuando somos capaces de sentir el dolor de la pena es porque estamos en contacto con el lugar más tierno de nuestro corazón, esa parte de nosotros que es capaz de amar a los demás como a nosotros mismos. La vulnerabilidad nos abre al amor y esta es la alquimia que se produce en la práctica contemplativa (Kumar, 2005).

En ocasiones nos sentimos culpables, y cuando estos sentimientos dominan nuestra experiencia y nuestra existencia, suponen un obstáculo en nuestro crecimiento personal y espiritual. La relación entre el dolor de la pena y el amor se torna oscura. Al culparnos por todo, percibimos que la vida es miserable porque incluye el sufrimiento, y creemos que no somos dignos de crecer espiritualmente. Es importante practicar el *mindfulness* con una actitud de compasión y haciendo un trabajo de perdón, teniendo en cuenta las cinco cosas ya mencionadas con anterioridad: lo siento; te perdono; te amo; gracias y adiós (Byock, 1997). Es precisamente por eso que el lector va a ser acompañado para acceder a su sentimiento de culpa, en el caso de que lo tenga, y a hacer una elaboración que le permita llegar a la compasión y al perdón, como podrá comprobar en la segunda parte del libro.

Las enseñanzas de Buda nos transmiten la importancia de ver el proceso de duelo como un maestro espiritual y a cultivar un sentimiento de gratitud hacia la pérdida que desarrolla el sentimiento de compasión, para hacernos así más humanos. Cuando las personas viven el proceso de duelo de una forma *mindful*, se vuelven más compasivas; abren sus corazones y cuidan de los demás, aprenden a valorar las relaciones interpersonales como un tesoro que merece ser cuidado. Es como un renacimiento donde el duelo no acaba, sino que se transforma y transforma la vida de las personas que lo viven. Sin duda, tenemos el libre albedrío para elegir convertir el dolor en crecimiento, y el sufrimiento, en una vida con significado y con consciencia plena.

Es importante que todo lo que nos enseña el proceso de duelo a través de ese crecimiento personal no se quede en algo sentido sin más, sino en algo practicado, trasladado al día a día de la vida cotidiana, integrando las enseñanzas de la pérdida en nuestra vida.

El *mindfulness* permite que nos volvamos más espirituales, lo cual no es sinónimo de religión. No es necesario pertenecer a ninguna religión para practicar el *mindfulness*. La espiritualidad es única para cada persona. Algunos necesitan orar a un Dios, otros necesitan meditar, otros pasear por la naturaleza, otros compartir, dar amor. La espiritualidad está relacionada con el sentimiento de humanidad, cultivar amor y compasión, y para ello no es necesario pertenecer a ninguna religión. Es importante tener en cuenta que la espiritualidad y el sufrimiento son interdependientes. Esa espiritualidad te ayuda a navegar por el sufrimiento; en ningún caso te ayuda a evitarlo. No te exime de él, pero sí te prepara para la inevitable pérdida.

Muchas personas cuando pierden a un ser querido se preguntan «¿y por qué a mí?», pero la pregunta adecuada sería «¿y por qué no a mí?», puesto que la pérdida es universal y nadie puede escapar de ella.

El punto de partida del duelo es la pérdida; tomar consciencia del proceso con una actitud *mindful* de aceptación transforma la pena de la pérdida en resiliencia, en un renacimiento, en una reinvención de la propia vida. El *mindfulness* te permite desarrollar la aceptación de los avances y retrocesos de la escalera en espiral con paciencia y con mucho amor.

Kumar no expone en ninguno de sus libros una sucesión de sesiones específicas, aunque sí nombra las tareas que un doliente ha de llevar a cabo para que este proceso pueda considerarse *mindful*. En su primer libro, destaca las tareas que aparecen a continuación:

- practicar meditación
- prepararse para los altibajos emocionales
- gestionar el tiempo y las tareas
- comer con consciencia plena
- practicar ejercicio físico regularmente

- mantener vínculos con rituales
- apoyarse en familiares y amigos
- marcarse objetivos

En su último libro, Kumar (2013) elabora un listado de tareas a realizar en el caso de duelos complicados:

- identificar el duelo
- meditación *mindfulness*
- *mindfulness* del cuerpo
- durmiendo con atención plena
- *mindfulness* en movimiento
- alimentación *mindfulness*
- *mindfulness* en la limpieza y tareas domésticas
- transformando el dolor: compasión y autocompasión
- resiliencia *mindfulness*

Es importante de nuevo recordar que tanto el *mindfulness* como el duelo son procesos largos, donde no existen atajos. Tras una pérdida se movilizan todos nuestros esquemas, todo nuestro mundo de significados. Puede llegar a ser muy útil construir una vida *mindful*, con consciencia plena, abrazando nuestros pensamientos, emociones, acciones, con ecuanimidad, sin juicios. Tanto el *mindfulness* como el duelo nos obligan a tomar consciencia de cada momento. *Mindfulness* y duelo se entrelazan, se complementan para una única causa: sacar todo el potencial de la vida, de una persona, momento a momento, pensamiento tras pensamiento, sentimiento tras sentimiento, acción tras acción, respiración tras respiración.

El *mindfulness* es como un foco de luz en el proceso de duelo. Por ello, a pesar de que la investigación indica que no es conveniente intervenir en el proceso de duelo, a no ser que sea un duelo con riesgo o un duelo complicado, el *mindfulness* no supone una intervención cualquiera. Supone algo tan natural como tomar consciencia del dolor, aceptándolo como parte del proceso y cultivando una actitud de amor incondicional hacia nosotros mismos y hacia los demás. De ahí que considere que este tipo de intervención podría ser muy acertada incluso en el proceso natural del duelo, que además ayudaría a prevenir duelos complicados. Esta práctica, que en realidad es una capacidad inherente al ser humano que tan solo hemos de recuperar, supondría grandes beneficios para ese crecimiento personal y espiritual. Por eso, a pesar de que el protocolo diseñado va dirigido a personas susceptibles de padecer un duelo complicado (duelo en riesgo) o que ya lo padecen, también podría utilizarse en el proceso natural del duelo como un acompañamiento, precisamente para arrojar luz en ese proceso.

Siguiendo a Simón (2011), existen dos maneras en las que la meditación puede ser efectiva en el proceso de duelo. La primera resulta apropiada en los episodios agudos de dolor y consiste en hacer un trabajo de regulación emocional. Está dividida en tres fases: concienciación, aceptación y autocompasión. La otra forma en que la meditación contribuye a mitigar el dolor es facilitando el descubrimiento de un nuevo sentido en la vida, sentido que se ha visto truncado por la muerte de un ser querido. La inevitabilidad de la muerte y el dolor de la separación nacido del apego conllevan a situaciones de duelo en las que existe un fuerte sufrimiento emocional, que puede llegar a provocar manifestaciones clínicas más o menos graves.

Kumar (2005), como ya hemos visto, compara el proceso de duelo con una espiral en forma de escalera de caracol. ¿Cómo puede ayudar el *mindfulness* en esa espiral? Con una práctica de entre 15-20 minutos se produce un efecto calmante y apaciguador de la emoción. Las tormentas emocionales y sus consecuencias somáticas se apaciguan y la persona que sufre experimenta cómo en medio de la tempestad surge la calma (Simón, 2011). Sabemos en la actualidad que la activación de las zonas mediales del córtex prefrontal que se origina durante la meditación contribuye a ejercer una modulación de las emociones producidas en las estructuras subcorticales (Siegel, 2010).

Otra forma en la que ayuda es cuando aplicamos técnicas específicas en el manejo de las emociones (Germer, 2009; Thich Nhat Hanh, 2002). En la primera fase se aplica la consciencia (**concienciación**): se rememora un episodio doloroso, se observa qué emociones se mueven, sensaciones físicas que aparecen, se etiquetan las emociones, se observan los impulsos de acción, etc. Se ha demostrado que etiquetarlas contribuye a calmarlas y a disminuir su intensidad (Creswell *et al.*, 2007; Thich Nhat Hanh, 2002). Los autores comparan este proceso de concienciación al proceso culinario de cocer una patata. Cuanto más fuego pongamos antes se cocerá. Cuanta más consciencia pongamos, antes se procesará.

En la segunda fase se trabaja la **aceptación**. Según Germer (2009), existen cinco fases en el desarrollo de la aceptación: aversión (caracterizada por el rechazo); curiosidad (interés, búsqueda y acercamiento); tolerancia (se empieza a soportar el dolor); consentimiento (no solo se tolera el dolor, sino que se permite), y amistad (aceptación total, integración).

En la tercera fase se trabaja la **compasión**, que puede definirse según Germer (2009) como «la empatía ante el sufrimiento de los otros y el deseo de aliviarlo». Cuando ese deseo se dirige a uno mismo se llama autocompasión.

Como señalaba Simón (2011), la otra forma en que la meditación ayuda en el proceso de duelo es a través del redescubrimiento de un nuevo sentido en la vida. Para ello es fundamental hacer una despedida, que puede ser real o simbólica. Aquí son esenciales las cinco cosas que Byock (1997) expone en su libro *Dying Well: Peace and Possibilities at the end of life*, y que ya se han nombrado con anterioridad, para que el doliente pueda reorganizar su vida y encontrarle otra vez un sentido.

Kumar (2005) compara lo que sucede en los duelos con la identidad, a un collar de perlas o de piedras preciosas. En esta metáfora las perlas simbolizan los componentes de la identidad de una persona, y el hilo representa el papel que desempeñaba el fallecido. Cuando muere el ser querido, el hilo se rompe y las perlas caen por el suelo. Se pierde el sentido de la vida. A lo largo del proceso de duelo es necesario recoger las perlas y meterlas en un nuevo hilo que requiere ser creado; es decir, reconstruir nuevos sentidos en la vida. La analogía que yo utilizo es la de un cristal que se resquebraja en añicos (pérdida de sentido) y ha de ser reconstruido a través de las piezas recogidas en el suelo y otras que hagan de pegamento. Esa reconstrucción simboliza la manifestación de nuevos sentidos en la vida, y el pegamento para mí es el amor de la compasión. Lo comparo con el valor que le dan los chinos a una pieza de cerámica que se rompe y es pegada con hilos de oro, de forma que la pieza rota tiene más valor que la primera. Esta metáfora se emplea como ejemplo de resiliencia (capacidad de crecer con los traumas).

Según Pema Chödröm (2001), la práctica de la meditación crea una «cuna de bondad en la que podemos ser nutridos». Al generar un remanso de serenidad, donde la mente se encuentra receptiva y flexible, sin juicios, el sentido encuentra un espacio para manifestarse. Las plegarias, la meditación y la sanación espiritual colaboran en la promoción de estados positivos de bienestar psicofísico, mental y espiritual de los deudos (Yoffe, 2012). Según Sogyal Rimpoché (2000), la meditación es un delicado equilibrio entre la relajación y la vigilancia que permite hallar un nuevo significado tras la pérdida de un ser querido, y transformar nuestra vida con la elaboración de proyectos nuevos.

Roberts y Montgomery (2015) realizaron un estudio para evaluar en qué medida una intervención basada en *mindfulness* podía ayudar a mujeres que habían sufrido un aborto. Este estudio se llevó a cabo en la India y participaron seis mujeres procedentes del hospital del área. Se tomaron medidas pre-post sobre bienestar psicológico medido con la escala de satisfacción con la vida (SWLS), estrategias de afrontamiento basadas en espiritualidad, capacidad *mindful* y percepción de apoyo social. Los resultados obtenidos en esta investigación van en la línea de un aumento significativo en todas las dimensiones asociadas a la capacidad *mindful* (observación, descripción, atención plena, no juzgar, no reactividad) tras la intervención psicológica. El resto de las variables cambiaron en la dirección hipotetizada, aunque no fueron significativas.

Cruces, García y Carbajo (2014) realizaron un tratamiento de duelo en salud mental con una terapia grupal que integró en doce sesiones tanto el modelo de las cuatro tareas de Worden, como algunas prácticas de *mindfulness*. En este estudio participaron ocho dolientes. Tras la intervención grupal encontraron una disminución no significativa, pero consistente, de la sintomatología ansioso-depresiva, así como una mejoría significativa en el insomnio.

Rushton, Sellers, Heller, Spring, Dossey y Halifax (2009) investigaron cómo el programa BWD (Being with dying), que integra las prácticas de *mindfulness*, compasión y autocuidado, ayuda a los cuidadores —familiares y profesionales— de las personas en fase final de vida a encontrar estabilidad emocional para poder desempeñar su labor. Los resultados obtenidos van en la línea de una mayor estabilidad mental y emocional para poder cuidar, además de un aumento de la compasión que les ayuda a estar más presentes en el cuidado de la persona que sufre. Estos datos dan soporte a la evidencia de que las prácticas basadas en *mindfulness* contribuyen a una mejor elaboración del duelo de los propios profesionales ante las pérdidas de sus pacientes, ya que aumentan el bienestar psicológico (reducción de ansiedad, depresión, fatiga por compasión) y la capacidad de resiliencia.

Tacón (2011) realizó una investigación muy interesante para evaluar en qué medida la aplicación de un programa basado en *mindfulness* contribuía en mujeres diagnosticadas de cáncer de mama a aumentar su bienestar espiritual, así como a reducir los indicadores de pérdidas (independencia, funciones físicas y psicológicas) y los síntomas de duelo anticipado por su propia muerte. Los hallazgos encontrados en dicho estudio van en la línea de la hipótesis formulada por los investigadores (aumento del bienestar y reducción de los indicadores de pérdida y los síntomas de duelo anticipado).

Como conclusión puedo señalar que la práctica de la meditación puede resultar altamente recomendable, puesto que ayuda a aliviar el dolor emocional, a aceptar el proceso de duelo en el que se encuentran los dolientes, a encontrarle un nuevo sentido a la vida y contribuye, por tanto, a la consecución del bienestar psicológico, que es esencial en la vida.

¿Cómo pueden ayudar el *mindfulness* y la compasión en las tareas del duelo?

Teniendo en cuenta la importancia de los factores protectores (como vimos en el capítulo 2), el *mindfulness* nos serviría como protector, ya que se trata de una herramienta de autocuidado, que promueve estados emocionales positivos y que, como señala Bonnano (1997), es de vital importancia en el proceso de duelo. Además promueve la flexibilidad mental y la capacidad de encontrar un sentido a la experiencia.

Sabemos que el *mindfulness*, a través del trabajo de consciencia del momento presente y con una actitud de no juzgar, de aceptación y compasión, puede facilitar el proceso de duelo y, por tanto, el desempeño de las diversas tareas de los diferentes autores que se han revisado para crear el protocolo de intervención que será presentado en la segunda parte de este libro. Es conveniente señalar que estas tareas no son compartimentos estancos y lineales, sino que de alguna forma el trabajo sobre una de ellas repercute en las demás. Se trata de piezas de dominó, en las cuales cuando una se mueve, se mueven también las otras. De hecho, si una persona es capaz de abrirse al dolor a través del *mindfulness* (tarea II), siendo consciente del dolor físico y emocional de la pérdida, aceptando ese dolor integrado en el proceso de duelo y en el proceso de estar vivo, aceptando la muerte como parte de la vida, también está realizando la tarea I (que hace referencia a la aceptación de la realidad de la pérdida). Además, esa aceptación movería también la ficha del dominó que corresponde a la tarea III (adaptarse a un medio en el que el fallecido está ausente) y, por tanto, también movería la ficha que tiene que ver con la tarea IV (que es la recolocación emocional del fallecido para poder seguir viviendo).

De alguna forma, el trabajo con *mindfulness* sobre la tarea II (trabajar emociones y abrirse al dolor) supone una intervención muy acertada en dolientes, ya que nos permite avanzar indirectamente en las demás tareas. Sin duda, el trabajo de aceptación que se promueve con *mindfulness* supone un progreso significativo en las personas que han sufrido una pérdida. Puesto que resulta imposible recuperar al ser querido, lo único que puede aliviar los corazones de los dolientes es aceptar que nunca más volverán, pero que sigue habiendo un lugar para ellos en su corazón. Esto tiene que ver con la tarea IV de la recolocación emocional del fallecido.

El trabajo del programa se centra en la tarea II; Worden lo deja claro al afirmar que «si la tarea II no se completa adecuadamente, puede que sea necesaria una terapia más adelante, en un momento en el que puede ser más difícil retroceder y trabajar el dolor que se ha estado evitando» (Worden, 2004). Desde mi punto de vista personal es una tarea muy importante, ya que de alguna forma mueve a todas las demás, como he querido destacar con la metáfora de las fichas de dominó.

Kabat-Zinn (2004) señala que la aceptación promueve la sanación, que no tiene nada que ver con la curación. Es decir, quizá no podamos curar una enfermedad, ni tampoco hacer que nuestro ser querido regrese, pero sí podemos relacionarnos con esa enfermedad o con esa pérdida de una forma diferente que nos permita sentirnos bien, con lo cual habremos sanado internamente nuestras heridas psicológicas. Esa herida dejará una cicatriz y, tal vez, dolerá en muchos momentos, pero aceptando que esto puede suceder, nos habremos liberado del sufrimiento.

Worden (2004) destaca que el duelo es un proceso largo, y su culminación no será un estado como el que teníamos antes del mismo; además, aunque el duelo progrese, habrá malos días, aparentes retrocesos, puesto que no es un proceso lineal. Es decir, lo que parecen pequeños retrocesos, si se aceptan como parte del proceso, promoverán un gran avance en la elaboración del duelo.

Para conseguir todos estos fines, el *mindfulness* será el traje de neopreno que permitirá que el dolor de la pérdida sea más llevadero. Esta metáfora la aprendí de mi compañero Javi, y la utilizábamos en el programa de deshabituación tabáquica con el que trabajamos juntos durante muchos años. El traje de neopreno me parece una imagen muy adecuada para el *mindfulness*. De hecho, no es lo mismo sumergirse desnudo en el agua de una charca muy fría que con un traje de neopreno. Sabemos que si queremos llegar a casa, hemos de sumergirnos en esa charca, pues no puede aparecer ningún helicóptero que nos lleve a nuestra casa esquivándola, pero al menos el traje nos permite percibir en menor intensidad el frío. De la misma manera actúa el *mindfulness*, que sería ese traje de neopreno que nos ayuda a ser conscientes del dolor y a manejarlo, para poder llegar a casa, es decir, para poder superar la pérdida de nuestro ser querido. Esa superación conlleva integrar la pérdida dentro de la vida del doliente, recolocar al ser querido (tarea IV).

Según Worden (2004), el duelo se acaba cuando la persona es capaz de pensar en el fallecido sin dolor. Siempre sentiremos tristeza cuando recordamos a un ser que no está entre nosotros, pero esa tristeza es diferente a la que se percibe cuando estás en pleno duelo, no supone una sacudida. Siguiendo al autor, se puede pensar en el fallecido sin manifestaciones físicas como llanto intenso o sensación de opresión en el pecho. Además el duelo acaba cuando una persona puede volver a invertir sus emociones en la vida y en los vivos, para lo que el *mindfulness*, a través del protocolo MADED, puede ser de gran ayuda.

Sabemos que el *mindfulness* supone trabajar la atención, es lo que Martín-Asuero (2007) denomina el «triángulo de la atención» que aúna los pensamientos, las sensaciones y las emociones. Añadiríamos también las conductas como foco de atención.

El *mindfulness* nos puede ayudar a normalizar todas las manifestaciones del duelo, abarcando el «cuadrado de la atención» que integra las cuatro dimensiones: sentimientos, sensaciones, cogniciones y conductas. De alguna forma con el *mindfulness* exploramos todas esas dimensiones, con el objetivo claro de normalizar y entender que son experiencias transitorias, que fluyen, que se van transformando a medida que las observamos y empezamos a relacionarnos con ellas de una manera distinta. De ahí que en el protocolo, en las sesiones iniciales se trabajará sobre este triángulo de la atención adaptado, añadiendo también las conductas como foco atencional. Observar es el primer paso para aceptar y sanar. Siguiendo a Simón (2010), «Si observas desconectas el automatismo (SODA) y cuando observas una emoción, la cualidad de la misma cambia». Por ello, observar y aceptar sensaciones, pensamientos, emociones y conductas típicas del duelo será nuestro primer objetivo.

Si tenemos en cuenta que, tras el fallecimiento de su ser querido, los supervivientes suelen experimentar sentimientos de culpa —mayoritariamente basados en pensamientos irracionales, aunque otras veces se trata de una culpa real—, estos podrían beneficiarse sin duda de la meditación compasiva, con el fin de elaborar este sentimiento. A través del cultivo de la autocompasión, se podrá producir una canalización de esa culpa y una resolución del duelo. El objetivo no será eliminar la culpa, sino sentirla, y a pesar de su presencia, tratar de darnos cariño a través de la consciencia amable o bondad amorosa. De esta forma llegaremos a ese perdón hacia nosotros mismos, haya una culpa real o irreal (aunque en nuestro mundo mental sí que la vivamos como real). Cuando existe una culpa real es importante poder pedir perdón a nuestro ser querido, por lo que puede llegar a ser muy útil a través del *mindfulness* trabajar con una fantasía guiada donde nos podemos comunicar con la persona fallecida; también podemos servirnos de esta fantasía guiada como despedida en el caso de que no haya sido satisfactoria en la vida real, porque hayan quedado asuntos pendientes, o porque simplemente no hayamos podido despedirnos de la persona fallecida. Estas son algunas de las formas en que la autocompasión, la compasión y el perdón pueden ayudarnos en el proceso del duelo.

Quisiera cerrar este capítulo con una frase que nos conecta sin duda con la capacidad de resiliencia y crecimiento postraumático que es posible tras las experiencias dolorosas de pérdida y sufrimiento: «Incluso la víctima indefensa de una situación desesperada, enfrentada a un destino que no puede cambiar, puede alzarse por encima de sí misma, puede crecer más allá de sí misma, y con ello cambiar ella. Puede convertir una tragedia personal en un triunfo» (Frankl, 2004).

6

Programa MADED (*mindfulness* y autocompasión para la aceptación del dolor y las emociones en el duelo)

> Hace mucho tiempo aprendí que para sanar mis heridas, tengo que tener la valentía de enfrentarlas.
>
> Paulo Coelho

Como ya sabe el lector, en la mayoría de las personas el duelo evoluciona favorablemente con el apoyo de la red social natural, pero hay una minoría de casos donde el duelo no evoluciona así y se convierte en un DC (duelo complicado). De ahí, la importancia de detectar los factores de riesgo en los dolientes, e intervenir cuando es necesario para prevenir el duelo patológico o complicado, puesto que las consecuencias son devastadoras tanto a nivel individual como social, debido a los costes que supone. La recomendación dentro del sector sanitario, y siguiendo las políticas desarrolladas en otros países pioneros en el tratamiento preventivo del duelo, apoya la creación de servicios de atención al duelo especializados más allá de lo que actualmente proveen las redes de atención primaria y salud mental (Payás, 2007).

En esta última década se está debatiendo cuáles son los grupos de personas más vulnerables, y si esta vulnerabilidad es susceptible de ser detectada en los momentos iniciales de la pérdida, utilizando los factores de riesgo como indicadores. La identificación de grupos de nivel de riesgo alto permite el diseño de intervenciones más especializadas y preventivas de duelo complicado (Worden, 2004). Precisamente el protocolo que comparto con el lector va dirigido a personas con factores de riesgo o a personas que ya padecen duelo patológico según los criterios del *DSM 5*.

Hay autores que hacen la distinción entre asesoramiento psicológico en duelo y terapia. El primero sirve para acompañar en el proceso natural del duelo, y la segunda nos sirve para tratar tanto a las personas con factores de riesgo como a las personas que ya sufren un duelo patológico.

Es conveniente recordar que los estudios realizados sobre la eficacia de las intervenciones en duelo diferencian entre prevención primaria o dirigida a la población general, secundaria o «selectiva» de dolientes de «alto riesgo», y terciaria o tratamiento especializado del duelo complicado o patológico y de los trastornos relacionados (Arranz *et al.*, 2008). Existen pocos estudios que prueben la eficacia de la prevención primaria, e incluso al contrario, algunas investigaciones muestran resultados negativos; por tanto, se desaconseja intervenir de forma rutinaria (Barreto, 2008). En cambio, las intervenciones ideadas para dolientes más vulnerables a los riesgos del duelo (niveles de malestar elevados, pérdida traumática, acontecimientos concurrentes o pérdida de un hijo) ofrecen resultados más prometedores, pero modestos (Barreto, 2008).

El programa que comparto con el lector sería por tanto una terapia dirigida a personas susceptibles de padecer duelo patológico —siendo una intervención preventiva secundaria— o que ya padecen duelo complicado —tratándose de una intervención terciaria o tratamiento especializado del duelo complicado—. Aun así, es importante recordar que este protocolo podría perfectamente emplearse como prevención primaria en el proceso normal de duelo, por la naturalidad del *mindfulness* como herramienta de autocuidado y de crecimiento personal basada en la consciencia y en el cultivo de los cuatro inconmensurables (amor incondicional, compasión, alegría empática y ecuanimidad). Este programa ha sido diseñado para hacerlo como intervención grupal, ya que esta es terapéutica *per se* y tiene múltiples funciones, como señala Payás (2014):

- Ofrece un espacio de apoyo emocional.
- Sirve para normalizar las manifestaciones del duelo, puesto que los participantes comparten muchas de ellas.
- Tiene una función educativa, ya que los participantes aprenden que el duelo requiere tiempo, es un proceso dinámico, donde hay fases y tareas, y que, además, deben tener una actitud activa y de compromiso.

Según Payás (2007), los grupos de terapia para duelos de riesgo y duelos complicados son grupos estructurados con un número limitado de participantes, dirigidos por un profesional con formación en psicoterapia y una especialización específica en duelo. Los miembros son personas cuyo duelo cumple algún factor de riesgo o que ya muestran sintomatología de duelo complicado. Se trata de grupos cerrados, limitados en el tiempo, con un programa orientado a las distintas tareas y necesidades individuales de cada miembro, y cuya función es tanto preventiva como de tratamiento.

El protocolo que comparto con el lector es un ejemplo de programa con sesiones cerradas, ya diseñadas de antemano y centradas en la tarea II de abrirse al dolor y adentrarse en las emociones. El objetivo es que los dolientes en riesgo o con duelo complicado avancen a la fase III (conexión e integración), gracias al trabajo sobre la segunda tarea de entregarse al dolor y con las emociones, para que puedan seguir progresando hasta la última fase de crecimiento y transformación.

En estas fases avanzadas se trabaja a través de la exploración de la relación con el fallecido, y la resolución de asuntos pendientes como el perdón o la gratitud, que constituyen tareas propias de la fase de entrega al dolor (Payás, 2007). Es por eso que en el protocolo que comparto con el lector se han contemplado estas herramientas terapéuticas dentro del estado de meditación.

«Las tareas del duelo pueden posponerse, pero eso no las resuelve. Tarde o temprano la persona deberá afrontar su pérdida: el duelo no puede suprimirse, solo aplazarse» (Payás, 2010, p. 151). De ahí la importancia de este protocolo que pretende acompañar en el proceso de duelo para hacer esa conexión-integración del dolor a través del trabajo con las emociones. Precisamente en un principio se ayuda con *mindfulness* a que las personas puedan ser conscientes del dolor y las emociones que suscita dicho dolor, con una actitud de aceptación. Una vez conseguido que los dolientes puedan llegar a esa aceptación, se promueve el avance en el proceso del duelo para alcanzar el crecimiento, o al menos dando las herramientas para que ellos puedan, a su debido tiempo, encontrar esa transformación y crecimiento; esos nuevos significados han de ser encontrados, no impuestos desde fuera.

Parkes (1972) afirma que «es necesario que la persona elabore el duelo emocional para hacer el trabajo del duelo, y cualquier cosa que permita evitar o suprimir de forma continua este dolor es probable que prolongue el curso del duelo». De ahí la importancia de trabajar el dolor y las emociones, como señalan Worden y Neimeyer, haciendo referencia a la tarea II. Es justo ahí, donde el *mindfulness* aparece como una terapia de tercera generación que puede ayudar totalmente a ese objetivo.

Precisamente el *mindfulness* es una terapia de aceptación y de exposición, ya que no se huye de los pensamientos, ni de las emociones y sensaciones; no se huye de la realidad sea cual sea.

Lo que se hace es observar lo que hay, exponiéndose de forma voluntaria a lo desagradable, de manera que se produce una reducción del malestar emocional y cognitivo, además de respuestas comportamentales adaptativas (Spira, 2003). Es decir, no huimos del dolor, nos acercamos a él con consciencia plena y con amor, ya que, como señala Simón (2010), «cuando nos tratamos con compasión lo hacemos porque nos sentimos mal, no porque queremos sentirnos bien». Por eso mismo nos acercamos al dolor y a las emociones desagradables, para aceptarlas e integrarlas.

Según Payás (2014), la práctica del silencio y la contemplación ayudan a tomar consciencia de la respiración y a darnos cuenta de que no somos ni lo que pensamos, ni lo que sentimos. Al prestar atención a la respiración, podemos poner distancia entre nosotros y los pensamientos y emociones que experimentamos. La práctica de la consciencia plena y el silencio pueden ser herramientas útiles en el camino del duelo. La atención plena a las sensaciones de nuestro cuerpo es una valiosa ayuda que nos permite aliviar síntomas como la angustia, pensamientos obsesivos o el miedo.

Podemos observar en la cita de Payás (2014) que el duelo puede ser una oportunidad para reencontrarnos: «Si te resistes a mirar en tu interior, dejas tu hogar a oscuras, y entonces esas emociones crecen y pueden llegar a devorarte. Hemos perdido la costumbre de estar con mostros mismos, de estar familiarizados con todo lo que habita en nuestra casa interior. La muerte, las pérdidas y el duelo son acontecimientos que poseen esa cualidad: nos impulsan a abrir un espacio interior de reflexión y autoconocimiento. Cuando aceptamos esa invitación y empezamos a pararnos, a estar en silencio en este mundo ajetreado y ruidoso, nos ocurren cosas» (p. 204).

Este protocolo puede vislumbrarse como «una antorcha capaz de alumbrar el hogar que se ha quedado a oscuras», precisamente para que las emociones difíciles no crezcan y nos devoren como si fuesen un león hambriento.

El programa está formado por nueve sesiones que se van a desarrollar a partir del capítulo 7 de la segunda parte del libro. Lo que sigue a continuación es un pequeño resumen global de las mismas.

Las nueve sesiones que forman parte del programa de *mindfulness* y compasión para el duelo son las siguientes:

- **Sesión 1.** La consciencia plena y las manifestaciones del duelo.
- **Sesión 2.** Potenciación de recursos: Lugar tranquilo, lugar sagrado, enraizamiento...
- **Sesión 3.** El dolor y los pensamientos: Sufrimiento primario y secundario.
- **Sesión 4.** Emociones I: La exploración de las emociones básicas y su regulación.
- **Sesión 5.** Emociones II: La exploración de la tristeza, el miedo y la rabia.
- **Sesión 6.** Exploración de la culpa y autocompasión.
- **Sesión 7.** La despedida y los asuntos pendientes.
- **Sesión 8.** Los pilares de la serenidad. Un lugar para ti.
- **Sesión 9.** Retiro de meditación y silencio. Acceder a las necesidades espirituales.

Es necesario que las personas entiendan de forma práctica qué es la consciencia plena, de ahí que en **la primera sesión** se trabaje ese concepto tanto de forma experiencial como teórica. Además, como los dolientes experimentan una serie de manifestaciones del duelo que en un principio son normales, es importante que sean conscientes de esas manifestaciones a través de la atención plena, para normalizar. Hay autores, como Lacasta (2006) y Soler (1996), que nombran esas manifestaciones clasificándolas en diferentes dimensiones: cognitivas, fisiológicas y conductuales. Otros autores, como Worden (2004), clasifican las manifestaciones en cuatro dimensiones: sensaciones, cogniciones, conductas y sentimientos. De ahí que en el psicoeducativo sobre las manifestaciones del duelo se trabajen todas ellas. La idea es que, al ser consciente de la normalidad de esas manifestaciones, no se llegue a patologizar el proceso de duelo. Según Barreto (2008), la primera cuestión que ha de plantearse desde los cuidados paliativos se refiere a la importancia que tiene despatologizar el sufrimiento al final de la vida y en la elaboración del duelo. De ahí la importancia de normalizar. Una vez que esas manifestaciones son crónicas y dan lugar a un duelo complicado, también es importante poner nombre a cada una de las que experimentan los dolientes, ya que la consciencia unida a la compasión son promotoras del cambio.

Tras el psicoeducativo de la consciencia plena y de las manifestaciones del duelo, proseguiremos con la práctica de dos meditaciones: el *mindfulness* de la respiración y el Body Scan (recorrido del cuerpo), que son las primeras meditaciones que se emplean en el protocolo original. Es necesario empezar por ahí ya que, como señala Kabat-Zinn (2008), la respiración es el ancla que nos permite conectar con el presente. Cada vez que nuestra mente de mono salta de aquí para allá, la respiración nos trae de nuevo al presente (Simón, 2010). Además, para poder llevar a cabo otras meditaciones más complejas es necesario practicar la consciencia de la respiración, puesto que es la base del programa. Luego entrenamos la capacidad de poder ser conscientes de las sensaciones físicas de nuestro cuerpo, observando las sensaciones agradables y las desagradables como parte de nuestro presente a través del Body Scan, con una actitud de aceptación (Kabat-Zinn, 1996). Asimismo, el entrenamiento en casa durante esta primera semana consistirá en la práctica de ambas meditaciones, ya que es lo que nos va a permitir avanzar en las próximas sesiones, donde aumenta la complejidad de las meditaciones puesto que se incorpora también la visualización y el cultivo de la autocompasión. Esta semana cultivamos *Samatha* (consciencia focalizada).

Teniendo en cuenta el modelo sensoriomotriz del trauma de Ogden y colaboradores (2011), en esta primera sesión enseñamos a los dolientes a monitorizar las experiencias somáticas, precisamente a través de la atención plena que permite el procesamiento del trauma. Además, trabajamos la ecuanimidad para poder estar (dar espacio) con todo lo que hay sin pretender cambiar nada, aumentando así la tolerancia a las experiencias somáticas desagradables. Ambas prácticas —el recorrido del cuerpo y el ancla de la respiración— permiten desarrollar una mayor consciencia del momento presente y la habilidad de dirigir la atención a voluntad para no ser presos de la propia mente y poder salir de ella. Se trata de una herramienta de autocuidado personal que activa el sistema nervioso parasimpático, y de esa manera preparamos el terreno para poner en marcha recursos de afrontamiento saludables de cara a próximas sesiones, donde iremos acercándonos al dolor de la pérdida de una forma progresiva.

En la **segunda sesión** incluimos la potenciación de recursos: lugar tranquilo, lugar sagrado, ejercicios de enraizamiento. Es esencial que el doliente aprenda a encontrar estabilidad antes de pasar a procesar los recuerdos que tienen que ver con la pérdida. Hemos seguido en este caso las indicaciones de una metodología de trabajo que nace de la combinación de diferentes modelos. Se llama *mindfulness* IPH, creada por Andrés Martín Asuero y Gustavo Bertolotto, que combina algunas herramientas como la PNL, hipnosis Ericksoniana, *neurofeedback*, EMDR (*Eye Movement Desensitization and Reprocessing*) y EFT (*Emotional Freedom Techniques*).

En la **tercera sesión** nos adentraremos en el dolor, que es el objetivo del protocolo, además de trabajar a su vez la consciencia de los pensamientos y la forma de manejarlos. El dolor al que nos referimos es un dolor por la pérdida del ser querido, pero que en muchas ocasiones se transforma en dolor físico. Precisamente la palabra duelo proviene del término latino *dolus* que significa «dolor» (Lacasta, 2012). En el protocolo MBSR, Martín Asuero (2010) señala la importancia de trabajar el dolor con una fórmula que dice que dolor por resistencia al dolor (no aceptación) es igual a sufrimiento, y que el sufrimiento secundario, que es todo aquello que tiene que ver con anticipaciones del futuro y rumiaciones del pasado, potencia ese dolor. En vista de que ese sufrimiento secundario va unido a pensamientos anticipatorios o rumiativos, es importante trabajarlos a través de la consciencia plena con una actitud de aceptación, sin luchar contra ellos y sin tratar de evitarlos. Durante esta sesión también se proporciona psicoeducación acerca del proceso de duelo basado en los autores que he integrado en el modelo de intervención psicológica MADED y que he compartido en el capítulo 2 con el lector.

En la **cuarta sesión**, una vez que hemos aprendido a abrirnos al dolor de forma generalizada, podremos adentrarnos en cada una de las emociones que nos provocan dolor de forma más específica. Se ha visto que el *mindfulness* permite regular el afecto, incluyendo una mayor consciencia, entendimiento y aceptación de las emociones, y una mayor habilidad para corregir o reparar estados de ánimo desagradables (Brown y Ryan, 2003). Es por ello que el protocolo incorpora la regulación emocional primero de forma generalizada y posteriormente de forma específica con el miedo, la rabia y la tristeza (**quinta sesión**) y con la culpa (**sexta sesión**).

Como se ha comentado con anterioridad, nos servimos de todo tipo de recursos como la visualización o el uso de cuentos y metáforas, que, como señala Payás (2007), pueden ser muy útiles en la terapia para el duelo. De ahí que empleemos todos esos medios para hacer el trabajo de conexión-integración de las emociones y alcanzar, llegado el momento, la fase de crecimiento-transformación.

Dedicamos una sesión al sentimiento de culpa, teniendo en cuenta que es un sentimiento común en el proceso de duelo. Las personas en duelo piensan en todas aquellas cosas que les hubiera gustado decir o hacer y que no fueron posibles. Pueden llegar a sentir que podrían haber actuado de una forma diferente y que esto hubiera evitado la muerte de su ser querido (Ramírez, 2007). Hay muchos motivos por los que una persona puede sentirse culpable, y ya sea real o irracional la culpa, es conveniente trabajarla a través del perdón. Tanto Payás (2007) como Worden (2004) lo hacen a través del perdón. Worden utiliza el psicodrama o la silla vacía, y en mi caso he decidido utilizar el recurso del *mindfulness* a través de la visualización del ser querido, que sería el equivalente de la silla vacía, para trabajar el perdón en diferentes fases. En la sexta sesión, la idea es poder observar en primer lugar el sentimiento de culpa y sus manifestaciones a través del *mindfulness*, para luego cultivar la autocompasión. Evaluar y trabajar la culpa es fundamental, ya que se trata de un sentimiento que además muchos autores lo consideran como un factor de riesgo para duelo complicado (Lacasta, 2000; Soler, 1996).

El objetivo de la **sexta sesión** es conectar con la culpa e iniciarnos en la práctica de la autocompasión. Como señala Bernabé Tierno (2007), el amor es lo único que puede curar el miedo, la rabia, la tristeza y el sentimiento de culpa. Siguiendo a Simón (2011), «Ni la consciencia focalizada (*Samatha*) ni la consciencia de campo abierto (*Vipassana*) por sí solas nos aliviarán del sufrimiento, por lo que hay que cultivar la tercera habilidad de la meditación *mindfulness* que es la bondad amorosa o compasión (*Metta* y *Karuna*)» (p. 135). Según el autor, la compasión nos alivia incluso cuando no podemos cambiar nuestras circunstancias vitales. De ahí el trabajo de la consciencia amable o *metta* en este punto del protocolo.

En estas sesiones, algunas de las tareas para casa van dirigidas a hacer un diario del dolor y un diario de las emociones. Como señala Payás (2007), la escritura creativa puede sernos muy útil en las fases avanzadas del duelo, así como el diálogo con el ser querido fallecido y la visualización, por eso empleamos todos estos recursos tanto en las meditaciones como en las tareas para casa.

Si ya hemos conseguido adentrarnos en el dolor y nos hemos liberado de la culpa, tiene sentido pasar a la **séptima sesión**, denominada «la comunicación con los ausentes y los asuntos pendientes». De hecho, una vez que hemos empezado a cultivar la autocompasión y el amor que se promueve con *mindfulness*, la comunicación con los ausentes será muy diferente a si lo hubiésemos hecho en las primeras sesiones, puesto que en estas estaría tamizado por el dolor, la rabia, el rencor, los juicios etc. La **octava sesión** se llama «los pilares de la serenidad. Un lugar para ti», basada en el libro de *Los pilares de la felicidad* de Bernabé Tierno. Esta sesión va orientada a la tarea IV, que es la recolocación emocional del fallecido para seguir viviendo. Es importante clarificar que el objetivo de la intervención no es olvidar al ser querido fallecido, sino encontrarle un lugar en el espacio psicológico que permita la entrada del presente y los retos de la vida (Arranz *et al.*, 2008); de ahí la relevancia de esta sesión, en la que se pretende trabajar, a través de la psicoeducación y una meditación con visualización, esos pilares que podemos cultivar para encontrar la serenidad e incluso la felicidad, llegado el momento, permitiendo que haya un hueco en nuestro corazón para ese ser querido que no está físicamente pero que forma parte de nuestra realidad psicológica. Como señala Barreto (2008), se ha comprobado en investigaciones recientes que la expresión de emociones positivas facilita el buen pronóstico en el desarrollo del duelo. De ahí la importancia de cultivar el *mindfulness* para poder experimentar estados de serenidad, que nos pueden conducir a experimentar sensaciones agradables día tras día, momento a momento; motivo por el que el *mindfulness* puede entroncarse dentro de la psicología positiva y puede promover el crecimiento postraumático.

La **novena sesión** supone un cierre del programa a través de un retiro de meditación y silencio para acceder a nuestras necesidades espirituales, acompañados por otras personas que al igual que tú han perdido a un ser querido. Esta sesión conlleva un cierre que culmina con las reflexiones sobre las habilidades aprendidas a lo largo de las sesiones y la propuesta de compromiso en la práctica del *mindfulness* y la compasión en el día a día como una filosofía de vida.

La práctica del *mindfulness* permite hacer un trabajo de integración que es esencial en el camino del duelo y de la propia vida. Siguiendo a Payás (2010), «En el duelo, la experiencia plena en el aquí y el ahora de afectos tales como el llanto, el dolor, la pena, la tristeza, la nostalgia e incluso el enfado y la desesperación permite la conexión e integración entre el pasado y el presente, y su expresión fenomenológica abre la puerta a la posible restructuración y al crecimiento tras la pérdida» (p. 168).

Este tipo de intervenciones destinadas a fomentar la atención plena en la vivencia de la sintomatología física y el malestar o sufrimiento emocional son muy útiles en experiencias de pérdidas y favorecen la integración. Han sido utilizadas de forma muy efectiva en el tratamiento de personas en estrés agudo, dolor crónico o supervivientes de traumas (Kabat-Zinn, 2005).

Como señala Payás (2010) en la cita que sigue a continuación, es necesario atravesar el dolor para elaborar nuevos significados. «Atravesar el dolor emocional permite la activación de significados nuevos. La experiencia integrada solo se da cuando el significado emerge como consecuencia del trabajo integral cognición-emoción, y no como un esfuerzo cognitivo de inhibición autoimpuesto o impuesto por el terapeuta» (p. 193).

Precisamente por ello, este protocolo basado en *mindfulness* y compasión puede resultar de gran utilidad para ti si has perdido a un ser querido, por ser una herramienta y modelo terapéutico caracterizado por su flexibilidad y capacidad de adaptación a las propias necesidades. En realidad, con la práctica de la atención plena se promueve un cambio en los esquemas mentales y en la filosofía de vida, que permite que la muerte esté integrada en la vida como proceso natural y normal, de forma que la relación con la misma no se procese como amenaza, sino como oportunidad de crecimiento personal y espiritual. Lo que hacemos con el *mindfulness* es proporcionarles a las personas los materiales necesarios para que ellas mismas puedan «pescar y alimentarse», de ahí que sea una herramienta de «autocuidado personal», que ayuda en el proceso de vivir y en el proceso de morir, y a la hora de hacer el duelo por las personas perdidas, como parte ineludible de la propia existencia.

En la *Tabla 3*, puedes observar cómo con este modelo se ha hecho una integración de los modelos existentes sobre el duelo, para poder trabajar todas las tareas y fases desde el paraguas del *mindfulness* y la compasión, teniendo en cuenta la revisión teórica realizada y tras haber bebido de diferentes fuentes (autores, modelos, formaciones, profesores).

Tabla 3
Modelo integrativo basado en *mindfulness* y compasión

MODELO DE TAREAS (Worden, Neimeyer)	MODELO DE FASES Y TAREAS (Payás)	MODELO DE FASES Y TAREAS (Rando)	*MINDFULNESS* Y COMPASIÓN (Kumar, Neff, Gilbert, Kabat-Zinn, Burch)
Aceptación de la pérdida	Choque (disolver trauma)	Evitación (reconocer la pérdida)	• Filosofía de vida • Arrojar luz en el proceso
Abrirse al dolor y las emociones	Evitación/ negación (validación, disolver defensas)	Afrontamiento (experimentar emociones, recordar, soltar)	• Aceptación del dolor y las emociones • Regulación emocional
Adaptarse/ revisar mundo de significados	Conexión/ integración (tareas del duelo)	Acomodación (reajustarse y reinvestir)	• Reconstrucción de significados • Espiritualidad
Recolocar/ reconstruir/ reinventarse	Crecimiento/ transformación (nuevos valores/ perspectivas)		• Autocuidado • Autocompasión • Ecuanimidad • Integración

El programa de *mindfulness* para dolientes se llama MADED (*Mindfulness* y autocompasión para la aceptación del dolor y las emociones en el proceso de duelo) y consta de nueve sesiones. En la *Tabla 4*, podrás ver los nombres de cada sesión con sus objetivos y contenidos de forma resumida. Es precisamente en la segunda parte del libro donde te voy a acompañar paso a paso a lo largo de cada sesión, cada semana de trabajo personal, para acercarte al dolor de la pérdida y transitarlo amablemente con estas herramientas que han ofrecido tantos beneficios a los dolientes.

Tabla 4

Resumen de los objetivos y contenidos de las sesiones

SESIONES	OBJETIVOS	CONTENIDOS
1. La consciencia plena y las manifestaciones del duelo	• Significado de la filosofía *mindful* • Observación consciente • Atención a las manifestaciones del duelo	• Rueda de presentaciones • Psicoeducativo sobre *mindfulness* • Consciencia de la respiración • Consciencia corporal
2. Potenciación de recursos	• Dotar al doliente de herramientas de estabilización • Prepararlo para abrir la caja de pandora del dolor	• Lugar seguro • Lugar sagrado • Meditación de la montaña • Coherencia cardiaca • Enraizamiento

3. El dolor y los pensamientos	• Aprender a relacionarse con el dolor desde la aceptación • Aprender a relacionarse con los pensamientos rumiativos • Dejar ir	• Psicoeducativo sobre el duelo • El cuento sobre el dolor • Meditación sobre el dolor • Psicoeducativo sobre los pensamientos • Meditación con los pensamientos
4. Las emociones y su regulación emocional	• Detectar, describir y gestionar emociones	• Psicoeducación • Cuento sobre las emociones • Meditación de las emociones
5. Emociones II: Miedo, rabia, tristeza	• Psicoeducación emocional • Darnos permiso para sentir y explorar con curiosidad	• Cuento de la tristeza y la rabia • Procesar emociones con la meditación • Cuestionario para evaluar emociones
6. Culpa y autocompasión	• Detectar la culpa y procesarla • Comenzar con la práctica autocompasiva	• Preguntas reflexivas para evaluar la culpa • Meditación para procesar la culpa • Meditación de autocompasión
7. La despedida. Los asuntos pendientes. El perdón	• Permitir la despedida simbólica • Aprender a perdonar y perdonarse	• Meditación «comunicación con los ausentes» • Meditación del perdón

8. Los pilares de la serenidad. Un lugar para ti	• Aprender a conectar con EE+ • Agradecido recuerdo • Conocer los pilares de la serenidad	• Psicoeducación y meditación: Los pilares de la serenidad • Meditación de la compasión en 6 fases
9. Retiro de meditación y silencio. Cierre y despedida	• Explorar las necesidades espirituales • Explorar la utilidad del programa y cómo continuar con la práctica	• Meditación necesidades espirituales • Meditación flor de loto y piedra

Para cerrar este capítulo me gustaría compartir un caso de una persona con la que hice terapia individual basada en el programa MADED y que además estaba experimentando un duelo complicado por varios motivos. Lola había perdido en menos de un año a su padre y a su madre. Su madre murió el 10 de septiembre de 2011 y su padre el 4 de mayo de 2012. Ella fue la cuidadora principal (en realidad única) de ambos progenitores. Estaba casada hacía dos años y en esos momentos coincidía su embarazo con el proceso de duelo. Cuando fue atendida para acompañarla en el proceso de elaboración de las pérdidas, su hijo tenía ocho meses de vida. Su madre no llegó a conocer a su nieto, y esto era una de las cosas que más le atormentaban.

La madre fue diagnosticada de cáncer de mama con un buen pronóstico, aunque en la última revisión aparecieron marcadores tumorales y en cuestión de una semana se complicó y murió, ya que había metástasis. Fue una muerte repentina, inesperada, para la que no estaba preparada, además de que no pudo despedirse de ella.

Su padre, aparte de padecer demencia senil, fue diagnosticado de cáncer de pulmón, el cual empeoró tras la muerte de su madre. María Dolores se encargó del cuidado de su padre, además de cuidar de su hijo pequeño, de manera que las obligaciones del día a día le impidieron transitar el dolor por la pérdida de su madre.

Ambos progenitores pudieron morir en casa, gracias a los cuidados de la doliente, ya que optaron por la atención domiciliaria para poder partir rodeados de sus seres queridos. La relación con su madre era muy buena, aunque la recuerda como muy sobreprotectora, la controlaba en exceso. Por otro lado, a su padre le albergaba mucho rencor y lo culpaba de la muerte de su madre. Lo describe como egoísta y falso. En palabras de Lola: «Las cosas no eran lo que parecían, ella parecía la mala y él el bueno, pero no era así. Todo era simple apariencia. Delante de nosotros era de una manera, permisivo principalmente, y por detrás a ella la machacaba psicológicamente. Le guardo mucho rencor. Todavía no le he perdonado y me culpo porque estando enfermo le transmití mi rabia».

Por otro lado, la relación con sus dos hermanos se caracterizaba por la gran distancia emocional respecto a ambos; es más, no asumieron ningún papel en el cuidado de sus padres. De todas formas, para ella el haberlos atendido fue la mejor tarea que pudo hacer por ellos, de hecho, conecta con el orgullo como sentimiento principal en relación a su rol de cuidadora, totalmente alineada esta acción con sus valores. Esto sin duda sería un factor protector en el proceso de duelo, que le reflejé en el acompañamiento terapéutico.

Durante la adolescencia en los años 90, como un acto de rebeldía por el exceso de control que ejercían sus padres y hermanos sobre ella («tenía cuatro padres en vez de dos»), se introdujo en el mundo de las drogas. Ha consumido todo tipo de estupefacientes, incluyendo la heroína. Empleaba las drogas como una forma de evadirse de la realidad. Desde el fallecimiento de su madre no ha vuelto a consumir ninguna droga y en el momento de la intervención se le veía muy convencida de seguir en esa línea de abstinencia, conectando también con la motivación para dejar el tabaco, por lo que le ofrecí además terapia de deshabituación tabáquica liderada por un compañero de trabajo.

La doliente trabaja como auxiliar de clínica y su trabajo le apasiona. Lo describe como una forma de arte, restauración del ser humano. Como aficiones (aunque en el momento de la entrevista inicial las tenía aparcadas) reconoce la escritura, la lectura, el diseño de ropa y la restauración de muebles. Se considera una persona creativa y activa, aunque en ese momento de su vida se encontraba totalmente desmotivada y apática.

En cuanto a creencias religiosas/espirituales, aunque no cree en la Iglesia (pese a que su familia es católica practicante), cree en la energía, la fuerza del Universo, en Dios como energía creadora, y esas creencias la ayudan en su camino de vida, por lo que también se considera un factor protector.

Los síntomas que Lola presentaba en esos momentos en relación al duelo eran principalmente apatía, anhedonia, sentimientos de culpa, tristeza, rabia, imágenes traumáticas recurrentes de la putrefacción de los cuerpos de sus padres, que fueron enterrados. Presentaba falta de atención plena, niveles altos de ansiedad y depresión, altas puntuaciones en afecto negativo, así como bajas puntuaciones en afecto positivo, baja vitalidad y satisfacción con la vida media.

Se trataba de un duelo complicado que fue evaluado con el IDC (Inventario de Duelo Complicado), que el lector podrá encontrar en los apéndices del libro. Al no poder elaborar la pérdida de su madre por sobrecarga de rol, el duelo se complicó con lo que se llama duelo retrasado. Como puede recordar el lector en el capítulo 2, indiqué que este era uno de los tipos de DC (duelo complicado). Este duelo se solapa con los sentimientos de culpa por el rencor y la rabia proyectada hacia su padre durante el proceso de enfermedad mientras lo cuidaba. Ya vimos que la culpa es un predictor de duelo complicado, se considera por tanto un factor de riesgo que es necesario tener en cuenta y trabajar. Otro factor de riesgo importante que tiende a complicar el duelo es que no se pudo despedir de su madre, y además el hecho de que no le diera tiempo a conocer a su nieto le provocaba un enorme dolor.

Lola cumplía todos los criterios A, B, C y D de duelo complicado, que también fueron compartidos con el lector en el capítulo 2. La muerte supone una respuesta de estrés (criterio A), se considera una experiencia traumática (criterio B), la duración de los síntomas excede los seis meses (criterio C) y también conlleva un deterioro de las relaciones sociales, trabajo u otras actividades significativas de la vida (criterio D).

Las necesidades de la doliente que detecté durante la intervención y que fueron las que trabajamos durante el periodo de terapia fueron las siguientes:

• Necesidad de trabajar la despedida de su madre de forma simbólica.
• Necesidad de explorar la culpa y hacer un trabajo de perdón hacia su padre.
• Necesidad de regular sus emociones, teniendo en cuenta que suele reaccionar de forma ciega ante ellas, y que además últimamente la emoción por excelencia presente en su vida es la ira.
• Necesidad de recuperar sus aficiones.
• Necesidad de aprender a vivir en el momento presente, ya que su mente siempre está en el pasado y en el futuro.
• Necesidad de aprender a respirar con atención plena y escuchar su cuerpo.

Tras la intervención de la terapia MADED, la doliente mejoró su capacidad para no reaccionar de forma impulsiva. Mayor capacidad para responder con consciencia, poder parar y ver antes de actuar. Disminuyeron los niveles de ansiedad y depresión, así como el afecto negativo, incrementando principalmente su vitalidad (más energía disponible). En palabras de Lola, estos fueron los beneficios que ella encontró en su vida desde el comienzo de la terapia:

> He dejado de exigir tanto a las demás personas. Antes pensaba que eran ellas las que fallaban y que yo era perfecta en todo.

Antes me regocijaba en el dolor y culpaba a los demás de mis penas. Ahora quiero aprender a perdonar y a perdonarme a mí. Estoy en el inicio del cambio, pero ahora siento que es posible. Aunque todavía me salta el piloto automático en muchas ocasiones, cuando me dejo llevar por las emociones, al menos luego analizo la situación y veo en qué he fallado para luego aprender del error. Creo que antes era demasiado rígida con mis creencias y pensamientos. Estoy empezando a derribar ese muro de rigidez. Quiero ser flexible como un junco y confío en que podré hacerlo. He recuperado el hábito de la lectura y la ilusión en la restauración de muebles, ya tengo todo el material comprado y solamente me falta llevar la ilusión a la acción.

Estaré eternamente agradecida a Lola que me ha dado permiso para compartir su historia completa en este libro. Ella fue la primera persona que atendí desde este programa MADED de forma individual y fui testigo de cómo se fueron desplegando todos los recursos internos para elaborar la pérdida de sus padres de una forma sana, transformando un duelo complicado en un duelo normalizado. Su historia me abrió la posibilidad de confiar plenamente en el programa y fue el primer paso para todo lo que llegó después. Sin ella no hubiese sido posible. En palabras textuales de Lola: «No hay nadie que esté más a favor de la salud mental que yo, y de que se utilicen otras estrategias que no sean única y exclusivamente las medicamentosas (pese a que también estoy a favor de ellas)».

Parafraseando a Lola, este programa es sin duda una intervención psicológica que pretende promover estrategias de afrontamiento sanas que eviten la medicalización en exceso, que muchas veces lo que impide es que nuestro cerebro esté en un estado óptimo para elaborar ese dolor que, como ya sabemos, es esencial transitarlo.

Llegados a este punto, recomiendo al lector que haga una lectura práctica de la segunda parte del libro, que prepare un rincón sagrado para acceder a su interior y bucear en las aguas de la experiencia de la pérdida a través de las meditaciones guiadas. Recuerda que este viaje no sustituye a la terapia grupal para la que el programa MADED ha sido diseñado, pero sí te servirá como un primer encuentro contigo más allá del dolor de la pérdida.

¡TE DESEO BUEN CAMINO, COMENZAMOS EL VIAJE!

PARTE II

7

La consciencia plena y el duelo

> Que la consciencia plena pueda ser la antorcha
> que ilumine el camino de la vida y de la muerte.
> Que me permita estar presente,
> disponible para abrirme al dolor,
> y llegar más allá de este.
>
> LORENA ALONSO

Cuando existe sufrimiento en nuestras vidas tratamos de desconectarnos de él de mil y una formas. Disociar el sufrimiento es algo que a la mente se le da muy bien, precisamente porque «todos queremos estar bien y estar libres de sufrimiento». Cuando no sabemos cómo afrontar el dolor, parece lógico tratar de huir de él; sin embargo, la lógica cuando se trata de emociones no suele funcionar muy bien.

Sabemos que en las primeras fases del duelo es muy típico que las personas se encuentren en un estado de shock, algo así como «estar físicamente, pero no mentalmente». Es como si el cuerpo, en piloto automático por su gran sabiduría intrínseca, supiese lo que tiene que hacer y se pone en funcionamiento para realizar todas las tareas rutinarias, pero en realidad la persona que habita en ese cuerpo no estuviese allí. Es «estar perdido en el limbo», sin saber si lo que ha ocurrido es real o es solo un sueño del que algún día despertará. Es «estar vivo, pero sin vida, como si fuese un autómata sin alma».

Esto es algo que han descrito muy bien los dolientes a los que he acompañado durante los grupos terapéuticos, «es como no encontrarme dentro de mí; como si mi alma o mi ser se hubiese ido y se hubiese quedado perdida en algún lugar», «estoy de cuerpo presente, pero yo no estoy».

En realidad, la disociación es un mecanismo de defensa que se activa sin nuestra voluntad cuando el dolor a soportar es tan intenso que la mente se escapa en un intento de poder sobrevivir ante esa experiencia de pérdida o de trauma. El problema no es el mecanismo en sí mismo, sino que se produzca una fijación en ese mecanismo hasta el punto de robarte la única vida que tienes. Esta puede comenzar de nuevo a vibrar dentro de ti, si en vez de huir del dolor, te entrenas en acercarte a él.

Los objetivos de esta primera semana serían los siguientes:

- Que aprendas de forma práctica el significado de *mindfulness* y su filosofía (actitud de aceptación).
- Que aprendas a observar la respiración, así como las sensaciones físicas del cuerpo, con una actitud de aceptación.
- Que aprendas a ser consciente de las manifestaciones del duelo a todos los niveles (físico, cognitivo, conductual, afectivo) y a normalizar los síntomas como parte del proceso.
- Que aprendas a identificarte con otras personas que como tú han perdido un ser querido y están transitando el mismo camino, y no te sientas aislado dentro de tu caparazón de dolor.

Para comprender qué es el *mindfulness* de una forma experiencial, te sugiero que hagas una práctica que proviene del entrenamiento MBSR (Reducción del estrés basada en *Mindfulness*) que nombré en la primera parte del libro, en los capítulos introductorios.

Es el «ejercicio de la pasa», y lo puedes sustituir por cualquier otro alimento comestible, si lo prefieres. De esta manera podremos acercarnos a lo que es funcionar en un estado *mindful* (de presencia y aceptación), así como empezar a darnos cuenta de cómo actúa nuestra mente a través de lo que se llama resistencia (rechazar las experiencias y querer que sean de otra manera, desencadenando una cascada interminable de pensamientos y conductas que lo único que hacen es añadir más sufrimiento).

Este ejercicio te llevará a empezar a familiarizarte con la Actitud de compromiso *mindful*, que se desglosa en siete actitudes esenciales: no juzgar; paciencia; mente de principiante; confianza; no esforzarse y aceptación.

Durante esta primera semana será vital que empieces a reservar un espacio donde llamar a ese ser que se fragmentó ante tanto dolor. Será importante que practiques dos meditaciones esenciales para «regresar a casa»: meditación *Habitando en la respiración* y meditación *Habitando en el cuerpo* (ver en los cuadros de contenidos). Puedes intercalarlas o hacer una por la mañana y otra por la noche. La idea es que prepares un lugar especial para ti, un espacio tranquilo en la casa donde vives, que lo impregnes de una intención clara de llamarte y recibirte de nuevo, aunque sea por estos periodos de tiempo que irás programando en tu día a día, hasta que puedas generar un compromiso fuerte para llamarte y traerte definitivamente a la vida que eres.

Ambas meditaciones dentro de la psicología budista son prácticas de *Samatha* (concentración, estabilización atencional), y te permitirán estar progresivamente más presente en tu cuerpo para comenzar a habitar en él.

Monitorear las experiencias somáticas a través de la atención plena permite el procesamiento del trauma. Es decir, cuando estás observando las sensaciones físicas de tu cuerpo durante la práctica, poniendo consciencia en todo lo que está sucediendo y empleando la respiración como ancla, le estás dando permiso a tu cuerpo para que procese toda la energía estancada por el dolor. Estarás cultivando la ecuanimidad para poder estar (dar espacio) con todo lo que hay sin pretender cambiar nada, aumentando así la tolerancia a las experiencias somáticas desagradables. Ambas meditaciones te permitirán desarrollar una mayor consciencia del momento presente y la habilidad de dirigir la atención a voluntad para aprender a salir de tu mente y entrar en espacios internos (podríamos llamarles refugios seguros) a los que podemos llegar con las prácticas contemplativas. Además, es una herramienta de autocuidado personal que te permitirá activar el sistema nervioso parasimpático (relacionado con el sistema de calma), y de esa manera fomentar recursos de afrontamiento saludables para las sesiones próximas, donde irás acercándote al dolor de la pérdida de una forma progresiva.

EL ALIMENTO CONSCIENTE

Para esta práctica invito al lector a que se ponga en un recipiente alguna fruta cortada en trozos pequeños, o cualquier otro alimento que quiera explorar a través de los sentidos. La práctica original se hace con las uvas pasas y esta es una adaptación que proviene del MBSR.

Imagina que vienes de un planeta distinto y llegas a la tierra. Al llegar coincides con una terrícola (que soy yo). Imagina que te coloco un objeto en la mano. No sabes qué es y lo tienes que explorar con todos los sentidos, ya que es la primera vez que te encuentras con ese objeto (olfato, tacto, vista, gusto). En primer lugar con los ojos cerrados, comienza a tocar el objeto con tus dedos, sintiendo su textura, observando sus cualidades, tratando de responderte a si es blando, duro, liso, rugoso. Luego abre los ojos para examinar el objeto detenidamente. Una vez examinado, cierra de nuevo los ojos y lo aproximas a la nariz. Percibe su aroma, y no lo juzgues ni como bueno ni como malo. Simplemente lo contemplas, lo olfateas, y observas qué ocurre en tu boca, si comienzas a salivar o no. Haz un ejercicio de atención plena, fijándote en todo el proceso. Si se te pasa por la cabeza un pensamiento, lo observas, como si estuvieras viendo en una pantalla de cine tus propios pensamientos, pero no los juzgues, los dejas ir y venir, y te vuelves a centrar en el objeto comestible que tienes entre tus manos. Lo acercas a la boca, lo introduces dentro y comienzas a saborearlo, sin juzgar si está bueno o está malo, simplemente viviendo la experiencia presente de salivación, masticación, deglución... Cuando hayas finalizado podrás abrir los ojos y podrás reflexionar sobre tu experiencia.

HABITANDO EN LA RESPIRACIÓN

En primer lugar cierra los ojos y céntrate en los sonidos que provienen del exterior, sin juzgarlos. Solo atendiendo al contenido, escuchándolos con consciencia plena. Comienza a centrar la atención en tu respiración. En cómo entra el aire y cómo sale el aire. Coloca la mano derecha en el pecho y la mano izquierda en el abdomen. No intentes cambiar nada, solo observa cómo es la respiración. ¿Qué zonas del cuerpo se mueven al inspirar? ¿Qué zonas del cuerpo se mueven al exhalar?... Y simplemente céntrate en esa respiración, en la entrada y en la salida del aire (pausa).

Te invito a dejar que tu mente descanse en la respiración; quizá quieras anclar tu atención en la inhalación, cada vez que tu mente se vaya a otro sitio, vuelve a sentir la inhalación. Focaliza en la entrada del aire. Quizá puedes decirte interiormente con un susurro: «Cuando inhalo, soy consciente de que estoy inhalando». Saborea la entrada del aire, saborea la vida que fluye en este momento a través de la respiración (pausa).

Tal vez quieras descansar en la exhalación. Percibe cómo sale el aire de tu cuerpo. Percibe el sonido, la temperatura, la textura de ese aire que sale. Tal vez puedes susurrarte cálidamente «soy consciente de que estoy exhalando» (pausa).

¿Y si te detienes en el espacio, en la pausa que hay entre la inhalación y la exhalación? Contempla esa pausa, vive esa pausa. Es como descansar en un prado, en la yerba húmeda, en contacto con la tierra. Saborea la pausa entre la inhalación y la exhalación. Y la pausa entre la exhalación y la nueva inspiración. Deja que tu mente descanse en la pausa, en el encuentro entre la inspiración y la espiración que hacen posible la vida (pausa).

Puedes susurrarte «al inhalar soy consciente de que estoy inhalando, al exhalar soy consciente de que estoy exhalando»; «al inhalar lo hago con profundidad, al exhalar lo hago con lentitud»; «profundo, lento, inspiro, espiro, dentro, fuera...» (pausa).

HABITANDO EL CUERPO

Te invito a tumbarte en el suelo, en una esterilla, cubriéndote con una manta y un apoyo en tu cabeza. En primer lugar atiende a los sonidos que provienen del exterior. Luego haz un seguimiento de la respiración, pon la atención en la entrada y la salida del aire. En las zonas del cuerpo que se mueven al inspirar y al soltar el aire. Céntrate en un principio en la planta de los pies. ¿Qué sensaciones provienen de la planta del pie derecho y de la planta del pie izquierdo? No trates de cambiar nada. Solamente obsérvalo.

Detecta las sensaciones, que pueden ser agradables o desagradables, pero no las juzgues, ni pretendas eliminarlas, lo que puedes hacer es enviar allí la respiración. Siente que tu cuerpo es tu casa, y que ahora lo que haces es abrir las ventanas de las diferentes habitaciones para renovar el ambiente. Puedes imaginar que el aire que respiras es de color azul celeste —o cualquier otro color que te venga a la mente— y que te conecta con una sensación de calma, o una sensación de cualquier otra cosa que necesite tu cuerpo ahora. Haz lo mismo con tus piernas. Percibe todas las sensaciones físicas que provienen de tus piernas, la derecha y la izquierda. Observa sensaciones agradables y sensaciones desagradables, incluso ausencia de sensación. Pero no juzgues, no trates de cambiar nada, solo observa qué aparece. Envía allí la respiración, imaginando el aire impregnado de partículas de luz, calmando y liberando tensiones. Renovando tu cuerpo y tu mente.

Observa cómo el abdomen y la caja torácica se mueven al respirar y centra tu atención en los brazos, manos y dedos. Percibe cualquier sensación que provenga de esas partes de tu cuerpo y envía allí la respiración. Luego céntrate en la columna vertebral y en los músculos de la espalda y glúteos. Haz un recorrido por todos los rincones deteniéndote en las sensaciones que provienen de esas zonas (tensión, dolor, frío, calor, rigidez, cosquilleo, hormigueo, etc.).

Acepta cualquier sensación, sea agradable o desagradable, y respira profundamente enviando allí la respiración cargada de oxígeno. Imagina la respiración impregnada del color que te venga en este momento y deja que fluya hacia dentro del cuerpo.

Céntrate ahora en la cabeza, en los músculos de la cara, detectando sensaciones, en el orbicular de los ojos, en los globos oculares, en las mandíbulas, en los dientes, en el cuero cabelludo... y observa las sensaciones, para luego enviar allí la respiración cargada de oxígeno impregnado de color, si eso te ayuda. Siente qué sucede en tu cuerpo cuando envías la respiración con consciencia plena.

Percibe todo tu cuerpo de forma global, como un gran

pulmón que respira por todos los poros de la piel, y rodéate mentalmente con un círculo de color que contiene todo ese oxígeno puro, naciente. Respira profundamente. Siente tu cuerpo, ofrécele atención, ofrécele cariño, cuídalo (silencio). Ahora de nuevo vuelve al cuerpo, a sentir cómo este se apoya sobre el suelo, sobre la esterilla, siente el contacto de la manta sobre tu cuerpo, siente la necesidad de mover las piernas, los pies, los brazos, las manos. Cualquier movimiento que quieras hacer, hazlo libremente, y colócate unos instantes en posición fetal. Permanece unos minutos en esa posición y cuando esté bien para ti, abre los ojos y deja que la esencia de esta práctica cale profundamente momento a momento.

Esta conexión con el cuerpo permite iniciar el proceso de amarlo de nuevo, cuidarlo y respetarlo. Poder empezar a alimentarlo bien, ayudarle a que se mueva a través del ejercicio físico consciente, descansar cuando lo necesita. En definitiva, comenzar a honrarlo como un templo sagrado en el que habitas y con el que necesitas estar en paz.

A veces en esta primera semana surgen resistencias que es necesario verbalizar y trabajar. Recuerdo una paciente que en una ocasión me dijo: «Cada vez que me pongo a comer, esto me conecta con que él ya no puede comer, y entonces no puedo llevarme nada a la boca». Entonces le pregunté: «¿Qué crees que le gustaría a él que tú hicieses si pudiera verte?»; a lo que respondió: «Le gustaría que comiese, que me cuidase, que siguiera viviendo». Esto para ella fue tan significativo que le ayudó a conectar de nuevo con las necesidades de su cuerpo desde un estado de calma/conexión, y no de lucha/rechazo.

Además de las prácticas meditativas descritas anteriormente, sería conveniente que esta semana hicieses el siguiente ejercicio contemplativo de concienciación acerca de las manifestaciones del duelo.

CONCIENCIACIÓN SOBRE LAS MANIFESTACIONES DEL DUELO

Te invito a cerrar los ojos y entrar por un momento en contacto con tu experiencia interna durante unos minutos. Puedes tener papel y lápiz para ir entrando y saliendo de la introspección e ir anotando aquello que vas sintiendo cuando te haces cada una de las preguntas; o si quieres también puedes tener una grabadora de voz y en estado meditativo grabar los *insights* que vayas teniendo a lo largo de este ejercicio contemplativo.

Desde que tu ser querido ya no está, ¿qué tipo de sensaciones físicas notas en tu cuerpo? Quizá sensación de ahogo, opresión en el pecho, taquicardia, tensión muscular.

¿Qué tipo de pensamientos inundan tu cabeza? ¿Qué te dices a ti mismo ahora? ¿Y eso qué significa para ti? Quizá no puedo soportarlo, mi vida ya ha acabado, no quiero vivir. Trata de ser consciente de esos mensajes.

¿Cómo es tu estado mental? Quizá te sientas confuso, con un pensamiento de nada es real, o quizá estés bloqueado, sin poder concentrarte.

¿Y tus emociones? Quizá te sientas enfadado, triste, desesperanzado, culpable, aterrado.

¿Y tú comportamiento? ¿Qué tipo de conductas están más presentes en tu vida? Quizá tiendas a alejarte de la gente, tratar de aislarte, o quizá no puedas dejar de llorar, o necesites frecuentar la tumba del fallecido o atesorar objetos, o llamarlo.

Todo lo que experimentas, otros seres al igual que tú lo están experimentando en otros lugares y lo experimentaron también en otros momentos. Aunque creas que nada de lo que te pasa es normal, todo es parte de este camino de pérdida y reconstrucción. Tómate unos minutos para respirar y anotar tu experiencia tal y como es.

A continuación podrás ver las diferentes manifestaciones del duelo teniendo en cuenta las distintas dimensiones del ser humano, para que puedas familiarizarte con ellas y percatarte de que todo eso que te está pasando forma parte del proceso, y que precisamente como todo es impermanente, estos síntomas también cambiarán. Trata de ver en qué medida el listado de síntomas que aparece a continuación es algo que te sucede a ti.

Tabla 5
Manifestaciones normales del duelo en adultos

COGNITIVAS
- Incredulidad/irrealidad
- Confusión
- Alucinaciones visuales y/o auditivas fugaces y breves
- Dificultades de atención, concentración y memoria
- Preocupación, rumiaciones, pensamientos e imágenes recurrentes
- Obsesión por recuperar la pérdida o evitar recuerdos
- Distorsiones cognitivas

AFECTIVAS
- Impotencia/indefensión
- Insensibilidad
- Anhelo
- Tristeza, apatía, abatimiento, angustia
- Ira, frustración y enfado
- Culpa y autorreproche
- Soledad, abandono, emancipación y/o alivio
- Extrañeza con respecto a sí mismo o ante el mundo habitual

FISIOLÓGICAS
- Aumento de la morbimortalidad
- Vacío en el estómago y/o boca seca
- Opresión tórax/garganta, falta de aire y/o palpitaciones
- Dolor de cabeza
- Falta de energía/debilidad
- Alteraciones del sueño y/o la alimentación

CONDUCTUALES
- Conducta distraída
- Aislamiento social
- Llorar y/o suspirar
- Llevar o atesorar objetos
- Visitar lugares que frecuentaba el fallecido
- Llamar y/o hablar del difunto o con él
- Hiper-hipoactividad
- Descontrol u olvidos en las actividades de la vida cotidiana

Durante esta semana recuerda crear tu refugio sagrado de calma a través de las invitaciones formales que te he propuesto (respirar, sentir el cuerpo, comer con atención plena). Recuerda también estar presente en las manifestaciones del duelo que has aprendido a detectar. Si te ayuda, escríbelo en un diario. Estar presente es lo que hace que puedas vivir un duelo consciente y que puedas volver a sentir que la energía fluye. La consciencia es vida, tu respiración también lo es, tu cuerpo te cuida, tu corazón late para ti todos los días. Quizá puedes empezar a cuidarlo tú a él también, honrándolo como ese templo sagrado en el que tu vida fluye.

8

En busca del tesoro escondido. Potenciación de recursos

> La resiliencia hace que ninguna herida sea un destino.
>
> Boris Cyrulnik

Todos los seres humanos tenemos en nuestro interior inmensos recursos que nos permiten transitar en el camino de la pérdida, el dolor y el sufrimiento. En psicología decimos que el ser humano es resiliente por naturaleza. Somos capaces de salir adelante y encontrar sentido en la vida tras experiencias muy traumáticas. Somos capaces de crecer con la adversidad. La resiliencia se define como la capacidad de los seres humanos sometidos a los efectos de una adversidad, de superarla e incluso salir fortalecidos de la situación. Creo que esta cualidad está en nosotros, pero que en algunas ocasiones es enterrada por el trauma y necesita ser sacada de nuevo a la luz con un pequeño empuje. Para mí el empuje es la ayuda terapéutica en el contexto de una comunidad o grupo que nos permite conectar con nuestros recursos internos y, desde ahí, una vez que nos sentimos con más fuerza y empoderamiento poder acercarnos al dolor de la pérdida.

Durante esta semana vas a poder explorar algunos recursos internos que te pueden ayudar a sentirte con más fuerza, vitalidad y energía. Te invito a que hagas las prácticas con una mente principiante, con la curiosidad de un niño o niña que encuentra un juguete nuevo.

Los objetivos de esta segunda semana son los siguientes:

- Que puedas aprender a estabilizarte a través de la práctica de meditaciones que pretenden potenciar recursos de afrontamiento frente al dolor.
- Que puedas conectar con estados de serenidad *mindful*, gracias a la práctica diaria, antes de abrir «el cajón del dolor».
- Que puedas llevarte las metáforas empleadas en las meditaciones como recursos de afrontamiento en la vida cotidiana.

Las prácticas de esta semana utilizan la imaginación como un medio para conectar con cualidades internas de fortaleza. En esta sesión el objetivo es que puedas tener recursos de estabilización adecuados, antes de pasar a trabajar con el dolor, alimentando las redes de memoria adaptativas, que permiten mantener las emociones dentro de la ventana de tolerancia. Este concepto en psicología es muy importante, ya que no podemos procesar el dolor emocional si estamos demasiado activados o si estamos demasiado embotados. Imagina la ventana de tolerancia como un espacio de seguridad donde puedes abrirte a las emociones difíciles. Si tus emociones se salen de esta ventana por exceso, esto significa que hay demasiada ansiedad y agitación interna, y que por tanto necesitas bajar de nuevo a ese espacio de seguridad. Si tus emociones no llegan a esa ventana de tolerancia, puesto que están en un estado de hipoactivación (somnolencia, embotamiento, bloqueo), es muy importante volver a sentir tu cuerpo, volver al momento presente y desde ahí abrirte de nuevo a las emociones. Las prácticas de enraizamiento, lugar sagrado, meditación de la montaña y coherencia cardiaca te permiten precisamente esto. Por un lado, volver a la ventana de tolerancia cuando te has desbordado o colapsado, y también incrementar progresivamente la tolerancia al dolor emocional, ampliando por tanto esa ventana. Las prácticas de estas dos semanas son una forma de activar el sistema de calma y conexión, aumentando tu percepción de seguridad y fortaleza para abrirte a lo difícil del dolor de la pérdida.

Margen de tolerancia
La zona de hiperactivación se caracteriza por: • Aumento de las sensaciones   • Reactividad emocional   • Hipervigilancia   • Imágenes intrusivas   • Desorganización del procesamiento cognitivo
La ventana o margen de tolerancia se caracteriza por ser la zona de activación óptima.
La zona de hipoactivación se caracteriza por: • Ausencia relativa de sensaciones   • Entumecimiento de las emociones   • Disminución de la capacidad de procesar cognitivamente   • Reducción de los movimientos físicos

Figura 2. Margen de tolerancia. Fuente: Adaptado de Ogden, P., Minton, K. y Pain, C. (2009), *El trauma y el cuerpo. Un modelo sensoriomotriz de psicoterapia*, Bilbao, Descleé de Brouwer.

En la *Figura 2* puedes observar tres zonas relevantes. La zona central hace referencia a la ventana de tolerancia donde podemos procesar las emociones. En cambio, las emociones pueden estar por fuera de la ventana de tolerancia tanto por exceso como por defecto (hiperactivación-hipoactivación), y en esas franjas no son procesables. Es importante que puedas detectar cuándo estás en un estado de hiperactivación o hipoactivación. En el primero se siente como gran agitación interna, una respuesta ansiosa con un aumento de las sensaciones físicas desagradables. Nuestro sistema está en alerta, como si delante hubiese un león, activándose entonces las respuestas de lucha, huida o parálisis. La hipoactivación en cambio se siente como una retirada de energía, donde no puedo percibir las emociones, no puedo sentir, es como estar anestesiado. Se caracteriza por estados de somnolencia, apatía, dificultad para moverse. En realidad cuando hay un exceso de activación esto nos lleva de forma natural a una hipoactivación, como una forma de compensar el exceso de energía que ha puesto en funcionamiento nuestro cuerpo y mente ante una amenaza.

Estos recursos que te invito a practicar esta semana te permitirán, a lo largo de este viaje compartido conmigo durante nueve semanas, poder volver a un estado óptimo (zona de activación óptima) cuando notes que tus emociones se han salido de esta ventana por arriba o por debajo. Estas prácticas que siguen a continuación son formas óptimas de volver a casa, de volver al presente y de conectar con el tesoro escondido: esta gran fuente de recursos que me gusta comparar con los tesoros escondidos que hay en la profundidad del mar pese a que la superficie esté totalmente revuelta. En la profundidad del mar hay calma, belleza, libertad, espaciosidad. ¿Qué tal si te permites descubrir esta belleza dentro de ti, este tesoro escondido, que no depende de condiciones externas, y que es incondicional?

PRÁCTICA DE ENRAIZAMIENTO

Te invito a hacer esta práctica descalzo y en contacto con la tierra si es posible. Coloca tus pies bien apoyados sobre el suelo y mantén los ojos cerrados durante el ejercicio. Comienza a ser consciente de lo que te rodea y de la sensación que tienes de ti mismo, de ti misma en este entorno. Presta atención a tu respiración. Imagina que bajo tus pies crecen las gruesas raíces de un gran árbol. Quizá un árbol sagrado. Deja que profundicen en la tierra tanto como puedas imaginar. Permite que vayan hasta el núcleo de la tierra, incluso conecta con ese mundo subterráneo mágico donde las raíces se comunican entre sí, sintiendo la interconexión con otros árboles, en ese intercambio incesante de nutrientes, en esa solidaridad. Deja que te anclen a la tierra. Como nosotros, la tierra posee un campo energético y, cuando inhales, absorbe la energía de la tierra a través de las raíces, hasta la planta de tus pies, y que desde ahí se extienda a todo tu cuerpo. Con cada inhalación, esta energía puede ascender más y más por tu cuerpo hasta que logres sentirla en la cabeza. De hecho puedes llegar a percibirla. Respira de este modo hasta que sientas un hormigueo en el torso y extremidades superiores. Respira con regularidad y uniformidad al inhalar, dejando que los nutrientes de la tierra entren en ti, dejando que la estabilidad de la tierra toque tu cuerpo, mente y corazón. Al exhalar imagina que esa estabilidad y esa interconexión te permean, mientras que todas tus células se impregnan de estabilidad y esta energía vital recorre todo tu cuerpo. Perteneces a la tierra, perteneces a este lugar, a este tiempo. Perteneces.

VISUALIZACIÓN DEL LUGAR SAGRADO

Durante esta práctica te invito a que recorras tu cuerpo desde dentro, como si pudieses hacerte pequeño o pequeña y transitar por él milímetro a milímetro, hasta que encuentres un lugar que para ti sea especial. Para algunas personas puede ser el corazón, las manos, los ojos, la zona genital. Es como si esa zona se llenara de luz, como si un foco de luz que es tu consciencia iluminara esa parte de tu cuerpo.

Ahora imagina que empiezas a amueblar ese espacio sagrado con todo aquello que necesitas en este momento de tu vida. Si necesitas coraje, puedes traer coraje, quizá con algo simbólico, un animal de poder, un personaje que para ti representa ese coraje. Si necesitas confianza, puedes traer confianza. Puedes traer una amistad importante para ti, un animal de compañía, tu objeto favorito, elementos de la naturaleza que te reportan paz. Cualquier cosa y todo. El cielo es tu límite. Píntalo, diséñalo y amuéblalo. Convierte este espacio sagrado en lo más cómodo que puedas.

Ahora acomódate entre tus cosas, entre todo aquello que has elegido para que forme parte de tu lugar sagrado e imagina que hay un canal de luz que entra directamente a ese espacio sagrado. A través de este canal puedes invitar con gentileza y respeto a la sabiduría (o a la guía) a que entre en tu espacio sagrado. La sabiduría (o guía) puede entrar con cualquier forma. Puede llegar en forma de libro, de cuadro, de un objeto, un símbolo, una persona o un grupo de personas.

Permite que esta sabiduría te entregue su mensaje, que cualquier palabra, frase, imagen o sensación aparezca en el vasto espacio de tu consciencia.

Este espacio sagrado es tuyo, forma parte de tus recursos internos, puedes volver a él las veces que lo necesites. Acude allí cuando necesites comodidad, seguridad, fuerza, coraje, apoyo. Cuando estés preparada, preparado, puedes abrir los ojos.

MEDITACIÓN DE LA MONTAÑA
(adaptado del modelo de *mindfulness* para adicciones de Bowen, Chawla y Marlatt, 2013)

Sitúate en una postura cómoda, con la columna vertebral recta y al mismo tiempo flexible, y con la cabeza equilibrada sobre tu cuello y hombros; siéntate con un sentido de dignidad, comodidad y humildad. Deja que tu cuerpo mantenga la intención de permanecer atento y en el presente. Cuando estés listo, puedes cerrar los ojos si eso te resulta cómodo. Si eliges mantenerlos abiertos, procura que descansen con una mirada blanda, a unos centímetros delante de ti, hacia el suelo. Y ahora permite que tu atención se centre en la sensación de la respiración que fluye de forma natural dentro y fuera de tu cuerpo. Sencillamente, al observar tu cuerpo mientras respira, vas entrando en un estado de tranquilidad, sentado con un sentido de totalidad que se refleja en tu postura.

Ahora, cuando esté bien para ti, dirige tu mente hacia la imagen de una montaña. Una que sea significativa para ti. Trae a tu espacio mental interno la montaña más hermosa que hayas visto jamás o que puedas imaginar. Céntrate en la imagen o, simplemente, en el sentimiento que nace en ti al contemplar esa montaña. Deja que poco a poco se vaya haciendo más clara. Nota su forma general, su elevada cumbre en el cielo, la amplia base asentada en la tierra, las laderas de la montaña. Observa lo sólida que es, lo inamovible que es, lo hermosa que es desde lejos y de cerca; su contorno y su forma. Tal vez tu montaña tenga nieve en la cumbre y árboles en las laderas. Tal vez tenga una o varias cumbres prominentes, o una elevada meseta. Sea como sea que te la representes, solo siéntate y respira con la imagen de esta montaña, y observa sus cualidades conectando con su fortaleza, su majestuosidad, su templanza.

Y cuando esté bien para ti, prueba a llevar la montaña a tu

cuerpo de manera que este, aquí sentado, y la montaña de tu mente se transformen en uno. Conviértete en la montaña: tu cabeza se convierte en la cumbre elevada, tus hombros y brazos en las laderas de la montaña, tus glúteos y piernas en la sólida base asentada sobre el cojín o sobre tu silla. Experimenta en tu cuerpo la sensación de elevarte desde la base de la montaña, a lo largo de tu columna vertebral. Con cada respiración, conviértete en una montaña que respira, sintiendo tranquilidad, siendo plenamente lo que eres, una presencia conectada, enraizada y llena de estabilidad.

Conecta ahora con la sabiduría de la montaña. El sol cruza cada día a lo largo del cielo, y luz, sombras y colores van cambiando momento a momento, sin embargo, la montaña simplemente permanece. En la tranquilidad de a montaña, la noche sigue al día, y el día sigue a la noche; las estaciones se van sucediendo unas tras otras, y el clima cambia de un momento a otro, de un día para otro. Pese a todos estos cambios, la calma del corazón de la montaña permanece. En verano no hay nieve en la montaña, salvo quizá en las cumbres. En el otoño, la montaña puede llevar un vestido de brillantes colores. En el invierno, un manto de nieve o hielo. En cada estación puede variar; se puede encontrar envuelta en nieve o nubes o apedreada por precipitaciones de granizo. Puede que la gente venga a ver a la montaña y se sienta decepcionada si no logran verla con claridad, o puede que comenten lo hermosa que es. Y a través de todo eso, despejada en un cielo abierto y sin nubes, con un calor abrasador o con un frío de hielo, la montaña simplemente permanece. Sólida e inmutable. A veces visitada por violentas tormentas: nieve, lluvia o vientos de gran magnitud; en medio de todo eso, la montaña simplemente permanece, indiferente a lo que sucede en la superficie. Allí está sentada y arraigada a la vida esta majestuosa montaña, llena de fortaleza y sabiduría, llena de coraje, de aceptación.

De la misma manera que la montaña permanece y muestra su sabiduría innata, trata de mantener en tu mente todos los cambios a los que estás expuesto como ser humano. Trata de incorporar esa misma tranquilidad inmutable, esa solidez frente a todo cuanto cambia en tu vida. En tu práctica de meditación y en tu vida, eres testigo de la naturaleza constantemente variable de la mente y del cuerpo y de todos los cambios del mundo exterior.

Tendrás momentos de luz y de oscuridad. Experimentarás tormentas de distinta intensidad y violencia en el mundo exterior y en tu mente. Soportarás periodos de oscuridad y dolor, así como momentos de alegría. Incluso tu aspecto físico cambia constantemente, igual que la montaña experimenta un proceso de erosión.

Al convertirte en la montaña durante la meditación puedes llegar a tocar esas cualidades de fortaleza y estabilidad, haciéndolas tuyas. ¿Acaso no tienes el corazón sabio de esta montaña, lleno de fortaleza? Puede ser útil para ti el ver que tus pensamientos y sentimientos, tus preocupaciones, tus tormentas emocionales y crisis, todo cuanto te ocurre se parece al clima en la montaña. Como todos los seres, tiendes a tomártelo de forma personal, pero, como el clima, es impersonal. Al mantenerlo de ese modo, puedes entrar en contacto con el silencio, y con una sabiduría más profunda de lo que puedas imaginar, justo aquí, en medio de las tormentas. Las montañas nos pueden enseñar eso si sabemos ir a escucharlas.

En los últimos momentos de esta meditación, continúa sentado con esa imagen de la montaña, incorporando su arraigo, su tranquilidad, su majestuosidad, su templanza, su belleza, hasta que escuches el sonido de la campana. Deja que esta imagen de la montaña permanezca viva en tu corazón y que pueda acompañarte en el día a día, que pueda ayudarte a mantener un corazón valeroso en las tormentas emocionales que estás atravesando en este preciso momento. Encomiéndate a su grandeza y recuerda que la montaña eres tú.

MEDITACIÓN DE COHERENCIA CARDIACA

Te invito a llevar la atención a la respiración durante unos minutos. Quizá explorando el momento de pausa entre la inhalación y la exhalación. Dejando que tu mente descanse en esa pausa, como si lo hiciera sobre un prado verde. Imagina que respiras a través del corazón. Consciencia en la inspiración y en la espiración. Es como si el corazón lo lavásemos en un baño de aire puro, clarificador, y tranquilizante. Imaginando que tu corazón es como un niño pequeño al que amas mucho, y que estás bañando en un agua templada, purificadora, sanadora.

Trata de conectar con una sensación de calor en el pecho, como si se encendiera una llama de color rosa o de cualquier otro color en este. Conectando con un sentimiento de gratitud. Para ello puedes evocar el rostro de un niño al que amas, una mascota, la naturaleza. Trata al mismo tiempo de dibujar una sonrisa en tu rostro, sintiendo por todos los poros de tu piel esa gratitud. Ahora tu corazón ya ha establecido la coherencia. Imagina que entre el corazón y el cerebro hay un puente y que a través de este ejercicio las ondas ordenadas y sincronizadas de tu corazón están calmando tu sistema nervioso y tu cuerpo.

La práctica del lugar sagrado la he guiado en muchas ocasiones tanto con personas en duelo como en otros contextos. Quiero compartir con el lector una experiencia de una participante de la terapia MADED:

> Cuando conecté con el lugar sagrado en mi cuerpo quería que fuese mi corazón, pero de repente toda la luz se fue a la zona genital, abriéndome a la fuente de creatividad y vida que hay dentro de mí. Una vez allí empecé a amueblar mi lugar sagrado

con elementos de la naturaleza de viajes que he hecho, montañas, lagos, espacio abierto del cielo. También con personas significativas para mí y allí estaba también mi ser querido fallecido, entregándome él el mensaje de que puedo salir adelante y de que él siempre vivirá en mí.

Respecto a la meditación de la montaña recuerdo una participante que se sintió dentro de la montaña, como si su corazón y el de la montaña fuesen un único corazón, desde ese lugar podía sentirse segura pese a los cambios climáticos (lluvia, nieve, viento, erosión). Se sentía dentro de algo más grande que ella y esto le podía ayudar a transitar el dolor de la pérdida de su hijo fallecido. Otra participante compartió que con la meditación de la montaña llegó a identificarse con ella, con la fuerza con la que se agarra a la tierra a pesar de las circunstancias externas. Esto la llenaba de una sensación de empoderamiento que la ayudaba a afrontar su día a día pese a la pérdida.

La práctica de la coherencia cardiaca se basa en las investigaciones realizadas que hablan de una sintonía entre el cerebro y el corazón. Las ondas electromagnéticas de los latidos del corazón se transmiten al cerebro. Cuando estas ondas siguen un patrón ordenado y repetitivo se dice que el corazón está en coherencia. Ese estado de coherencia se transmite al cerebro. La ciencia señala que esta coherencia cardiaca es un indicador de salud. Algunas actividades y hábitos que contribuyen a esta coherencia son la respiración, la consciencia corporal, la música, el ejercicio físico y la práctica de la compasión (Álvaro, 2017). Es por eso que diseñé esta meditación basada en estos estudios que de una forma muy breve ayuda a establecer esa coherencia tan necesaria para promover la salud física y mental.

La práctica informal de esta semana es que puedas abrazar un árbol y dejarte impregnar por su gran fortaleza, sabiduría, amor, generosidad, compasión. Esta práctica que he tenido la oportunidad de compartir con muchas personas en duelo ha despertado algunas experiencias maravillosas. Recuerdo una participante que expresó que cuando abrazó el árbol se sintió abrazada por su hijo fallecido y que esto le ayudó a no sentirse sola con su dolor, como que desde donde quiera que estuviese él, de alguna manera le acompañaba. Sus palabras textuales fueron estas:

> Aproveché que estaba en el campo para abrazarme a un árbol muy grande, a un algarrobo. Lo hice durante cinco minutos. Me invadió una sensación de paz. Me imaginé que estaba abrazando a mi hijo. El árbol me recordó a él, tan fuerte y tan alto como él era, y me transmitió mucha tranquilidad. Llegué a pensar que era él, me dio mucha fuerza, fue algo inexplicable. Lloré tanto, recordé los momentos que él me cogía y me levantaba del suelo.

Y con todos estos recursos te invito a continuar el viaje para abrirte al dolor, nuestra tercera parada en el camino, a través de la tercera sesión que sigue en el capítulo 9.

9

La laguna de dolor
y los pensamientos dañinos

El dolor es inevitable,
el sufrimiento es opcional.

BUDA

Acercarnos al dolor es algo aparentemente contraintuitivo, puesto que estamos diseñados para la supervivencia, y en nuestro cerebro está cableado el impulso de huir de aquello que nos genera sufrimiento, y acercarnos a aquello que es agradable. Esto es algo que responde a «huir del palo e ir en busca de la zanahoria». Nuestros sistemas de amenaza y de logro están presentes en nuestra vida de una forma totalmente inconsciente, precisamente porque estamos diseñados para la supervivencia, no para la felicidad. Sin embargo, ante el mundo emocional, esta premisa no hace más que generar problemas, puesto que cuanto más nos resistimos al dolor, mayor es el sufrimiento. Aquello a lo que te resistes, persiste, y aquello a lo que te abres, se transforma. Lo único que genera la evitación experiencial es mayor distrés emocional, y por tanto subyace en la base de muchos de los trastornos mentales que los seres humanos padecemos. Es precisamente por esta razón que las terapias de tercera generación en psicología basadas en atención plena y compasión están siendo una gran revolución, puesto que permiten desarrollar una relación diferente con el dolor, acercándonos a él con apertura, curiosidad, amabilidad, bondad y coraje. Se trata de dar un giro en redondo de 360 grados para mirar de frente aquello que nos duele, y también brindarnos la oportunidad de darnos cuenta de que la vulnerabilidad forma parte de la vida, que el sufrimiento forma parte de este mundo, y que como seres humanos necesitamos aprender con urgencia a convivir con él; y no solo convivir, sino más bien acceder a nuestra fuente de bondad, belleza y compasión naturales, precisamente porque sufrimos y es en esos momentos en los que podemos descubrir nuestra verdadera naturaleza, nuestro verdadero potencial.

Hace dos mil quinientos años, el Buda transmitió la enseñanza de las dos flechas, que es una metáfora que nos conecta con la diferenciación entre el dolor y el sufrimiento. El dolor es inevitable, pero el sufrimiento es opcional. La primera flecha hace referencia a la primera noble verdad, y es que existe sufrimiento en este mundo. Tenemos un cuerpo vulnerable, que puede enfermar en cualquier momento, tenemos seres a los que amamos que podemos perder en un instante. Igual que existe nacimiento, existe la muerte y no sabemos cuándo vamos a morir; nuestro cuerpo envejece, vamos perdiendo facultades, capacidades a medida que pasa el tiempo. La pérdida es algo consustancial a la vida. A esto le podemos llamar el «sufrimiento primario o la primera flecha». Esta primera flecha es inevitable, es inherente a la vida, por el mero hecho de vivir nos vamos a encontrar con estas experiencias que son totalmente naturales, pese a que no nos gusten. «El sufrimiento secundario o la segunda flecha» tiene que ver con la forma de relacionarnos con el sufrimiento primario. Esta flecha hace referencia a cuando nos oponemos a la realidad y generamos capas de resistencia y dolor, que lo único que hacen es «echar más leña al fuego» y separarnos de nuestra verdadera naturaleza, separarnos de nuestra bondad natural. En el ámbito de la psicología a esto le llamamos mecanismos de defensa formados por emociones, actitudes, impulsos que tratan de protegernos, pero que cuando se instalan como un *modus operandi* nos devoran desde el interior. Es como vivir en una armadura metálica que nos protege de las invasiones pero que nos oxida hasta el punto de que nuestra piel no transpira y se llena de ampollas que duelen.

La práctica de *mindfulness* y compasión es una forma muy terapéutica de acercarnos a nuestro dolor emocional de una forma progresiva para ir ventilando el espacio, para ir metabolizando ese dolor, dejando que las capas de defensa vayan disolviéndose hasta poder acceder a lo más tierno y bello que habita en nuestro interior. Es permitir que a través de ese corazón roto lleno de grietas entre la luz.

Uno de los motivos de sufrimiento en el ser humano es su relación fusionada con los pensamientos. Todo aquello que se cruza por nuestra cabeza lo tomamos como verdades evangélicas que se convierten en una losa pesada que nos impide respirar. Si se activa un pensamiento y nos lo creemos a pies juntillas, ese pensamiento gestará una emoción y esta una acción. Y las acciones de nuestra vida generarán un destino. Esto me conecta con la sabiduría de Mahatma Gandhi: «Cuida tus pensamientos, porque se convertirán en tus palabras. Cuida tus palabras, porque se convertirán en tus actos. Cuida tus actos porque, se convertirán en tus hábitos. Cuida tus hábitos, porque se convertirán en tu destino». Es de vital importancia aprender a relacionarse con los pensamientos de una forma sana, puesto que si no lo hacemos serán ellos los que gobiernen nuestra vida.

Imagina por un momento que tienes un pensamiento que dice «No soy suficiente». Si te fusionas con este pensamiento, te sentirás inferior, incapaz, indefenso, pequeño. Estos pensamientos y emociones se convertirán en acciones de evitación que forjarán un destino en el que quizá dejes pasar oportunidades en tu vida que te llevarían a la plenitud. Precisamente por ello, las prácticas de *mindfulness* y compasión son una herramienta perfecta para que podamos ver los pensamientos desde fuera, flotando en el espacio de nuestra consciencia, defusionándonos de ellos para recordarnos que son solamente pensamientos, que no tienen por qué ser la verdad. Al cabo del día, según las investigaciones realizadas, tenemos más de sesenta mil pensamientos y la mayoría son negativos, así que necesitamos urgentemente aprender a gestionarlos.

Durante esta semana del viaje que estamos compartiendo, haremos prácticas para que puedas relacionarte con los pensamientos negativos de una forma más adaptativa, así como contemplaciones y meditaciones para acercarte a tu dolor emocional por la pérdida de tu ser querido de una forma progresiva.

Los objetivos de esta tercera semana son los siguientes:

- Que aprendas a adentrarte en el dolor, con una actitud de observación, con una mente principiante, con curiosidad.
- Que puedas aprender a conectar con el dolor a través de una mente que describe sin juzgar, implicando a todos los sentidos y una actitud de apertura.
- Que aprendas a relacionarte con los pensamientos rumiativos y anticipatorios, de una forma más sana, para no añadir más sufrimiento a la pérdida.
- Que aprendas a distinguir entre el sufrimiento primario y el secundario, ya que el primero es inevitable, pero el segundo es opcional, dependiendo de la actitud que tomemos frente a la vida.

CONTEMPLACIONES Y MEDITACIONES SOBRE LOS PENSAMIENTOS Y LA REALIDAD

Estamos acostumbrados a creer que los pensamientos son la realidad. Siempre pensando en el pasado y en el futuro, rumiando y anticipando. En el momento en que los pensamientos se basan en cosas que no están en el presente, dejan de ser la realidad. Las típicas máximas de «Y SI HUBIERA HECHO... NO HABRÍA PASADO ESTO» o «NUNCA LO SUPERARÉ» son ejemplos claros de pensamientos que pueden aumentar nuestro sufrimiento.

Existen dos tipos de sufrimiento (primario y secundario). El primario es inevitable, porque es una experiencia real; en cambio, el secundario se produce cuando añadimos más capas de dolor. Son todos esos pensamientos anticipatorios, esa mente de mono que va hacia el pasado y hacia el futuro y tira de los recuerdos y de los miedos. De esa forma se va aumentando el dolor, ya que el primario se ensancha a través de capas y capas de sufrimiento que no son más que producto de nuestra imaginación y que, por supuesto, nos apartan de la realidad. Es como un ejército de recuerdos y de anticipaciones basadas en el miedo que nos hunden en la miseria. Es precisamente en el sufrimiento secundario donde la meditación nos resulta muy útil, ya que nos acerca a la realidad, al presente, y nos libra de ese ejército.

Aunque la meditación se basa en una instrucción muy sencilla (atención en el presente), es muy difícil llevarla a cabo y requiere entrenamiento, porque a la mente le resulta más fácil tirar de los recuerdos y de las proyecciones de futuro (pues es a lo que se ha habituado) en vez de estar despierta a la realidad cambiante. Podríamos decir que el presente es momento a momento tan novedoso que a nuestra mente le asusta hasta el punto de que prefiere anestesiarse con irrealidades del pasado y del futuro.

La meditación nos conecta con nuestro cuerpo, con nuestra mente, con nuestras emociones, y va quitando capas de imaginación. Nos ayuda a observar nuestros pensamientos, pero sin entretenernos en ellos, dejándolos ir. En el momento en el que meditas y te das cuenta de que la mente se va a otra cosa, de nuevo la vuelves a centrar en el presente, de forma que vas ganando momentos de presencia y de realidad consciente. Es precisamente la respiración la que unifica mente, corazón y cuerpo.

Algunos ejercicios prácticos que puedes hacer son los siguientes:

- Primero centra la atención en la respiración durante unos minutos, tratando de observar los pensamientos que vienen y van. Anótalos en una libreta. Detecta si son pensamientos que se centran en el pasado, presente o futuro.

- Ahora puedes practicar la «meditación de los pensamientos»:

Centra la atención en la respiración, cómo entra el aire, cómo sale el aire. Permítete observar toda la cadena de pensamientos que aparecen, sin juicios, sin tratar de negarlos, sin cederles tu silla. Imagínate que estás sentado en tu casa, llaman a la puerta. Son visitantes, huéspedes que vienen a verte. Les abres la puerta, pero en ningún momento te levantas de la silla. Permites que los huéspedes entren, salgan, pero no les cedes tu lugar. Sigue respirando con consciencia plena y observa como cuando se cansan se van. Tu actitud es una actitud de aceptación, aceptas que estén ahí, pero no por ello dejas que gobiernen tu vida. La batuta la llevas tú. Imagínate que los pensamientos son como nubes en el cielo azul, que se acercan y se alejan. Algunas nubes pueden venir muy cargadas, puede empezar a llover, a tronar, pero si te das cuenta puedes seguir centrado en tu respiración y observar cómo la nube se va aclarando y alejando. Y te repites mentalmente: «A pesar de estos pensamientos que me generan malestar, me acepto y me amo profundamente». Al repetir internamente estas palabras, trata de sentirlas en tu corazón, visualizando o sintiendo un cálido abrazo lleno de amor.

Puedes imaginar también que tus pensamientos son como las olas que aparecen en el mar, algunas son gigantescas. Pese a su gran tamaño, todas las olas terminan rompiendo en las rocas, en la orilla y volviendo al océano. Incluso pese al oleaje, en la profundidad del mar puedes percibir la calma. Deja que tus pensamientos sean las olas en la superficie y tu consciencia como la profundidad del océano, inalterable. Que los pensamientos sean, pero no te confundas con ellos. Tú no eres tus pensamientos, tú eres el observador, el testigo, la consciencia que ve pasar los pensamientos sin necesidad de luchar contra ellos y sin necesidad de evitarlos. Tus pensamientos son solo proyecciones de esas capas de imaginación, no necesariamente la realidad.

Puedes centrar de nuevo la atención en la respiración, sintiendo tu cuerpo, el vaivén de las olas de tu respiración, y cuando esté bien para ti puedes abrir los ojos de nuevo.

Este tipo de contemplaciones y meditaciones acerca de los pensamientos es esencial para que puedas sentirte un poco más libre y salir de la tiranía de las palabras que bailan en tu cabeza sin cesar. Como la mente no puede estar al mismo tiempo en la narrativa de las historias que nos contamos y en la experiencia directa del cuerpo, la mejor forma de volver a casa es poder anclarte en la consciencia somática corporal, en la respiración, que siempre está en el presente. Esta ancla te salva ya que rompe de forma natural la cadena de asociaciones que hace que un pensamiento se enrede con el siguiente en un baile sin fin. Durante todo el tiempo que llevo guiando prácticas de *mindfulness* y compasión, las personas conectan con mucha facilidad con la metáfora del cielo y las nubes, así como con la del mar y las olas. Estas metáforas ayudan a que puedas empezar a salir de tu mente y entrar en tu vida, conociendo esta dimensión más grande que es tu consciencia: esa parte de ti que todo lo observa sin ningún tipo de juicio; esa parte de ti impregnada de bondad. Es esta consciencia amorosa la que irás descubriendo a medida que practiques la meditación. Por eso, meditar puede considerarse volver a nuestro hogar y eso es, sin duda, lo que nos salva.

Comparto ahora con el lector este cuento que un día escribí tras ver en mi mente una sucesión de imágenes que me permitieron explicar mejor a las personas en duelo cómo la resistencia (rechazo) al dolor emocional genera más sufrimiento.

CUENTO SOBRE EL DOLOR

Érase una vez una princesa que estaba muy triste porque su padre se había ido muy lejos, tan lejos que sería imposible encontrarse con él, ya que una larga enfermedad se lo llevó. La princesa se quedó sin palabras tras el suceso, y no permitía que nadie se le acercase. Un gran día salió a pasear al bosque, se sentía sola, desgarrada por dentro, tanto era el dolor que quería huir de él. Pensó que perdiéndose por el bosque, el dolor no la perseguiría. Al adentrase en el bosque se dio cuenta de que había de repente como un torbellino de humo negro que se aproximaba a ella. La princesa sintió mucho miedo y al mismo tiempo rabia, ya que era su dolor que no la dejaba en paz, ni siquiera en el bosque. Comenzó a correr, y cuanto más corría el humo se hacía más denso, hasta el punto de que el humo se transformó en una especie de pegamento oscuro en forma de mancha gigante que la acosaba sin piedad. La princesa corría y corría, desesperada, exhausta, dándose cuenta de que la mancha pegamentosa cada vez era más veloz; entonces, la princesa tropezó y la mancha se colocó encima de ella, acorralándola en el suelo.

Totalmente pegada en la superficie, sin poder hacer ningún movimiento, le preguntó a la mancha (que era su dolor): «¿Qué quieres?, ¿por qué no me dejas escapar?, ¿por qué no te vas?, ¿qué pretendes desgarrándome el alma así?». A lo que el dolor le contestó: «¿Qué tal si, en vez de correr, simplemente permites que yo esté ahí? ¿Quieres probar qué pasaría si no salieses corriendo?». La princesa asombrada le respondió: «Pues que me hubieses atrapado antes. ¿Qué me quieres decir?». «Probemos», dijo el dolor. «Está bien», accedió la princesa.

Así que tras la conversación, la mancha gelatinosa comenzó a transformarse de nuevo en humo. La princesa se sintió liberada, pudiéndose levantar del suelo. Se quedó quieta, sentada a la sombra de un árbol, observando la naturaleza, observando su respiración, observando su dolor en forma de humo. Cuál fue su sorpresa cuando se dio cuenta de que el humo seguía estando ahí, y en algunos momentos el dolor podía llegar a ser molesto, pero la princesa permanecía sentada respirando, permitiendo que el dolor y ella ocuparan el mismo espacio. Sin darse cuenta pasó el día entero en el bosque, en compañía de su dolor, y se percató de que quizá este le iba a acompañar durante mucho tiempo, pero que, si toleraba su presencia, podía al mismo tiempo sentir una especie de liberación, ya que no la obligaba a estar pegada en el suelo sin moverse. Volvió de nuevo a palacio, y esta vez su rostro mostraba algo distinto.

Moraleja: Si el dolor llama a tu puerta no trates de huir de él, permítete sentirlo, permítele que te acompañe en el camino, ya que si tratas de huir de él, te atrapará tarde o temprano y quizá venga con mucha más fuerza, dejándote en una situación de inmovilidad como a la princesa.

Tras este cuento, que espero que te haya podido hacer comprender cómo la evitación de nuestro dolor genera más sufrimiento, quisiera compartir con el lector algunas reflexiones y meditaciones para acercarnos al dolor de una forma sana.

REFLEXIONES SOBRE EL DOLOR

El dolor ante la pérdida de un ser querido es necesario para poder avanzar en el proceso de recuperación y sanación. El ser humano puede tener dos tendencias básicas: tratar de huir de él evitándolo, o abrumarse a través de la rumiación. Los que huyen del dolor pueden adoptar conductas que anestesien ese dolor (como el consumo de alcohol u otras drogas) o, por el contrario, sumergirse tanto en el dolor de la pérdida que se hundan en el intento.

Con el *mindfulness* se pretende que las personas adopten el camino del medio, es decir, aceptar que el dolor está ahí por algo, aprendiendo a respirar con él, aprendiendo a sumergirse en él, pero saliendo a la superficie habitualmente para conectarnos con la realidad (con lo que hay fuera). El dolor permite que las heridas del alma vayan cicatrizando y, aunque «el dolor sea doloroso», es la única forma de que la herida se cierre. Dejará una cicatriz, y de esa forma en algunos momentos podrá doler, pero, gracias a adentrarnos en el dolor, curaremos las heridas psicológicas y podremos algún día volver a sonreír.

Agradezco enormemente esta metáfora que me enseñó mi «compi amarillo». Imaginemos una persona que tiene una herida física, que le dan la opción de ponerse una pomada que quita el picor, pero que al mismo tiempo va haciendo la herida más y más grande, siendo además muy tóxica. A corto plazo podrá sentir alivio, pero a largo plazo nunca cerrará la herida, además de que se puede infectar. Por el contrario, si la persona decide pasar el picor y el dolor de la herida sin la pomada, llegará un momento que esta cerrará, asimismo dejará de doler y picar con asiduidad, aunque al dejar una cicatriz en algunos momentos puntuales podrá doler. Lo mismo sucede con las heridas psicológicas. Si tratamos de anestesiar el dolor para no sentirlo, la herida nunca cerrará, ni siquiera con el paso del tiempo. Por ello es tan importante adentrarse en el dolor a través de la consciencia plena compasiva, permitiendo que las heridas vayan cerrándose poco a poco.

MEDITACIONES GUIADAS PARA ABRIRSE AL DOLOR EMOCIONAL

La sumersión en el dolor a través de la meditación *mindfulness*

Centra la atención en los sonidos que provienen del exterior, sin juzgar si son buenos o malos, agradables o desagradables. Simplemente obsérvalos, trata de respirar con ellos. Concéntrate en tu respiración sintiendo la entrada y la salida del aire, observando las zonas de tu cuerpo que basculan con cada inspiración y con cada espiración (pausa). Trata de hacer un recorrido por tu cuerpo captando sensaciones físicas, agradables o desagradables, y permítete estar respirando con ellas; fíjate que puedes experimentar las agradables y las desagradables al mismo tiempo, que tu consciencia tiene cabida para todas ellas, y que puedes jugar a focalizar la atención en unas o en otras, o en todas ellas a la vez (pausa).

Ahora te invito a ir en busca de ese dolor que te resquebraja el alma, ese dolor que te desespera y que tratas de evitar en muchas ocasiones a toda costa. Vas a imaginar que eres el príncipe o la princesa del cuento y que vas caminando por el bosque. Esta vez el dolor se manifiesta como una charca helada por la que tienes que pasar para volver a palacio. Al principio ves la charca, te das cuenta de que hay hielo en la superficie y que en cuanto coloques tus pies en ella, el hielo se quebrantará y te hundirás. Seguramente lo primero que sientas es la tendencia a huir de ella. Esto es normal, a todos los seres nos pasa. Se llama resistencia y es parte del proceso de sanación. Quizá puedas etiquetar este impulso como lo que es: «Hola resistencia, te reconozco». Trata de ofrecerte un abrazo tranquilizador o llevarte las manos al corazón mientras sientes esta resistencia.

Imagina por un momento que, a pesar del miedo, decides

con consciencia plena colocar tus pies en el hielo de la charca. Como era de esperar, el hielo se rompe y caes hacia el interior. El agua está fría, muy fría. Eres consciente de tu dolor. Quizá te puedas imaginar sentada en la tierra mientras tus pies se han sumergido en la charca si eso te da más seguridad.

Te invito a fijarte en las sensaciones que están presentes en tu cuerpo ante ese dolor de alma (consciencia de sensaciones). Respira con esas sensaciones mientras te acompañas con el tacto tranquilizador que te recuerda que no estás solo, que otros seres al igual que tú están sintiendo lo mismo, que el sufrimiento forma parte de la vida. Si lo deseas puedes visualizar cómo metes otras partes de tu cuerpo en la charca (manos, brazos), o quizá sientas la necesidad de sumergir la cabeza. Ábrete a las sensaciones de dolor que están presentes (quizá un nudo en el estómago, cerrazón en la garganta, aceleración del corazón, ganas de llorar). Abre tu corazón a todas esas sensaciones mientras las arropas con la propia bondad que eres, con la propia luz de tu corazón. Como si estuvieras acariciando la cabecita de un bebé, como si estuvieses colocándote un abrigo calentito en invierno, como si tomaras un baño caliente con aceites esenciales en medio de la tormenta.

Cuando lo necesites puedes salir de nuevo a la superficie, con consciencia de la respiración. Esa respiración amiga que te mantiene con vida, que te motiva a seguir nadando a pesar del frío, a pesar del dolor.

Si lo deseas puedes imaginar que te sumerges de nuevo en la charca y que en la profundidad de esta hay un cofre cerrado para ti o quizá sencillamente el movimiento del agua te va acercando el cofre a tus manos. Imagina que lo abres y que dentro de ese cofre hay un mensaje para ti. Un mensaje que te ayuda en estos momentos de tu vida a seguir transitando el camino de la pérdida. ¿Cuál es ese mensaje? ¿Qué necesitas escuchar? (pausa). Si no imaginas nada, no pasa nada, sales a la superficie igualmente llenando tus pulmones de aire puro, aire fresco.

Y sin darte cuenta has atravesado la charca, has respirado con el dolor, has permitido que las sensaciones o manifestaciones físicas del dolor te acompañen, y quizá puedas sentir una sensación de liberación, como la princesa cuando la mancha pegamentosa se quitó de encima de ella (pausa).

Imagina ahora que sales de la charca, te secas y, a pesar de que se ha hecho de noche y sigue haciendo frío, continúas por el sendero del bosque que te lleva de regreso a palacio. Vuelve a conectar con la respiración, con las sensaciones físicas de tu cuerpo, con los sonidos del exterior. Visualiza cómo te fundes en un abrazo contigo mismo/a, proporcionándote amor, cariño, calidez, y te repites mentalmente: «A pesar de este dolor que me quebranta el alma, me acepto y me amo profundamente... A pesar de este dolor que a veces creo que puede llegar a acabar conmigo, me acepto y me amo profundamente» (pausa).

Y mientras dejas que la esencia de la práctica se asiente puedes plantearte a ti misma los siguientes interrogantes: ¿Para qué me sirve el dolor? ¿Qué puedo aprender? ¿Qué puedo hacer a partir de hoy para sentirme mejor a pesar del dolor? ¿Puedo convivir con este dolor? ¿En qué he cambiado yo a partir de este dolor? ¿Hay algún cambio de valores? ¿Qué es lo realmente importante para mí?

Y cuando estés preparado/a puedes abrir los ojos y puedes escribir tu experiencia tal y como ha sido, sin juicios, desde una consciencia amorosa que te arropa en los peores momentos de tu vida.

Meditación del lago que simboliza el mundo emocional
Te invito a centrar la atención en primer lugar en los sonidos que provienen del exterior, tomando consciencia de la presencia de todos esos sonidos, así como de los momentos

de silencio. Siente la entrada y la salida del aire: inhala, sintiendo el aire al entrar, exhala, sintiendo el aire al salir. Haz varias respiraciones conscientes y profundas (pausa). Ahora visualiza o imagina que entras en un cine y te sientas en una butaca. El cine está vacío, solo estás contigo mismo/a. Observa que delante de ti hay una pantalla de cine en blanco, donde aparece la imagen de un lago en calma. Puedes contemplarlo y preguntarte: ¿cómo es el lago?, ¿qué características tiene?, ¿de qué color es el agua?, ¿qué elementos aparecen?, ¿qué sensaciones despierta en ti esa imagen?, ¿puedes observar el fondo del lago?... Respira con consciencia plena, aquietando la mente y conectando con esa imagen que transmite serenidad (pausa).

Ahora visualiza o imagina una nueva pantalla superpuesta donde aparece una situación en la que te sentiste vulnerable en relación a la pérdida, provocándote dolor. Esta vez lo vas a observar desde fuera, como el testigo u observador de la experiencia, desde esa butaca en el cine, con cierta distancia. ¿Dónde te encontrabas? ¿Qué sucedió? ¿Estabas solo/a o acompañado/a? ¿Qué sentías?... Observa al mismo tiempo que respiras (pausa).

Cuando ya tienes la imagen clara, deja que esa pantalla desaparezca. Acércate de nuevo a la imagen del lago y permite que el dolor de esa escena se bañe en su agua. ¿Qué características tiene el lago ahora? ¿Cómo se transforma? ¿Qué sensaciones físicas experimentas? ¿Dónde nace ese dolor y hacia dónde se traslada?... El lago permite que el dolor se bañe, y sabe que llegado el momento podrá volver a la calma y visualizar de nuevo el fondo. El lago tiene paciencia, compasión y sabiduría. Trata de respirar con consciencia plena y acepta la presencia de ese dolor con calma, con serenidad, con paciencia, con cariño hacia ti mismo/a.

Si en algún momento la intensidad del dolor es muy alta, puedes refugiarte en la respiración el tiempo que necesites, o puedes conectar con la planta de tus pies, o con tus manos, o con los sonidos del exterior (pausa).

Y cuando te sientas preparado/a puedes volver de nuevo a tu lago y observar si te encuentras algún cofre en las profundidades o en la superficie, acercándose a tus manos. Si es así, ¿qué contiene? ¿Tiene algún mensaje para ti acerca de lo que necesitas ahora? ¿Para qué sirve este dolor, qué te enseña?... Si es que no, no fuerces nada, y si es que sí, sencillamente explóralo. Deja que las imágenes lleguen, sin forzar (pausa).

Te invito a conectar con alguna imagen que te despierte sensación de bienestar, un abrazo de algún ser querido, algo que te ayude a conectar con estados emocionales agradables, y observa cómo el lago puede volver de nuevo a su estado de calma.

Centra de nuevo la atención en la respiración y en tu cuerpo, haz los movimientos corporales que desees y, cuando estés preparado/a, abre los ojos y, si te apetece, recoge tu experiencia en una libreta, que también será tu compañera de viaje.

Estas prácticas son muy movilizadoras y tras ellas puedes necesitar disponer de tiempo libre para cuidarte de una forma más conductual. Quizá un baño con agua caliente, un paseo meditativo, una siesta reparadora, una taza de té consciente, una llamada telefónica con alguien de confianza. Abrirnos al dolor es doloroso y al mismo tiempo liberador. La mayoría de las personas a las que he acompañado en los procesos de enfermedad, muerte y duelo, sienten que este tipo de prácticas generan en su interior más espacio y mayor confianza para afrontar las vicisitudes de la vida. Perciben que esta consciencia plena amorosa que empiezan a descubrir en su interior es como un compañero de viaje incondicional, de manera que ya no se sienten solas en su dolor.

Además, si tienes la oportunidad de poder hacer este viaje en un grupo de duelo, con otras personas que han sufrido lo mismo que tú, abrirse a esta humanidad compartida es un gran antídoto para el aislamiento y la soledad. Aunque nuestra mente basada en la amenaza nos diga que abrirnos al dolor de otros seres puede agravar nuestra condición, todos a quienes he acompañado señalan que la experiencia de compartir el dolor en un grupo de personas que han vivido lo mismo es muy reparadora. Que ayuda a salir de la burbuja del dolor egoico para contemplar la interconexión a través del sufrimiento. Que el dolor compartido es menos dolor y que abre las puertas a la verdadera compasión.

Cuando he hecho las preguntas en los grupos de duelo «**¿En qué crees que te ha beneficiado que la terapia sea en grupo?**» y «**¿Qué te han aportado los compañeros?**», algunos participantes han respondido:

> El ver a otras personas con su sufrimiento, con sus diferentes historias me ha permitido darme cuenta de que las desgracias nos suceden a todos, y no hay que pensar que somos los únicos desgraciados y hundirnos (*humanidad compartida*).

> Me ha ayudado a darme cuenta de que no soy el único a quien le ha sucedido una desgracia como esta. Le pasa a todo el mundo. He encontrado comprensión, sinceridad y cariño (*humanidad compartida*).

> Hay más gente que sufre como yo, y he ganado amistades fabulosas, mucha cercanía en los encuentros (*humanidad compartida y apoyo social*).

> El hecho de sentirme identificada con mis compañeros, de no sentirme tan sola en mi camino, ha potenciado el sentimiento de amor para con los demás y conmigo misma (*humanidad compartida, compasión, autocompasión, apoyo social*).

> Me ha ayudado a darme cuenta de que el duelo cada uno lo vive de manera distinta y a no sentirme culpable por vivirlo de una forma distinta. Mayor comprensión hacia el proceso de cada persona incluido el mío (*regulación emocional*).

Al tener todos algo en común nos entendemos mejor. Cariño y fuerza a pesar del dolor (*empatía y fortaleza*).

Me ha ayudado a recordar que hay más personas que sufren lo que yo he sufrido y me ha ayudado a verbalizar las emociones que yo sentía y que no había expresado en casa (*humanidad compartida, expresión emocional*).

Me ha beneficiado mucho el sentirme comprendido, he conseguido mayor tranquilidad y serenidad. Bienestar, gratitud, amistad, compañerismo y mucho cariño (*humanidad compartida y gratitud*).

Durante esta semana, la práctica informal es que puedas dejarte acompañar por el diario de tu dolor, volcando en el papel aquello que observas en relación a tu dolor emocional. Esta plantilla que sigue a continuación te servirá de guía. Se trata de anotar, durante los momentos en los que estás sintiendo esta ola de dolor emocional, la descripción de lo que estás experimentando como si lo presenciaras físicamente, como si lo estuvieses viendo delante de ti. Si el dolor tuviera un nombre, ¿qué nombre tendría? Si tuviera un color, ¿qué color tendría? Si tuviera un olor, ¿qué olor sería? Si tuviera una textura, ¿qué textura sería? Y si tuviera un sabor, una temperatura, ¿qué sabor, qué temperatura tendría? ¿Cuál es la intensidad del cero al diez, donde cero es nada y diez el máximo dolor posible? ¿Qué pensamientos, emociones, sensaciones notas? ¿Dónde las sientes? Tras hacer esta indagación con curiosidad, puedes practicar *mindfulness* de la respiración o la meditación de la charca o el lago y contemplar qué sucede con el dolor. Quizá pueda cambiar o pueda moverse; tal vez se suavice. Sencillamente experimenta y hazte una persona curiosa ante el sufrimiento que está presente en tu vida. Recuerda el cuento de la princesa y que cuanto más nos acercamos al dolor con curiosidad, mayor espaciosidad y liberación podemos sentir.

EL DIARIO DE MI DOLOR

Día: _____
_____
_____

Hora: _____
_____
_____

Intensidad del dolor (escala Likert del 0 al 10): _____
_____

Nombre del dolor: _____
_____

Descripción del dolor a través de los sentidos: (color, forma, olor, textura, sabor, temperatura...): _____
_____
_____

Sensaciones físicas, pensamientos y emociones asociadas a ese dolor: _____
_____
_____

Práctica de mindfulness *a través de la respiración (3-5 minutos)*:
_____
_____

¿Se producen cambios? ¿Se transforma ese dolor? ¿Cómo es ahora?: _____
_____

Meditación del lago: _____
_____
_____

¿Qué siento tras esa meditación? Explorar de nuevo el dolor. ¿Ha habido algún cambio? Si es que sí, descríbelo: _____
_____
_____

Recuerdo que una de las participantes de los grupos de duelo empleó esta herramienta durante las nueve semanas de terapia y comenta que supuso un gran salvavidas. Ella vino al grupo porque se le solaparon diferentes duelos: la muerte de un tío suyo fallecido de forma repentina y un aborto en la décima semana de gestación, coincidiendo con el abandono de su pareja y, durante el programa, el fallecimiento de su abuela materna. Comparto con el lector ahora algunos de los contenidos de su diario.

Día: 23/05/2015
Hora: Prácticamente todo el día
Intensidad del dolor (escala Likert del 0-10): 7
Nombre del dolor: Fallecimiento de mi abuela materna
Descripción del dolor a través de los sentidos: Gris oscuro, calor.
Sensaciones físicas, pensamientos y emociones asociadas a ese dolor: Me siento como débil, además me duele la barriga por la regla. Desde que me han comunicado la noticia, estoy nerviosa. Voy a ducharme y a hacerme la idea de que tengo que coger el coche dentro de un rato para hacer un camino de 1 hora 40 minutos para despedirme de mi abuela. Soy consciente de que el panorama en casa va a estar muy negro. Me duele lo que deben de estar sufriendo mi madre y mi tía. Siento un poco de vacío en el estómago. Me he acordado del entierro de mi tío Vicente. Noto que el duelo por mi tío se va suavizando, parece que algo voy digiriendo ya. Me ducho, me preparo y medito antes de salir.
Práctica de mindfulness: Estoy bastante más tranquila. Me tiembla menos el pulso. Puedo recordar con total tranquilidad a mi tío y puedo coger el coche perfectamente. La meditación me calma, es mi compañera de viaje.

Día: 28/05/2015
Hora: 19.00
Intensidad del dolor (escala Likert del 0-10): 8
Nombre del dolor: Tristeza por la separación y aborto. Rabia.

Descripción del dolor a través de los sentidos: No sabría describirlo bien, es como una bola oscura que se me echa encima o que me rodea. O como la típica imagen de llevar un nubarrón encima.

Sensaciones físicas, pensamientos y emociones asociadas a ese dolor: Me pesa el corazón, también me duele, pero sobre todo me pesa. Tengo muchas ganas de llorar en este momento. Me siento abandonada e ignorada, todo ello acentuado porque no me había preguntado espontáneamente nunca cómo me encuentro durante las diez semanas que he estado embarazada. Entiendo que él está pasando por una depresión que saltó el día 2 de marzo inesperadamente y que necesita asilamiento y silencio para hacer su trabajo interior, pero en momentos como este no puedo evitar sentir mucho dolor y rabia hacia él y hacia nuestra mala suerte como pareja.

Me duele mucho la garganta, no ha habido comunicación desde entonces y no he podido expresar estos sentimientos con él. También es por el llanto, quisiera pegarle un bofetón, lo reconozco.

Práctica de mindfulness: Con la práctica, el dolor ha bajado de intensidad. Ya no siento el impulso de abofetearlo, así que la rabia ha bajado. No es todo tan oscuro ya. Puedo irme a dormir con más tranquilidad.

Y ahora que ya has podido aprender a acercarte a tu dolor con curiosidad y con mayor apertura, y que también has podido ver algunos ejemplos del diario del dolor, llega el momento de acercarse con mayor comprensión y detalle al mundo emocional. En los próximos capítulos el lector será guiado para bucear en el universo de las emociones sin perderse en ellas.

10

Acceso a nuestro mundo emocional

> Toda emoción nos aporta información importante, por lo que es crucial que aprendamos a evitar el miedo a sentir cualquier emoción. Cuando uno se siente cómodo estando emocionalmente incómodo, puede recordar los hechos emocionalmente dolorosos sin ser vencidos por ellos. Se pueden soportar los sentimientos del momento presente hasta que el dolor haya desaparecido y el mensaje haya sido entregado. De esta forma, no solo seremos capaces de soportar la experiencia emocional, sino también salir de ella con mayor energía, profundamente relajados y con una mayor sensación de logro y autodominio personal.
>
> Doctora JEANNE SEGAL

Las emociones son elementos innatos en el mamífero que están impregnadas en el genoma. Son estímulos internos para acometer alguna acción: protegernos, rechazar o atraer, compartir sentimientos. Prestarles atención y equilibrarlas con la razón es la clave para convertirlas en nuestras aliadas.

Si nos fijamos en la etimología de la palabra «emoción» —derivada del vocablo latino *emovere*, que significa remover, agitar, excitar, poner en movimiento—, podremos comenzar diciendo que es una variación profunda, intensa y relativamente efímera del estado de ánimo de una persona. Esta alteración, que conlleva una fuerte alteración fisiológica, tiene una finalidad clara: preparar al individuo para la acción con el fin de que pueda desarrollar las conductas que le permitan realizar un ajuste creativo con su ambiente. Es decir, las emociones son las herramientas que la naturaleza ha puesto al alcance de los individuos para que estos puedan reconocer sus necesidades y desarrollar las estrategias de comportamiento necesarias para lograr la satisfacción de las mismas.

La emoción es un fenómeno fisiológico. Hay que diferenciar la emoción del sentimiento, que es el aspecto consciente de la emoción. Las emociones son respuestas desencadenadas desde ciertas zonas cerebrales que activan otras zonas del cerebro y otras partes del cuerpo. Podría definirse la emoción como el conjunto de los diferentes cambios corporales que experimenta el individuo en cuestión. Por su parte, el sentimiento se refiere al resultado del estado emocional que, en palabras de Damasio, hace referencia a un complejo estado mental. Dicho de otra manera, el sentimiento es la experiencia mental y privada de la emoción, mientras que la emoción es un conjunto de manifestaciones, algunas de las cuales son perfectamente observables. Es decir, una parte de la emoción es el sentimiento cuando eres consciente de la emoción (experiencia mental subjetiva), pero la emoción incluye también la respuesta fisiológica (sensaciones en el cuerpo) y comportamental (acciones, gestos observables). Los animales tienen emociones, pero no sentimientos porque no son autoconscientes.

La emoción es la energía que nos hace comer, beber o tener sexualidad, aspecto que compartimos con los mamíferos, pero los sentimientos son otra cosa, porque requieren la consciencia de la emoción, algo que no puede sentir ni un perro ni un chimpancé. Y eso se debe a la gran corteza cerebral que tenemos (Francisco Mora, 2005).

En los antiguos modelos de inteligencia emocional se hablaba de seis emociones básicas. La clasificación de Paul Ekman (pionero en el estudio de las relaciones entre las emociones y la expresión facial) es la siguiente: el miedo, la tristeza, la ira, el asco, la sorpresa y la alegría.

Como ya hemos visto, la palabra «emoción» deriva del latín *emovere*, que significa poner en movimiento. Las emociones por tanto ponen en movimiento tanto las funciones internas del organismo como el comportamiento externo. Según Andrés Martín Asuero, son mecanismos que coordinan mente y cuerpo orientando el comportamiento. Son reacciones complejas en las que se ven mezcladas tanto la mente como el cuerpo. La respuesta emocional incluye tres tipos de respuestas: un estado mental subjetivo (me siento bien o mal); un impulso a actuar (aproximación, evitación, llanto) y cambios corporales o respuestas de tipo fisiológico (sudoración o ritmo cardiaco).

Según Leslie Greenberg (2000), existen emociones primarias (adaptativas o desadaptativas), emociones secundarias y emociones instrumentales. La emoción primaria adaptativa es una emoción básica, una respuesta fundamental y visceral. Llega y se va con rapidez. Es saludable y muy valiosa.

La emoción primaria desadaptativa sigue siendo básica y primaria, pero en este caso no es saludable. Se basa en un aprendizaje previo. Puede perdurar mucho en el tiempo (aun sin existir la causa que la produjo). Un ejemplo sería una tristeza profunda que alguien arrastra durante mucho tiempo.

La emoción secundaria es aquella que oculta la primaria, puesto que existe alguna restricción. Por ejemplo alguien que ha sido educado en la creencia de que «los niños no lloran» y, tras una ruptura, en vez de sentir tristeza (que sería lo adaptativo) siente cabreo (emoción secundaria).

La emoción instrumental es la que se emplea para manipular. No es saludable y es importante no entrar al trapo del que nos manipula.

Es importante distinguir la *emoción* del *estado de ánimo*.

Este último no es una situación emocional, es un estado, una forma de permanecer, de estar, cuya duración es prolongada. Se diferencia de las emociones en que es menos específico, menos intenso, más duradero y menos dado a ser activado por un determinado estímulo o evento. El estado de ánimo es como el estilo musical. Cuando el estado de ánimo es bajo podemos decir que está bajo el reinado de la tristeza, la culpa o el miedo, mientras que cuando es alto, podemos encontrarnos en el reinado de la rabia o alegría. En el estado de ánimo se tiene en cuenta la mezcla de la energía y la tensión (más calmado, más tenso; más cansado, más activo).

De forma sencilla podemos decir que la emoción es pasajera, rápida, efímera, situacional, mientras que el estado emocional es más prolongado en el tiempo y no depende de una situación concreta. Más bien, lo que sucede es que esas emociones se han quedado a vivir en tu casa durante más tiempo. Si los estados emocionales bajo el reinado de las emociones desagradables se prolongan en el tiempo dan paso a los trastornos mentales, que requieren sin duda una intervención psicológica específica.

Funcionalidad de las emociones

En el caso del **miedo**, se trata de una emoción que nos alerta de algún peligro que amenaza nuestra integridad. La conmoción somática que experimentamos con ella tiene la finalidad de lograr que adoptemos aquella conducta que nos permita satisfacer nuestra necesidad de seguridad. Sin miedo, nuestro comportamiento podría ponernos en situaciones en las que nuestra vida corriese un serio peligro, como ocurre cuando alguien ha bebido, se desinhibe y comienza a desarrollar una actitud temeraria al volante.

La **tristeza** cumple con la función de informarnos del valor que tiene para nosotros una determinada realidad, ya sea un objeto, un animal, una situación o una persona. Experimentar esta emoción implica constatar que entre nosotros y el objeto, o la persona, que podemos perder existen unos lazos afectivos importantes, un vínculo emocional intenso. Gracias a la tristeza somos capaces de apreciar la importancia que tienen ciertas personas en nuestra vida, hacérselo saber y, en definitiva, intensificar nuestros vínculos afectivos.

Con la **rabia** o la **ira**, logramos tener consciencia de cuando alguien traspasa nuestros límites de seguridad y necesitamos defendernos. Gracias a ella somos capaces de actuar con la determinación debida en el momento que más lo necesitamos, como impedir que alguien cometa abusos contra nosotros o con inocentes; gracias a nuestra agresividad, la fuente de energía que nos mueve en ese momento, llegamos a un espacio amplio en el que respirar.

El **asco** es una fuerte sensación de desagrado que experimentamos en relación a una sustancia, un olor, un alimento. Esta intensa sensación de disgusto nos produce la necesidad de expulsar violentamente el contenido de nuestro estómago, y se manifiesta a través de las náuseas, los vómitos... La capacidad de sentir asco es innata, pero la sensación de asco se adquiere durante los primeros años de vida mediante la socialización. Sin ella, no tendríamos la capacidad de rechazar alimentos en mal estado.

Con la **sorpresa** manifestamos una significativa reacción ante los acontecimientos imprevistos, la novedad o lo extraño. Gracias al intenso incremento de la atención que produce, podemos procesar con eficiencia nuestra situación y decidir si existe un riesgo para nuestro bienestar o si, por el contrario, puede tratarse de una oportunidad.

Finalmente, la función de la **alegría**, según los expertos, es influir sobre los demás para favorecer la diversión y las relaciones interpersonales. Gracias a ella podemos mostrar más fácilmente los afectos, a la vez que suavizamos las eventuales tensiones que pudiéramos haber generado. Es la emoción que nos ayuda a crecer, nutrirnos y desarrollarnos.

Tabla 6

Resumen de la regulación emocional (tomado de Alba Payás)

Manifestaciones corporales	Expresión natural, comportamiento	Utilidad. Valor adaptativo	Temporalidad, desplazamientos	Limitaciones	Distorsiones del comportamiento
Susto-miedo. Agitación, tensión hombro-cuello, cara blanca, agitación, cerrarse, taquicardia, frío.	Encogerse, huir, chillar, parálisis.	Discernir peligros, huir de los peligros, proteger a seres queridos, planificar y prepararse, tener precaución.	Está orientada al futuro. Puede desplazarse a la rabia.	Inseguridad, desconfianza, ansiedad, parálisis, agobio, impaciencia.	Sometimiento, hacerse invisible, no arriesgar, perfeccionismo, decir sí a todo, mentir/ocultar.
Enfado-rabia. Energía, cara roja, manos y pies calientes, tensión muscular.	Luchar, amenazar, elevar la voz, gesticular.	Defender seres queridos y derechos, establecer límites, afrontar enemigos, poder decir que no, poder superarse, arriesgarse.	Orientada al presente, si no se regula se puede desplazar a la tristeza (frustración). La rabia nos puede llevar a buscar culpables o culparnos a nosotros mismos.	Agresividad, tensión emocional, aislamiento, enfado, venganzas, culpabilidad.	Violencia, *mobbing*, personalizar, autoritarismo, intolerancia, hipercrítica.
Pena-tristeza. Nudo en la garganta, ojos lacrimosos, falta de energía, bajar la voz.	Lamentarse, llorar, recogerse, interiorizar.	Asumir pérdidas, pedir y ofrecer ayuda, reflexionar, curar heridas psicosociales, aprender de los errores.	Está orientada al pasado. Puede desplazarse hacia la rabia y el aislamiento.	Apatía, desinterés, pesimismo, depresión.	Victimismo, indefensión, incapacidad, insensibilidad, indecisión.

Inteligencia emocional

El concepto de inteligencia emocional fue popularizado por el psicólogo estadounidense Daniel Goleman y hace referencia a la capacidad para reconocer los sentimientos propios y ajenos. La persona, por lo tanto, es inteligente (hábil) para el manejo de los sentimientos.

Para Goleman, la inteligencia emocional implica cinco capacidades básicas: descubrir las emociones y sentimientos propios, reconocerlos, manejarlos, crear una motivación propia y gestionar las relaciones personales.

Alguien que dispone de inteligencia emocional es quien:

- Reconoce y gestiona las emociones negativas que experimenta.
- Tiene mejores capacidades para relacionarse con las demás personas gracias a su empatía.
- Logra utilizar las críticas como algo positivo y constructivo, ya que aprende de ellas.
- Es alguien que precisamente por tener esa inteligencia emocional tiene mayor capacidad para ser feliz.
- Cuenta con las cualidades necesarias para afrontar las adversidades con coraje y determinación.

Se han llevado a cabo muchos estudios hasta el momento, debido a los importantes beneficios y ventajas que reporta para cualquier persona el disponer de inteligencia emocional. Algunos de esos estudios vienen a dejar patente que entre las señas de identidad que más identifican a quienes la poseen, se encuentran las siguientes:

- Huyen de la monotonía, intentan en todo momento buscar alternativas para tener una vida más plena y feliz.
- Son firmes cuando así se requiere.
- Siempre miran hacia delante a la hora de seguir viviendo.
- Les encanta estar aprendiendo continuamente.

Una persona inteligente emocionalmente tiene un equilibrio entre la razón y la emoción. Su cuerpo, su mente y su corazón están sincronizados en una danza perfecta. Como dice Khalil Gibran en su libro *El profeta*:

> Y la sacerdotisa le dijo al profeta: «Háblanos de la razón y de la pasión». Y él respondió diciendo: «Vuestra alma es, a menudo, un campo de batalla donde vuestra razón combate con vuestra pasión. Desearía yo ser el pacificador de vuestras almas, y transformar la discordia y la rivalidad de vuestros elementos en unidad y melodía. Pero, ¿cómo podría yo hacerlo a menos que vosotros mismos fuerais también pacificadores, o mejor aún, amigos de todos vuestros elementos? Vuestra razón y vuestra pasión son el timón y las velas de vuestra alma navegante. Si vuestras velas o vuestro timón se rompen, solo podréis navegar a la deriva o permanecer inmóviles en medio del mar. Porque la razón si reina por sí sola, restringe todo impulso, y la pasión, abandonada a sí misma, es un fuego que arde hasta su propia destrucción».

Para aprender a escuchar la voz de nuestras emociones, para llegar a ser verdaderamente inteligentes emocionalmente, se requiere, como en el manejo de cualquier otra disciplina, desarrollar ciertas habilidades básicas:

1. Ser capaces de tomar plena consciencia de las sensaciones corporales que acompañan al estado emocional que estamos experimentando (consciencia somática).

2. Ser capaces de transformar esas sensaciones en palabras, nombrarlas y verbalizarlas con la intención de que eso nos ayude a identificar la emoción que estamos experimentando (etiquetado emocional).

3. Ser capaces de establecer las conexiones entre nuestras emociones y el ambiente que nos rodea; es decir, ser capaces de significar nuestra experiencia en términos relacionales.

Todos los pasos anteriores se resumen y se concretan en dos: la toma de consciencia y la clarificación de la necesidad de la que esta emoción nos está informando; y la decisión de expresarla con sinceridad y transparencia para poder verla satisfecha.

En palabras de Khalil Gibran, nuestra razón y nuestra pasión son el timón y las velas de nuestra alma navegante. Y así es. Si somos inteligentes emocionalmente, nuestras emociones nos pondrán en marcha, nos movilizarán, y nuestra razón marcará el rumbo a seguir. Lograr tener un funcionamiento holístico como persona, que lo hagamos como un todo integrado, implica que las acciones incitadas por nuestras emociones sean razonadas por nuestro intelecto. Estamos por tanto hablando del equilibrio entre el corazón y la mente.

Khalil Gibran concluye en el texto con estas sabias palabras: «Quisiera que considerarais vuestra razón y vuestras emociones como lo haríais con dos huéspedes queridos en vuestra casa. Ciertamente, no honraríais a un huésped más que al otro, porque quien presta atención a uno de los dos pierde el amor y la confianza de ambos».

Tabla 7
Modelo de las cuatro ramas de la inteligencia emocional (Salovey y Mayer, 1997)

4. Regulación reflexiva de la emoción para promover el crecimiento emocional e intelectual (estar abiertos tanto a sentimientos placenteros como molestos. Ecuanimidad. Desidentificación).

3. Comprensión y análisis de las emociones: empleo del conocimiento emocional (entender cómo se relacionan las diferentes emociones. Transiciones).

2. Facilitación emocional del pensamiento (redireccionar el pensamiento).

1. Percepción, valoración y expresión de la emoción (identificar y expresar emociones).

El modelo de las cuatro ramas de la inteligencia emocional de Salovey y Mayer me parece muy adecuado para poder trabajar la inteligencia emocional plena, puesto que he observado en mi experiencia clínica que las dificultades que tenemos las personas en relación a las emociones empiezan en la primera rama de la inteligencia emocional. Nos cuesta muchísimo ser conscientes de lo que sentimos y expresarlo. Por otro lado, como vimos en el capítulo anterior, tenemos una tendencia natural a fusionarnos con los pensamientos que tenemos creyéndolos sin cuestionarlos, de ahí que redireccionar el pensamiento sea de vital importancia para el desarrollo de la inteligencia emocional. Cuando aprendemos a identificar nuestras emociones y nos vamos familiarizando con ellas, podemos empezar a hacer un análisis de las mismas, viendo cómo estas se relacionan entre sí. Todo ello nos lleva a la cuarta rama que es la regulación de la emoción a través de un mecanismo clave que es la ecuanimidad y desidentificación de las emociones. Esta ecuanimidad puede resumirse con esta frase: «La parte de mí que observa la tristeza, ira, miedo, no siente tristeza, ira, miedo». Cuando las personas empezamos a tener esta experiencia de desidentificación o defusión emocional nos sentimos totalmente liberadas, ya que recordamos que somos mucho más que lo que estamos sintiendo. El cielo azul de nuestra consciencia puede ser atravesado por nubes grises, truenos, relámpagos; por mucha dureza que haya en estas experiencias difíciles, su propia naturaleza las lleva al cese, no pueden permanecer eternamente.

El concepto «inteligencia emocional plena» (Ramos, 2021) consiste en una gestión de las emociones haciendo uso de la atención plena, ayudando a desarrollar madurez emocional que se caracteriza por:

- Ser consciente de las propias emociones y la capacidad de aceptarlas (eliminando la lucha/resistencia que es la gasolina que incrementa la emoción).
- Amplitud de la experiencia emocional (transformar lo

neutro en agradable, saborear, soltar, ganar perspectiva para digerir emociones difíciles).

- Distinguir entre «sentir» una emoción, «expresarla» y «actuarla» (puedo sentir cualquier emoción pero puedo gestionarla para no actuarla en automático, que la actuación sea consciente a través de la regulación emocional).

Evolución filogenética del cerebro

Para que el lector pueda entender la fuerza de la emoción es necesario poder explicar la evolución filogenética del cerebro. Tiene tanta fuerza la emoción que hay un libro maravilloso del psicólogo Roberto Aguado que se llama *La emoción decide y la razón justifica*. Esto es así porque filogenéticamente hablando, el sistema reptiliano y límbico se han desarrollado mucho antes que la corteza cerebral.

Hoy sabemos que nuestro cerebro en su evolución filogenética ha desarrollado cuatro grandes momentos clave, los dos primeros se realizaron antes de existir nuestra especie.

1. CEREBRO DE REPTIL

Es lo primero que apareció en la evolución y corresponde con nuestro tronco encéfalo que rige las funciones autonómicas fuera de nuestra voluntad. En esta estructura está el SARA (Sistema Activador Reticular Ascendente). La mente del reptil solo se interesa por el poder, el control, la comida, el sexo, las ganancias personales, la supervivencia y la reproducción. Se rige por tendencias de acción y hábitos instintivos básicos relacionados con cuestiones primitivas como la supervivencia. Es el primero en desarrollarse desde una perspectiva evolutiva, regula la activación fisiológica, la homeostasis del organismo y los impulsos reproductores, y se relaciona a grandes rasgos con el nivel sensoriomotriz del procesamiento de la información, incluidas las sensaciones y los impulsos motrices programados. En este cerebro es donde se sintetizan la mayoría de nuestros neurotransmisores. Tu cerebro reptil está tomando decisiones, en forma de activación o inhibición de tus hormonas, fluidos vitales, y con ello, de tus músculos, tu posición corporal y la acción que determinas como necesaria. **En el cerebro de reptil es donde se forja la plataforma de acción que activamos ante cualquier acontecimiento.** Básicamente lo que hace el reptiliano es decidir en cada momento el canal de energía que necesita nuestro cerebro, es decir, es como una centralita que está midiendo y decidiendo el nivel de activación que requerimos para poder solventarlo. Para el funcionamiento de este cerebro no se necesita la consciencia para nada, lo hace todo en automático, es lo más primitivo del cerebro.

2. Cerebro mamífero

Hace unos 120 millones de años, emerge del discurrir de la vida una nueva forma de vida, los mamíferos. Con ellos aparecen nuevas estrategias de vida relacionadas con la sangre caliente: vivir en grupos familiares que cuidan y protegen a las crías, y en grupos más grandes para la protección general. También forman jerarquías basadas en el estatus y no estrictamente territoriales. Así que entre los mamíferos, la competencia sexual, alimentada tanto por el deseo de aparearse como de evitar que lo hagan los demás, moldeará sus vidas. Mucho antes de que los humanos aparecieran, ya funcionaban los arquetipos que permiten la competencia sexual, la lealtad y la traición, la vida en grupo y el comportamiento tribal, la sumisión a los líderes y el miedo hacia los machos dominantes, la búsqueda de la mejor posición social, la caza cooperativa y el trabajo en grupo. Este cerebro mamífero corresponde con nuestro sistema límbico y forma parte de nosotros también; es el cerebro emocional que incluye tanto las emociones negativas (tristeza, enfado, miedo, asco, culpa, vergüenza) como las emociones basadas en el amor y el cariño.

El sistema límbico brinda un conocimiento afectivo: sentimientos subjetivos y respuestas emocionales a los hechos del mundo. Este cerebro circunda al cerebro reptiliano e interviene en la emoción, en la memoria, en determinadas conductas sociales y en el aprendizaje. Está formado entre otras estructuras por la amígdala y el hipocampo.

La emoción es una sensación sentida que tenemos programada genéticamente los mamíferos y que nos impide no sentir por nuestras crías o por aquellos componentes de la manada que nos rodea. El cerebro emocional está unido a la supervivencia.

Las estructuras neurológicas que componen el cerebro emocional son regadas por las químicas que han surgido según la decisión del SARA en el cerebro reptiliano (neurotransmisores). Cuando estas químicas se activan siempre lo hacen sobre las mismas estructuras cerebrales que forman parte del sistema límbico.

Si queremos gestionar nuestras emociones tenemos que saber conectar con nuestro cerebro de mamífero (cerebro límbico), y hay que saber instalarse en él (Aguado, 2014).

3. Cerebro humano o cognitivo

Finalmente, aparece en el proceso evolutivo del ser humano un cerebro nuevo con su córtex y todas las funciones derivadas del mismo: habilidad de usar el lenguaje, los símbolos, reflexionar, razonar, pensar las cosas, imaginar nuevas posibilidades o incluso cosas que no son posibles (por ejemplo, cuentos de ciencia ficción).

Aunque gracias a este cerebro hemos podido evolucionar mucho más, el cerebro antiguo coexiste con el nuevo, y ahí vienen los problemas. Muchas veces el cerebro nuevo es secuestrado por el antiguo —la emoción es más fuerte que la razón—, pues evolutivamente hablando el sistema límbico y el reptiliano aparecieron antes que el córtex, de ahí su fuerza. El neocórtex es el último en desarrollarse filogenéticamente. Es el que posibilita el procesamiento cognitivo de la información, incluido el autoconocimiento y el pensamiento consciente, y abarca grandes porciones del cuerpo calloso, que unen el hemisferio derecho e izquierdo del cerebro y ayuda a consolidar la información. Digamos que el neocórtex genera un conocimiento declarativo (enunciativo).

El córtex prefrontal es la última estructura en desarrollarse y tiene conexiones permanentes con estructuras subcorticales a través del circuito dorsolateral, orbitofrontal, cingulado anterior y cerebelo. Es por ello que es muy importante en nuestro comportamiento. La información llega por vía ascendente al córtex (y ya viene con unas decisiones tomadas) y posteriormente este cerebro inteligente permanece, cambia o modifica estas decisiones a través de su gestión.

4. Especialización interhemisférica

Es muy importante para nuestro trabajo en gestión emocional. En el hemisferio izquierdo encontramos más sustancia gris que blanca, mientras que en el derecho es a la inversa (más blanca que gris). El hemisferio izquierdo está especializado en el detalle, mientras que el derecho es una especialización holística. La sustancia blanca del hemisferio derecho permite las interconexiones entre las estructuras, consiguiendo un análisis global, holístico y total de las situaciones analizadas.

Esta evolución en cuatro momentos claves explicaría las dificultades que los seres humanos tenemos con las emociones, son más fuertes que la razón porque están diseñadas para la supervivencia y aparecen antes que la razón, antes que el ser humano pusiera los pies sobre la tierra. Independientemente de nuestra consciencia, las emociones se activan a través de nuestro cerebro más primitivo (reptiliano y límbico) y es por eso que cuando se produce un tsunami emocional donde perdemos la seguridad, la razón no nos puede ayudar a regularlas. Hay muchas personas a las que he acompañado que dicen que en realidad son conscientes de que lo que sienten es irracional, que saben lo que tienen que hacer, pero desconocen cómo hacerlo; que la emoción es como un caballo desbocado que no saben cómo encauzar. En esos momentos razonar no sirve de nada, puesto que nuestro cerebro cognitivo está secuestrado por el límbico y el reptiliano. Cuando esto ocurre, lo que más ayuda a regularnos es que pueda activarse la plataforma de la seguridad —que también es una emoción básica como veremos a continuación— a través del tono, la mirada, el amor, una presencia compasiva conectada. Debido a la importancia de la compasión en la gestión de las emociones, hemos dispuesto el siguiente capítulo para que el lector pueda deleitarse con ello.

Los nuevos modelos de inteligencia emocional

En los nuevos modelos de inteligencia emocional nos encontramos el Modelo Emocional de Vinculación Consciente (VEC), creado por Roberto Aguado con la ayuda de Aritz Anasagasti. Este modelo contempla diez emociones básicas: rabia, tristeza, culpa, asco, miedo, sorpresa, seguridad, admiración, alegría y curiosidad.

La emoción básica está en el paquete genético del mamífero, es decir, no es aprendido, todos los mamíferos nacemos con este compendio emocional. Cada emoción básica tiene como soporte una determinada plataforma de acción, que podemos entender como el componente motivacional de la emoción. Podemos definirla como la posición que tomamos respecto a lo que nos pasa con el mundo. Es un estado preemocional y por ello preintelectual. Es la respuesta biológica de nuestro organismo a la situación que estamos viviendo. Tiene que ver con las funciones del cerebro reptiliano. Las diez plataformas de acción que se corresponden a los diez universos emocionales son ataque-huida; aversión-interés; permanecer-desaparecer; control-desconexión; imitar-reparar. Las emociones básicas tienen un lenguaje común y universal, no las aprendemos y vienen integradas en nuestro paquete genético. Son como una alarma instalada de manera automática, que te manda señales para que puedas intervenir con rapidez y afrontar lo que estás viviendo.

Hay universos de emociones que componen familias donde podemos distinguir la emoción básica que da nombre al universo y posteriormente otras que llamamos específicas. Es el conjunto de emociones y sentimientos que tienen una misma base bioquímica y por ello una misma plataforma de acción.

Tabla 8
Universos emocionales (tomado de Roberto Aguado)

EMOCIONES BÁSICAS DESAGRADABLES	UNIVERSOS EMOCIONALES (de menos a más intensidad)
TRISTEZA	Pesar, desgana, desaliento, aburrimiento, abatimiento, pesimismo, frustración, tristeza, aflicción, impotencia, indefensión, dolor, desgarro.
MIEDO	Temor, timidez, tensión, ansiedad, angustia, desesperación, miedo, horror, pánico, terror, pavor.
RABIA	Enfado, animadversión, resentimiento, enojo, irritabilidad, hostilidad, rencor, vergüenza, rabia, furia, envidia, celos, ira, odio, cólera, violencia.

CULPA	Falta, error, menoscabo, imperfección, tropiezo, culpa, bochorno, pudor, rubor, autopunición.
ASCO	Desagrado, desprecio, rechazo, animosidad, aversión, asco, repudio, aborrecimiento, repulsión, tirria.

EMOCIONES BÁSICAS MIXTAS	UNIVERSOS EMOCIONALES (de menos a más intensidad)
SORPRESA	Atención, asombro, extrañeza, sorpresa, desconcierto, inestabilidad, aturdimiento, susto, estupor.

EMOCIONES BÁSICAS AGRADABLES	UNIVERSOS EMOCIONALES (de menos a más intensidad)
ALEGRÍA	Diversión, gratificación, estremecimiento, contento, alegría, excitación, deleite, placer, satisfacción, entusiasmo, euforia, éxtasis.
SEGURIDAD	Serenidad, comedimiento, corrección, quietud, templanza, calma, seguridad, ponderación, sosiego, paz, control, enraizamiento.
ADMIRACIÓN	Tranquilidad, respeto, identificación, admiración, imitación, asombro, fascinación, estupefacción.
CURIOSIDAD	Inclinación, atracción, voluntad, expectación, curiosidad, interés, atrevimiento, arranque.

Como el lector puede observar en el cuadro resumen del universo de emociones, no existen emociones buenas o malas —en todo caso son agradables o desagradables—, todas tienen una función, por eso forman parte de nuestro cableado neuronal. Otra distinción importante a tener en cuenta, que proviene de este nuevo modelo de inteligencia emocional, es la distinción entre cerebro tipo I y cerebro tipo II. Básicamente el primero es cuando la emoción de la seguridad está presente y por tanto las estructuras superiores pueden ayudar a la regulación emocional a través de una evaluación ajustada a la razón en sentido descendente (desde el córtex al sistema límbico y reptiliano). En cambio, en el cerebro tipo II hay una inseguridad global en forma de tsunami emocional que incapacita a las estructuras superiores para poder formar parte de esa regulación emocional.

En 2001, Roberto Aguado publicó la teoría del estado cerebral de seguridad e inseguridad global, lo que llama cerebro tipo I y cerebro tipo II. Esta teoría se basa en el número de conexiones que hay del cerebro límbico al córtex y viceversa, que responde a 3:1. Esto significa que en sentido ascendente hay más conexiones (del cerebro emocional al cognitivo) que en sentido descendente (del cognitivo al emocional). Esta diferencia de magnitud de conexión es esencial para explicar el secuestro emocional del que habla Goleman (Aguado, 2014).

Cuando nuestro sistema global se encuentra enmarcado dentro de un estado emocional de seguridad (cerebro tipo I), las intercomunicaciones entre la parte racional y emocional son fluidas, por lo que, si es necesario, nuestro cerebro cortical-racional puede hacer un cambio de significado y desde ahí ser capaz de activar otra plataforma emocional que desactive la anterior y, por lo tanto, poder pasar de un estado emocional desajustado a otro más ajustado a la situación que vive (Aguado, 2014). El cerebro racional no fulmina, como señala Goleman, la emoción desajustada, sino que activa otra emoción más ajustada, y es a través de esa emoción antídoto como se desactiva la anterior. La gestión, en definitiva, la hace el cerebro emocional no el racional. Las estructuras superiores por tanto ayudan a resignificar la experiencia para desde ahí activar otra emoción más ajustada a la realidad del momento presente.

El ejemplo claro de esto es que imagines que vas por el campo y de repente se activa tu sistema de amenaza porque ves algo que parece una serpiente. Lo primero que va a suceder es que se activará el miedo y la plataforma de acción de la huida con una cascada de cortisol y adrenalina. Si el cerebro cognitivo se da cuenta de que es una rama se lo dice al cerebro emocional y a través de este nuevo significado el cerebro emocional activa la plataforma de acción de la seguridad. Lo que puede hacer el cerebro racional es activar nuevos universos emocionales, por lo que el anterior se inhibe, pero no se inhibe por la actividad cognitiva, se inhibe por la activación de otra emoción y es esta nueva plataforma emocional la que en ese momento decide. Recuerda que la emoción decide y la razón justifica (Aguado, 2014).

Ahora bien, si nos encontramos en un estado global de inseguridad vital (cerebro tipo II), es decir, en una constante en la que los universos emocionales se mantienen de una forma rígida como el miedo, la rabia, el asco, la culpa o la tristeza, en estos estados emocionales, y debido a la relación 3:1 que antes mencionaba, se produce un tsunami emocional, de tal manera que la resignificación cognitiva no llega a las estructuras límbicas (como si se cerraran las carreteras colapsadas), y es ahí donde se produce el secuestro mencionado que señala Goleman. Desde el cambio cognitivo no se puede activar otra emoción antídoto (seguridad, curiosidad, admiración), y por ello la gestión emocional desde la razón fracasa, y necesita una nueva tecnología que nos lleve directos al cerebro emocional, para desde ahí poder activar un marco de seguridad global (cerebro tipo I) en el que de nuevo la interacción y el balance entre ambos cerebros sea de vinculación plena (Aguado, 2014).

Esta nueva tecnología es para mí los modelos de *mindfulness* y compasión que nos permiten llegar al cerebro emocional vía directa a través de las plataformas de acción de las emociones de la curiosidad, la seguridad y la admiración (contemplación).

Desde ahí nos sentimos estables y enraizados para poder acercarnos a nuestras emociones, lograr de nuevo entrar en el estado de seguridad global del cerebro tipo I e integrar todos los cerebros (reptiliano, mamífero y humano). Esto será explicado con más detalle en el capítulo que sigue a continuación.

Recuerda que en los momentos en los que el tsunami está activo, la reestructuración cognitiva no ayuda en absoluto, las personas dicen: lo sé, pero no puedo sentirlo. Es por eso que la gestión emocional ha de hacerse desde dentro de la emoción, no desde fuera. Un ejemplo lo tenemos con la metáfora del barco en alta mar. En condiciones normales el capitán pilota el barco. El capitán es el cerebro racional y el barco el cerebro emocional. En la mayoría de las ocasiones el capitán lleva el timón y de esta forma le indica al barco lo que tiene que hacer. Pero cuando aparece la tormenta de las tormentas, es decir, un alarde de olas, viento y caos, lo que suele hacer el marino es poner el piloto automático y dejar que la mayor parte de la gestión la haga el propio barco, ya que en cuestión de saber flotar, es el barco el que mejor sabe lo que tiene que hacer, siempre que el diseño haya sido correcto. Es el cerebro emocional el que conoce bien lo que tiene que hacer. La inteligencia emocional es saber elegir desde la emoción la más adaptada a la situación.

Durante esta semana vas a ser acompañado para que puedas abrirte con curiosidad a tu mundo emocional a través de los siguientes objetivos:

- Que aprendas a detectar las diferentes emociones básicas, según sus manifestaciones físicas, pensamientos que las acompañan y comportamientos a los que impulsan.
- Que puedas tomar consciencia de la utilidad de las diferentes emociones.
- Que aprendas a distinguir entre el control emocional y la regulación emocional.

- Que aprendas a regular las emociones a través del *mindfulness*.
- Que explores las diferentes emociones y sentimientos que has experimentado o experimentas tras la pérdida de tu ser querido, y elijas una de ellas para regularla con la práctica del *mindfulness*.

REFLEXIÓN GUÍADA SOBRE LAS EMOCIONES

Trata de recordar alguna situación en la que hayas sentido miedo, tristeza, ira o alegría, haciendo un trabajo de introspección. Trae a tu mente cuatro momentos distintos que correspondan a cada una de estas emociones. Puedes escribir la situación y evocarla en tu mente para contestar a estas preguntas:

1. ¿Qué sensaciones físicas noto cuando siento esta emoción?
2. Pensamientos y temporalidad, es decir, ¿la emoción está centrada en el pasado, en el presente o en el futuro?
3. ¿A qué me impulsa esa emoción si me dejara llevar por ella? (Impulsos-comportamiento).
4. ¿Para qué me sirve esta emoción?

El objetivo de esta reflexión sobre las emociones es que puedas llegar a la conclusión de que no hay emociones buenas o malas, que las negativas y las positivas son adaptativas, puesto que todas ellas tienen una función. Que lo importante es aprender a detectarlas, entender su utilidad y aprender a regularlas, para que no se conviertan en estados emocionales negativos cronificados que puedan dar paso a un trastorno mental como la depresión o los trastornos de ansiedad. Importante recordar que con la regulación emocional nos permitimos sentir las emociones, escuchando nuestras sensaciones físicas, nuestro cuerpo, entendiéndolas y mimándolas para que puedan calmarse. Reconocer las emociones es el primer paso para poderlas regular.

MEDITACIÓN *MINDFULNESS* PARA LAS EMOCIONES

En esta meditación te invito a seguir los siguientes pasos cuando en el día a día te visiten ciertas emociones.

1. Toma consciencia de las emociones que estás sintiendo. Etiqueta las emociones con un tono cálido. «Hola, tristeza»; «te reconozco, desesperación»; «te veo, miedo». Observa dónde notas la emoción en tu cuerpo, hacia dónde te dirige la emoción, qué tipo de pensamientos la alimentan (sensaciones físicas, comportamientos a los que nos impulsan, pensamientos que desencadenan esa emoción).

2. Respira con consciencia plena junto a la consciencia de la emoción. Dibuja una sonrisa en tu mente, en tu corazón, en tu cuerpo (sonreír con la mente y aceptar).

3. Abraza la emoción como si fuera un niño que llora o abrázate a ti mismo/a (autocompasión).

4. Y ahora que hay un poco más de calma puedes hacer una indagación-introspección: ¿Para qué me sirve esta emoción en estos momentos? Trata de ver la situación como algo impersonal, como si lo estuvieses viendo en una pantalla de cine para poder sacar la esencia de la experiencia. Esta mirada te conduce a la sabiduría y a la inteligencia emocional.

La meditación que sigue a continuación es una adaptación del ejercicio Ablanda-tranquiliza-permite del programa MSC (*Mindful Self-compassion*) creado por Kristin Neff y Christopher Germer. Este ejercicio abarca los tres dominios de la auto-compasión: el físico (ablandar), el emocional (tranquilizar) y el mental (permitir).

MEDITACIÓN PARA AMAR NUESTRAS EMOCIONES

Centra la atención en los sonidos que provienen del exterior, tratando de respirar con consciencia plena, sintiendo el sonido dentro de ti, momento a momento. Inhala, exhala. Inspira vida, suelta la tensión. Trata de seguir la respiración, observando los movimientos del cuerpo al inspirar y al expirar. Cada vez que aparece un pensamiento, imagina que una nube blanca aparece y se desplaza con ella el pensamiento, centrando toda la atención en la respiración (pausa).

Ahora trae a este momento un recuerdo doloroso en el que hayas experimentado emociones (miedo, tristeza, rabia). Elige la emoción que sea más preponderante. Percibe la emoción, sin juzgarla, ni como buena ni como mala. Es una emoción. Observa dónde la sientes, en qué parte de tu cuerpo comienza a gestarse. Contempla su textura, su color, cómo se mueve, su aroma, cualquier cualidad de la emoción. Y respira con ella, momento a momento. Ablanda tu cuerpo mientras sientes esta emoción. Ablanda, Ablanda, Ablanda... No pretendas cambiar nada, no pretendas negarla, ni expulsarla. Obsérvala, siéntela en tu cuerpo, respira con ella. Y así puedes darte cuenta de que ambos, tú y la emoción, ocupáis el mismo espacio, el mismo tiempo. Sigue respirando. Y analiza a qué te impulsa la emoción, qué harías si te dejaras llevar por ella. Solo percibe el impulso de acción mientras tu cuerpo se ablanda, como si la respiración estuviera impregnada de aire calentito, como si sumergieras tu cuerpo en aguas medicinales templadas, donde los músculos ceden por completo.

Ahora sientes la compañía incondicional de tu respiración, que es tu aliada y te permite regular esa emoción, te permite airear esa emoción. Imagina que la emoción cobra vida y se te presenta delante de ti. Estás mirando a los ojos de tu emoción con curiosidad, sonriendo con la mente, acogiendo la emoción, pero no cediéndole tu silla. Es como si fueses el rey o la reina de un palacio, al que todos los días acuden visitantes nuevos (emociones, pensamientos), se dan una vuelta por el palacio, pero como no les cedes el trono, llegado el momento se van. Quizá más tarde vuelvan a llamar a tu puerta, y les abrirás de nuevo con una sonrisa, con una actitud de aceptación. Observa cómo te sientes si te relacionas de esta forma con tus emociones. Contempla si se producen cambios en la emoción a medida que la percibes, respirando con ella. Y puedes decir mentalmente: «Permitir, permitir, permitir. A pesar de que siento esta emoción, me acepto y me amo profundamente» (coloca la mano en el corazón y trata de percibir qué sientes al repetir esta frase). «Me amo profundamente, me amo profundamente».

Sigue respirando e imagina que la emoción es como un niño pequeño que llora, que necesita consuelo, necesita amor. E imagina que rodeas con tus brazos a la emoción y te dices mentalmente: «A pesar de que siento esta emoción, me acepto y me amo profundamente» (pausa). «Ablando, tranquilizo, permito, amo». «Ablando el cuerpo, permito que la emoción se manifieste, aquieto mi mente para ver con claridad y me amo, precisamente porque estoy sufriendo».

Ahora trata de ver la escena como si le estuviese pasando a otra persona que aparece en la pantalla de un cine, y explora desde fuera. ¿Para qué le puede servir esta emoción al protagonista? ¿Qué pretende decirle? ¿Qué quiere que haga? ¿Qué podría aprender de esa emoción? (pausa). Y con toda esa información, vuelve de nuevo a ser consciente de la respiración, explora tu cuerpo desde la cabeza hasta los pies, suelta tensiones a través de la respiración y permite que el cuerpo se ablande, que respire a través de todos los poros de la piel (pausa). Poco a poco vas notando los apoyos de tu cuerpo sobre el suelo. Comienza a mover los pies, a mover las manos, el cuello, cualquier movimiento que desees hacer, y cuando estés preparado/a puedes abrir los ojos y escribir tu experiencia.

En el día a día te recomiendo que puedas hacer el diario de emociones que sigue a continuación, ya que de esta manera vas a maestrizar la relación que tienes con tus emociones y perder el miedo a sentir.

DIARIO DE LAS EMOCIONES

En este diario podrás anotar los siguientes aspectos relacionados con las emociones que vayan apareciendo día tras día:

- Momento del día en que aparece la emoción.
- ¿Qué emoción es?
- Si es un sentimiento más elaborado, buscar la emoción básica que está por debajo.
- Puntuar intensidad con una escala Likert del 0 al 10.
- Descripción detallada de la emoción. ¿Cómo es la emoción? (características en cuanto a color, textura, olor, sabor...). Si pudiera verla delante de mí, ¿cómo sería?
- ¿Hacia dónde me impulsa la emoción?
- Practicar la regulación emocional con los pasos enseñados en la sesión (ser consciente, sonreír con la mente, abrazar la emoción, introspección). Tomarse el tiempo necesario para poder percibir cambios internos.

- Describir cómo te sientes tras la regulación emocional, para qué te ha servido.
- ¿Crees que el comportamiento hubiese sido diferente si no hubieses regulado la emoción? ¿En qué hubiese sido distinto? ¿Crees que te ha ayudado?
- Observa el desplazamiento de unas emociones a otras (del miedo a la rabia; de la rabia a la tristeza; de la tristeza a la rabia).

Aquí aparece un ejemplo de una de las participantes del programa de duelo. Es la misma persona que compartí en el capítulo anterior sobre el diario de mi dolor.

> *Momento del día*: Por la tarde
> *Emoción*: Rabia y tristeza.
> *Intensidad*: 7
> *Descripción*: Vuelvo a sentirme mal respecto a César por aislarse y dejarme sola. No dejo de valorar por otro lado su derecho a estar mal y las causas de su infancia que le producen tanto dolor. Pero tampoco puedo olvidarme de cómo me ha tratado, o mejor dicho, cómo no me ha tratado en estos cuatro últimos meses.
> *Impulso*: El dolor me lleva a la rabia y esa rabia me lleva a estar muy enfadada con la vida, la veo injusta. Lloro.
> *Tras la meditación de las emociones*: Ahora siento mucho más alivio. Me llevo a mi lugar sagrado rodeada de todos los elementos que coloqué en él. Me miro con más amor, a él también. Focalizo la atención en mí como persona independientemente de todas las circunstancias de mi alrededor, siento compasión hacia César. Si no fuera por la meditación ahora aún seguiría alimentando mi enfado, regocijándome en el dolor y con ganas de pegarle un bofetón.

En el siguiente capítulo vas a poder acercarte de forma más profunda a las emociones que estás experimentando por la pérdida, conocerlas más de cerca, darles permiso para que estén presentes y que así puedas elaborar cada una de las tareas pendientes y cubrir las necesidades que están por debajo de cada una de estas emociones. Con el próximo capítulo te mostraré la forma de poder amistarte con tus emociones, al fin y al cabo no tienen adónde ir.

11

Amistándonos con nuestras emociones

El ser humano es similar a una casa de huéspedes. Cada día llega alguien nuevo a su puerta: una alegría, una decepción, algo difícil o doloroso se presentarán como visitantes inesperados.

Dales la bienvenida y acógelos a todos, incluso si es una muchedumbre de preocupaciones la que vacía tu casa de sus muebles. Trata a cada huésped honorablemente, ya que podría estar vaciándote para una nueva delicia.

Ve a la puerta de entrada y recibe con una sonrisa al pensamiento oscuro, a la vergüenza, a la malicia, e invítales a pasar.

Sé agradecido con cualquiera que venga, porque cada uno ha sido enviado como guardián del Más Allá.

RUMI

Las emociones empatizadoras por excelencia son principalmente la curiosidad y la admiración. Las emociones antídoto por excelencia son la seguridad, la curiosidad y la admiración en líneas generales. De todas formas, la emoción antídoto estrella es la seguridad, ya que su bioquímica es la serotonina. La seguridad es el mejor antídoto para la rabia, el miedo, la tristeza, el asco y la culpa.

Cuando estamos practicando *mindfulness* y compasión estamos activando los universos emocionales de la seguridad, la curiosidad, la admiración y la alegría sabia. Sabemos que estas emociones actúan como antídotos para las emociones desagradables que no están ajustadas a la razón. Entramos en el cerebro emocional con una tecnología que nos permite llegar directos a la emoción, a través de las herramientas de atención plena, consciencia corporal, consciencia de la respiración, generación de estados emocionales de bondad amorosa, alegría empática, compasión y ecuanimidad.

En palabras de Aguado (2014), la meditación describe la práctica de un estado de atención concentrada sobre un objeto externo, el propio pensamiento, la propia consciencia o el propio estado de concentración; igual que la antroposofía, la sofrología, el yoga-vedanta-Sankhia, el Chi Kung, la relajación, la hipnosis clínica, el silencio, el Zazen, la danza de los derviches y muchas otras prácticas que, aunque no de forma idéntica, desarrollan, fomentan y sobre todo se sostienen en la emoción básica y necesaria para nuestra supervivencia: la admiración.

A través de la admiración, aprendemos a mirar con amor, con respeto, a imitar al sabio, al referente. Es esencial para el aprendizaje y para la gestión de las emociones. Se trata de una mirada amable, amorosa, sabia y sin juicios hacia nuestro mundo emocional. Esa mirada es sanadora por sí misma. Según Aguado (2014), la admiración tiene mucho de contemplación, observación y también de imitación. Es la emoción más empatizadora y el mejor instrumento para trasladar a nuestro cerebro todo aquello que está fuera de él.

La seguridad es pura serotonina. En el mundo animal, la

seguridad permite la convivencia, la procreación, el aprendizaje, regula la rabia, el miedo, el asco, la culpa, la tristeza, es sin duda la emoción más unida al descanso y a no estar en alerta. Es la mejor emoción ante un peligro, una enfermedad, un desafío. Desde la seguridad se gestionan bien los avatares de la vida, mejoramos el dolor físico, es el mejor antídoto para salir del consumo de sustancias, tener una alimentación adecuada, un dormir propicio y reparador, una estabilidad afectiva y un desarrollo metabólico esencial saludable (Aguado, 2019). La práctica de *mindfulness* activa la plataforma de la seguridad y por tanto la secreción de serotonina y oxitocina. Activa el sistema de calma y afiliación que tenemos cableado en nuestro cerebro (Gilbert, 2018). La comunicación corporal y facial cuando estamos en el universo emocional de la seguridad y de todas las emociones específicas de ese universo (serenidad, quietud, templanza, calma, sosiego, paz, ponderación-ecuanimidad, control, enraizamiento, satisfacción) es precisamente lo que cultivamos con las prácticas de atención plena (*mindfulness* y compasión): mirada empática, sonrisa no forzada, expresión facial de calma, manos relajadas, posición corporal de firmeza (postura digna), hombros elevados, cabeza alta. A través de un trabajo integrativo de cuerpo-mente logramos activar la plataforma de seguridad y desde ahí contemplar (admirar) el resto de las emociones para su gestión adecuada.

La emoción por excelencia del *mindfulness* es la curiosidad, la mente principiante (Kabat-Zinn, 1994). Según Aguado (2014), la curiosidad es el motor energético que sostiene el equilibrio emocional, por eso, también en la curiosidad encontramos un equilibrio frente a otras emociones. Cuando por ejemplo sentimos miedo, activar la curiosidad es muy terapéutico, ya que nos ayuda a conocer y profundizar en el hecho fóbico, y desde esta información poder dar otra respuesta emocional más adaptada al estímulo. Lo mismo ocurre cuando tenemos rabia, tristeza, asco o culpa, siendo la curiosidad la emoción antídoto intermediaria para poder culminar una respuesta emotiva más adaptada, que acabará tornándose en seguridad o admiración.

Por otro lado cuando cultivamos el amor incondicional a través de las cuatro moradas sublimes (bondad amorosa, compasión, alegría empática y ecuanimidad), estamos fomentando estados mentales positivos que activan una alegría sabia y serena, que no depende de las circunstancias externas. La propia práctica de *mindfulness* y compasión nos lleva a estados mentales de dicha, alegría, satisfacción, arrobamiento, serenidad. Nada de todo eso está condicionado por el exterior, se trata de un cultivo interior que no depende de circunstancias externas. Es poder acceder al mundo incondicionado de lo trascendental a través de la práctica, y a ello he decidido llamarle alegría sabia, que sería en realidad la serenidad, ecuanimidad del sabio.

Tu cerebro también cambia cuando cambia tu mente. Como dice la obra del psicólogo Donald Hebb, cuando las neuronas se disparan juntas, se «cablean» juntas: la actividad mental crea realmente nuevas estructuras neuronales (Hebb, 1949; LeDoux, 2003). Esto significa que cuando estamos practicando *mindfulness* y compasión estamos transformando el cerebro, puesto que ciertas neuronas se están activando en ese momento, permitiendo una especie de autocirugía del cerebro. Es lo que los neurocientíficos llaman la plasticidad neuronal.

Cuando estamos observando las emociones desagradables desde esas plataformas de acción que son específicas de las emociones de la seguridad, curiosidad y admiración, y que son, respectivamente, control, interés e imitar, lo que estamos haciendo es disparar conjuntamente una bioquímica determinada (sobre todo serotonina y oxitocina) que hace que nuestras emociones desagradables puedan procesarse. Estamos transformando el cerebro desde dentro variando la química del mismo gracias a esta tecnología puntera capaz de llegar al cerebro emocional y al reptiliano. Esto es precisamente lo que *mindfulness* y compasión hacen en relación a las emociones, y por tanto podemos indicar que contribuye al desarrollo de la inteligencia emocional. La definición de Roberto Aguado (2014) para inteligencia emocional es: «La capacidad para gestionar la respuesta emocional no ajustada a razón y cambiarla por otra emoción más adaptada o ajustada a razón, sin necesitar la gestión racional». En todo caso, lo que hace la razón a través del córtex prefrontal, una vez que se ha instalado en el cerebro tipo I (caracterizado por la seguridad) y teniendo en cuenta las conexiones con las estructuras inferiores, es seguir nutriendo esa seguridad a través de frases amorosas, como una madre calmaría a su hijo mediante ese tono cuando ya le está transmitiendo seguridad con su presencia serena. Es decir, el córtex puede hacer su función si previamente el reptiliano se ha calmado, y lo hace si se ha activado la plataforma de acción de control a través de la seguridad. *Mindfulness* y compasión permite acceder directamente a esa plataforma de acción con la liberación de serotonina y oxitocina; desde ahí ya todo lo que en sentido descendente (del córtex al cerebro emocional) podamos decirle a nuestra emoción le podrá llegar como un refuerzo a lo ya logrado. Esto significa que si la madre emplea frases amorosas sin transmitir seguridad a su hijo, no le llegarán, puesto que el hijo percibe la inestabilidad. Primero tiene que activar la plataforma de acción de la seguridad y desde ahí luego hablarle al niño. La emoción está antes que la razón, el tono está antes que el contenido. Es por eso que cuando te acerques a tus emociones es necesario que te hables con ternura, con calidez, con paciencia, como si le hablases a un ser querido que se ha lastimado.

Durante esta semana vas a seguir profundizando en la apertura a tu mundo emocional con nuevas prácticas y contemplaciones; objetivos para esta semana:

Que puedas aprender a adentrarte en el camino de las lágrimas (tristeza), en el de la rabia y en el del miedo, y te permitas sentir esas emociones, explorarlas con curiosidad, aprender de ellas y regularlas.

Que aprendas a ser una persona autocompasiva a través de la meditación de la consciencia amable (*metta*) y poder así regular cualquier estado emocional.

Este trabajo de autoconsciencia introspectiva que sigue a continuación te va a permitir acercarte a las emociones que sientes en relación a la pérdida, con mucha curiosidad, a través de ese permiso sanador que hace que lo desagradable que está enquistado en el cuerpo se libere. Conocer las emociones que experimentas, como si pudieses escuchar su canción, su quejido, es esencial como ya sabes para transitar el camino de la pérdida.

AUTOCONSCIENCIA EMOCIONAL.
REFLEXIONA SOBRE ESTAS PREGUNTAS...

1. Miedo

- Desde que tu ser querido no está, ¿has sentido un incremento en la percepción del miedo?
- Si es así, toma consciencia de cuáles son tus miedos y escríbelos.
- Cuando eres consciente del miedo, ¿qué otras emociones se despiertan?
- ¿Qué puedes hacer, o qué haces, para que el miedo no te venza?

2. Rabia

- Desde que tu ser querido no está, ¿crees que ha habido un aumento en el nivel de enfado, ira o rabia?
- Si es así, ¿cómo se manifiesta y con quién? (Ejemplo: enfado con el mundo, con Dios, con la Iglesia, con uno mismo...).
- ¿Cuáles son los comportamientos asociados a ese estado de ira?
- ¿Qué pensamientos están asociados a ese estado de ira?
- ¿De qué otras emociones crees que te estás protegiendo? Es decir, si tiráramos del hilo de la ira, ¿qué emoción

crees que habría por debajo? ¿Qué necesidad está encubriendo?

3. Tristeza

- Desde que tu ser querido no está, ¿ha habido un aumento del sentimiento de tristeza?
- Si es así, ¿con qué otras emociones suele ir acompañada? (Ejemplo: añoranza, desesperanza, amargura, enfado, miedo, falta de sentido, falta de motivación...).
- ¿Te permites expresar la pena? ¿Cómo y con quién?
- ¿Qué haces para que la tristeza no te venza?

4. Momentos de alegría-bienestar-serenidad

- A pesar de la gran cantidad de emociones negativas que experimentas día a día asociadas a la pérdida de tu ser querido, ¿eres consciente de los momentos de serenidad o incluso alegría?
- Si es así, ¿qué es lo que te hace conectar con la alegría o con la serenidad?
- ¿Te sientes culpable cuando te permites sonreír o expresar la alegría?
- Si es que sí, ¿qué pensamiento hay en ti que te provoca ese sentimiento de culpa?

Las emociones se cubren unas a otras, en realidad lo que manifestamos muchas veces no corresponde con lo que hay más adentro. En el cuento que sigue a continuación, de Jorge Bucay, el lector va a poder ser consciente de la relación entre la rabia y la tristeza. Además, con la práctica meditativa que sigue a continuación podrá descubrir de una forma encarnada esta relación.

CUENTO SOBRE LA TRISTEZA Y LA RABIA, DE JORGE BUCAY

En un reino encantado donde los hombres nunca pueden llegar, o quizá donde los hombres transitan eternamente sin darse cuenta... En un reino mágico, donde las cosas no tangibles se vuelven concretas... había una vez un estanque maravillo.

Era una laguna de agua cristalina y pura donde nadaban peces de todos los colores existentes y donde todas las tonalidades del verde se reflejaban permanentemente. Hasta ese estanque mágico y transparente se acercaron a bañarse haciéndose mutua compañía, la tristeza y la furia. Las dos se quitaron sus vestimentas y desnudas las dos se sumergieron en el agua.

La furia, apurada (como siempre está la furia), urgida —sin saber por qué—, se bañó rápidamente y, más rápidamente aún, salió del agua. Pero la furia es ciega, o por lo menos no distingue claramente la realidad, así que, desnuda y apurada, se puso, al salir, la primera ropa que encontró. Y sucedió que esa ropa no era la suya, sino la de la tristeza. Y así, vestida de tristeza, la furia se fue.

Muy calma y muy serena, dispuesta como siempre a quedarse en el lugar donde está, la tristeza terminó su baño y sin ningún apuro (o mejor dicho, sin consciencia del paso del tiempo), con pereza y lentamente, salió del estanque. En la orilla se encontró con que su ropa ya no estaba. Como todos sabemos, si hay algo que a la tristeza no le gusta es quedar al desnudo, así que se puso la única ropa que había junto al estanque, la ropa de la furia. Cuentan que desde entonces, muchas veces uno se encuentra con la furia, ciega, cruel, terrible y enfadada, pero si nos damos el tiempo de mirar bien, encontramos que esta furia que vemos es solo un disfraz, y que detrás del disfraz de la furia, en realidad, está escondida la tristeza.

MEDITACIÓN GUIADA:
EL LAGO DE LAS EMOCIONES IRA Y TRISTEZA

En primer lugar centra la atención en los sonidos que provienen de la música de fondo (cuencos tibetanos), observando y sintiendo el sonido. Respirando profundamente, inhalando, exhalando. Inhala bondad, exhala dolor, malestar, tensión, sufrimiento. Si hay algún pensamiento lo puedes observar sin ningún tipo de juicio, dejándolo ir y venir. Céntrate en la respiración, sin entretenerte en el pensamiento, sin juzgarte por tenerlo, simplemente es un pensamiento (pausa).

Ahora imagina un paisaje del cual formas parte, imagínate siendo un lago de aguas cristalinas verde esmeralda. Alrededor del lago hay pinos verdes, percibe el aroma de los pinos, nota el movimiento de las ramas, de las hojas. En el lago se refleja el cielo azul, se refleja el sol, se reflejan los árboles, a modo de un gran espejo que muestra todo lo que existe en aquel lugar. El lago disfruta de la calma cuando le es posible, pero acepta que en algunos momentos se bañen en él dos personajes inseparables que movilizan la profundidad del lago con una gran intensidad. Tanto movilizan, que desaparece la calma. Son la ira y la tristeza (pausa).

El lago se da cuenta de que las hermanas están por llegar. Lo sabe porque el suelo comienza a temblar y el agua comienza a moverse de una forma diferente. Primero se sumerge la rabia, y con esa fuerza que la caracteriza comienza a nadar de aquí para allá, sin un orden establecido, formando círculos a derecha y a izquierda, sin pauta, impulsiva, alocada. Trata de conectar con esa rabia en tu cuerpo, dónde se localiza, qué sensaciones físicas experimentas, a qué te impulsa esa rabia.

Obsérvalo y permítelo, como el lago permite que la rabia se bañe en sus aguas. Y repite mentalmente: «Ablanda, permite y ama». Respira profundamente (pausa). La rabia sale del lago, se coloca la ropa de la tristeza y se aleja del lugar, mientras la tristeza se sumerge lentamente, sin fuerza, lánguida, perezosa, oscura. Es tan densa la tristeza que el lago se queda inerte, sin vida, gris, congelado, frío, desolado, incapaz de reflejar los árboles, el sol y el cielo azul. De repente es como si se hiciese de noche, una noche oscura, sin luna y sin estrellas. Trata de sentir esa tristeza, observándola, permitiendo que se bañe en las aguas del lago, observando dónde sientes la tristeza, qué sensaciones físicas experimentas, a qué te impulsa esa emoción... respira profundamente, ablanda, permite, ama (pausa).

Finalmente la tristeza sale del lago y se coloca la ropa de la ira, ya que no dispone de otra, alejándose de aquel lugar. Observa cómo el lago vuelve pasado un tiempo a esa calma, a reflejar de nuevo toda la belleza exterior, con esa majestuosidad y sabiduría, pues sabe que las hermanas volverán cuando les apetezca, pero mientras están ausentes el lago disfruta de sus aguas serenas y claras.

A pesar del dolor, la rabia y la tristeza, que van de la mano y que se transforman una en la otra, me acepto y me amo profundamente. Respiro con intensidad e inhalo vida, inhalo amor, inhalo paz, inhalo fuerza para aceptar las cosas que no puedo cambiar, inhalo valentía para cambiar las cosas que sí puedo cambiar, e inhalo sabiduría para entender la diferencia.

Y poco a poco, ve dejando que la imagen del lago que representa tu mundo interno emocional vaya desvaneciéndose en tu consciencia. Céntrate en la respiración, en la entrada y en la salida del aire, e imagina que el aire está cargado de amor orientado a todas las dimensiones: físicas, mentales, emocionales y espirituales. Centra la atención en el cuerpo, en los músculos de las piernas, en los pies, en la espalda, en el tórax, en la cabeza, en los músculos de la cara... y, como si despertaras de un sueño, comienza a estirarte, a moverte, a sentir tu cuerpo, aquí y ahora. Colócate en posición fetal, abrazándote y, cuando lo desees, abre tus ojos. Puedes escribir sobre tu experiencia.

Con la práctica que sigue a continuación el lector va a poder ir trabajando progresivamente con diferentes escenas de dolor emocional en relación a la pérdida. Lo va a poder hacer desde un recurso de empoderamiento previo con tres elementos esenciales que son el amor, la luz y la serenidad. En ese refugio seguro, el doliente va a poder abrirse a los recuerdos dolorosos, para procesarlos y para ir más allá de las emociones y contemplar las necesidades que están en la base de cada una de ellas.

MEDITACIÓN GUIADA: PROCESAMIENTO EMOCIONAL COMPASIVO PARA EL DUELO

Poco a poco, en primer lugar ve centrando la atención en el apoyo del cuerpo sobre el suelo, haciendo varias respiraciones profundas, entregando el peso del cuerpo al suelo, a la madre tierra (pausa).

Conecta con tu lugar seguro-sagrado-de poder (recurso de estabilización) y evoca aquellas sensaciones agradables que se despiertan en ese lugar. Aparecerán tres símbolos o figuras que representan el amor, la luz y la serenidad. Abre espacio para sentirte acompañado/a por estos elementos.

Ahora vamos a trabajar con algún recuerdo, alguna situación que te venga a la mente, como si fueses a pescar un recuerdo en un océano inmenso. Como si tuvieses una caña de pescar y pescaras un recuerdo que tiene que ver con la pérdida de tu ser querido. Un recuerdo que te hace conectar con emociones desagradables, emociones que vamos a trabajar ahora y procesar a través de la meditación. Pero recuerda, tienes contigo esos recursos de los que hemos hablado anteriormente (el amor, la luz y la serenidad). Esos recursos nos permiten digerir, elaborar esas emociones, sin huir de ellas. Pesca el recuerdo. Ahora es como si en una pantalla interna, mental, se proyectara ahí toda la escena, el lugar donde te encontrabas, persona o personas que aparecen en esa escena... Todo como si lo vieses desde fuera, como si lo estuvieses grabando objetivamente con una cámara, sin entrar todavía en el mundo emocional. Viéndolo todo desde la distancia (pausa).

Una vez que tienes el recuerdo, la imagen clara, trata de conectar con las emociones y pensamientos que se te mueven a medida que conectas con ese recuerdo. Es como adentrarte en el lago de tus emociones. Permite que se manifiesten a través de tu cuerpo para poderlas canalizar, limpiar, digerir. Ponle nombre a lo que estás sintiendo, etiqueta la emoción. Pero primero fíjate en qué sensaciones físicas tienes en el cuerpo a medida que conectas con esa emoción, si notas que se te acelera el corazón, si sientes que la emoción sube de intensidad, trata de mantenerla en tu ventana de tolerancia, ayudándote en todo momento de la respiración, de la entrada y la salida del aire (pausa). Procura definir en qué parte de tu cuerpo se manifiesta más la emoción o emociones. Observa qué partes de tu cuerpo están tensas, o están frías, están paralizadas... Qué emoción o emociones tienen que ver con esas sensaciones que estás sintiendo ahora. Ponles nombre, reconoce la emoción gracias a la consciencia corporal e intenta acariciar esas zonas de tu cuerpo donde notas esas sensaciones físicas desagradables. Como si las emociones fuesen niños pequeños que lloran, que necesitan cariño y protección. Como si acariciases compasivamente la cabecita de esa criatura que llora. Ayudándote en todo momento de esa respiración amable. Imaginando que la respiración contiene partículas de luz de color blanco o cualquier otro color que te ayudan a que la emoción pueda ser digerida dentro de la ventana de tolerancia. Exponiéndote a esa emoción, permitiendo que se manifieste, aceptando su presencia (pausa). Si tuvieras que poner un color a esa emoción que estás sintiendo, ¿de qué color sería? (pausa). Si tuvieras que ponerle una forma, ¿qué forma tendría? (pausa). Si tuvieras que ponerle una temperatura, ¿qué temperatura tendría: fría, cálida, templada...? (pausa). Si tuviera un sabor, ¿de qué sabor estaríamos hablando: dulce, salado, amargo...? (pausa). Permítete sentir la emoción teniendo en cuenta todas sus cualidades, temperatura, color, sabor, olor, textura... Saluda la emoción o emociones como parte del proceso natural, como parte de la elaboración del duelo, para poder avanzar en ese huracán, en ese proceso que no es lineal, que tiene forma de escalera en espiral, que te conecta en algunos momentos con el dolor en diferentes intensidades según el día, según el momento. Conectando con esa característica de la impredecibilidad del duelo (pausa).

Sigue procesando la emoción. Recuerda que te encuentras en tu lugar sagrado. Como si todo lo que estás experimentando estuviese contextualizado en ese lugar, con los recursos que tienes para afrontar las situaciones difíciles. Con esa respiración amiga que siempre te acompaña, con esa actitud amable de observación de la realidad, sin pretender cambiar nada, estando presente con el corazón. Respirando a través de la tristeza, a través del miedo, a través de la rabia, respirando y permitiendo que lo que es, sea. Sintiendo el miedo, la rabia, la tristeza, cualquier emoción es bienvenida a la consciencia (pausa).

De esa manera se va aquietando tu mundo emocional, a pesar de todas esas emociones que se bañan en tu lago interior, date cuenta como a través de la atención plena las aguas del lago se calman, para mostrarte como un espejo claro, un espejo transparente (pausa).

Si lo deseas puedes tirar del hilo de las emociones y al

tirar de este aparece una necesidad. Ahora necesito... ¿Qué necesito ahora? Escucho a ese yo sabio que habita dentro de ti y que sabe cómo cuidarse y autosanarse. Por ejemplo, hay personas que pueden escuchar frases como «Ahora lo que necesito es descansar, cuidar mi alimentación, viajar, llorar...». Solo son ejemplos. Simplemente es el momento de escucharte: escucha el mensaje implícito de la emoción que estás sintiendo (pausa).

Ponte una mano en el corazón, haz varias respiraciones conscientes, amables, profundas, sentidas, llenas de amor y permite que, a pesar de la oscuridad de la noche, a pesar de las emociones desagradables como la tristeza, el miedo o la rabia, a pesar de las oscuridades..., a pesar de todo eso, puedas percibir en esa imagen un rayito de luz, por muy pequeño que sea, que entre a través de la ventana. Deja que ese rayo de luz penetre a través de la ventana (pausa).

Poco a poco, lleva la atención al cuerpo, haz cualquier movimiento que desees, y cuando esté bien abre los ojos y quédate unos minutos en posición fetal, quizá abrazándote, sosteniéndote con amor.

Las prácticas para acompañarte en el proceso de duelo permiten que el corazón y el cerebro puedan comunicarse en una danza sincronizada, para que progresivamente puedas acceder sin tanto miedo al dolor de la pérdida. Es justo esta apertura la que sana, aunque duela. Recuerda que el agua oxigenada escuece cuando la colocas en una herida física, de la misma manera que el *mindfulness* y la compasión también pueden hacer que al principio sientas ese dolor con más intensidad, para luego contemplar cómo va cediendo, cómo se va aliviando. Esto es lo que se llama el fenómeno Backdraft. Este se define como el incendio que se produce cuando nos acercamos al dolor emocional; es como si abriésemos una puerta en un espacio que está en llamas:

al entrar oxígeno, se produce una explosión. Es por eso que el acercamiento que hacemos al dolor de la pérdida es progresivo, a medida que hemos practicado recursos de estabilización, podemos abrirnos un poco más. Es como agujerear las paredes de la habitación en la que se está produciendo el incendio y que el oxígeno entre poco a poco y de esa manera se produzcan microexplosiones llevaderas, para al final poder abrir la puerta y apagar el fuego con una manguera. Aunque observes que tu dolor emocional se intensifica, recuerda que las prácticas son el agua oxigenada que sana aunque duela.

Algunos de los testimonios de los dolientes a los que he acompañado dicen así:

He aprendido a no alimentar las emociones negativas y poder desprenderme de ellas. Con ello he bajado los niveles de estrés y he pensado con muchísima más claridad y objetividad. Aún me queda un trabajo conmigo misma para mejorar mi autoestima, pero al menos hay agentes externos que ya no suponen un impedimento para valorar mi vida.

He conseguido relajarme y algunas veces me he sentido muy contenta y agradecida.

Me ha aportado la capacidad de relajarme a través de la respiración. He empezado a darle valor en mi vida a cosas que antes no lo tenían para mí.

He aprendido a ir más despacio y disfrutar de las pequeñas cosas que antes no percibía.

He conseguido mayor relajación y menos irritabilidad.

He conseguido difuminar la intensidad del dolor. He conectado con mi ser querido a nivel espiritual. He alcanzado tranquilidad y serenidad. Tengo paz interior.

He conseguido dormir más, no tener tanta ansiedad ni llorar tanto. Puedo hablar de mi ser querido sin llorar ni ponerme nerviosa.

He aprendido a respirar cuando algo me hace sentir mal y relajarme. Valoro mucho más cosas que tenemos a nuestro alrededor (mar, montañas) y valoro mucho más mis sentimientos, puesto que he aprendido a entenderlos.

Puedo pararme a prestar atención a lo que siento, ya no huyo, miro el dolor de frente y si tengo que llorar lo hago, y me digo que no pasa nada. He empezado a actuar con mayor consciencia, no dejándome llevar por los impulsos.

A poder tomar las cosas como vienen en la vida. Permitirme sentir y entender mis sentimientos con amabilidad.

A saber calmarme, a no alimentar la rabia y aceptar el dolor. Me ha ayudado a tomar consciencia de mí misma y a comprender otras formas de experimentar el duelo de mi familia.

Me ha ayudado a canalizar el dolor de una forma mucho más llevadera. Se minimiza la sensación de impotencia. He conectado con mi cuerpo y he aprendido a ser más tolerante conmigo misma.

Me ha ayudado a procesar la rabia, a activar incluso el sentido del humor. Aceptar, compartir, escuchar, respetar.

Deseo de corazón que las prácticas que estás haciendo hasta el momento te permitan conectar con un estado de mayor estabilidad y seguridad, para acercarte a las emociones difíciles que todos los seres sentimos en el proceso de duelo. El siguiente paso es que exploremos la emoción de la culpa por su relevancia en la complicación del proceso de duelo, como veremos en el capítulo que sigue a continuación, y afianzar la práctica de la autocompasión para poder ser tu mejor amigo o amiga.

12

El regalo olvidado.
Culpa y autocompasión

> Tu mente es como un trozo de tierra sembrado
> con diversos tipos de semillas: semillas de di-
> cha, de paz, de atención, entendimiento, amor,
> y semillas de rabia, miedo, odio y olvido.
>
> Estas semillas están siempre ahí, durmiendo
> debajo de la tierra de la mente. La calidad de tu
> vida dependerá de las semillas que riegues. Si
> riegas las semillas del tomate, entonces las
> plantas del tomate crecerán. De la misma for-
> ma, si riegas las semillas de la paz en tu mente,
> entonces la paz crecerá.
>
> Las semillas que más frecuentemente riegues,
> serán las que con más fuerza crecerán.
>
> THICH NHAT HANH

La culpa es una emoción humana universal, es como un mensajero que nos avisa de que alguna acción u omisión ha sido la causa del sufrimiento de otros seres o de nosotros mismos. La inten-

ción de la culpa es que al sentir ese remordimiento podamos reparar el daño infringido. A esto es a lo que se llama culpa adaptativa. En cambio, existe también la culpa desadaptativa, en la que nos hemos quedado enganchados a los mensajes de culpabilización con un juicio severo y, en vez de llevarnos a la reparación, nos conduce al autocastigo, al boicot interno e incluso a la autodestrucción. En el ámbito del duelo, además, la mayoría de las personas a las que he acompañado se sienten culpables de una forma irracional, puesto que la culpa en estos casos se convierte en un mecanismo de defensa que nos está protegiendo de las emociones más blandas que puede haber por debajo, como la tristeza, el miedo, la desesperanza. Por lo tanto, puede considerarse también una armadura que intenta protegernos del dolor de la pérdida.

Sabemos que se hace duelo por lo que hemos perdido, siempre y cuando lo que hemos perdido tenga valor para nosotros. Se puede suponer que cuando perdemos algo que es valioso, el afecto principal es un profundo dolor, que se manifiesta como desazón, pérdida de productividad, incapacidad de amar, retirada del mundo externo, etc. En cambio, además de ese dolor, también tras la pérdida de un ser querido suele aparecer el sentimiento de culpa, que se manifiesta como una gran angustia, acompañada de autorreproches y un juicio severo contra uno mismo, con desprecio y autodenigración.

La culpa en el duelo es una reacción emocional de remordimiento con el reconocimiento de haber fallado en el vivir con los estándares y expectativas propias en relación con el ser querido fallecido y/o su muerte (Li, Stroebe, Chan y Chown, 2014). Incluye componentes cognitivos y afectivos, como sentimientos dolorosos, remordimientos, sentido de responsabilidad, que surgen como consecuencia de la transgresión moral (real o imaginada) en la que la persona cree que sus acciones u omisiones han causado resultados negativos (Tilghman-Osborne, Cole y Felton, 2010). Puede considerarse también como una emoción de angustia que surge como consecuencia de la realización de actos (físicos, mentales, fantaseados u omitidos) que transgreden el sistema de normas y valores de la persona (Pérez Sales, 2006). Según Worden (2013), existen varias cosas que pueden producir sentimientos de culpa después de una pérdida. En muchas ocasiones por creer que no se ha hecho lo suficiente, por no haber ofrecido al fallecido una atención médica mejor, porque no deberían haber permitido que lo operaran, por no haber consultado al médico antes o por no haber elegido un hospital mejor. Al fin y al cabo los supervivientes se reprochan un sinfín de decisiones que según ellos no han sido las adecuadas. Aparece el «y si hubiera hecho X, seguramente estaría vivo». Además de la culpabilidad referente a las decisiones tomadas, otros supervivientes se sienten culpables por no experimentar la intensidad de dolor y tristeza que consideran apropiada. Siguiendo a Worden (2004), «Sean cuales sean las razones, este sentimiento es, en su mayor parte, irracional y se centra en las circunstancias de la muerte», que en realidad escapan a nuestro control.

Además de la culpa irracional, también existe una culpa real, y aunque es más difícil de elaborar, se puede trabajar a través del psicodrama, donde los supervivientes aprenden a perdonarse; y a través de la imaginación guiada u otras técnicas como la silla vacía, donde se busca el perdón del fallecido de forma simbólica (Worden, 2013). Esto es importante, ya que incluso habiendo causado daño a nuestro ser querido con nuestras acciones u omisiones, podemos aprender a perdonarnos y liberarnos de ese autocastigo que lo único que hace es perpetuar el duelo en una espiral sin fin.

Es importante recordar que cuando hay una relación ambivalente coexisten sentimientos positivos con sentimientos negativos. Según Freud (1976), esa ambivalencia se produce por una mezcla de amor y odio, que se traduce en un sentimiento de culpa posterior cuando se ha perdido al ser querido. Precisamente mientras el ser querido vive, los sentimientos negativos se reprimen en cierta medida, y tras su muerte aparecen en la consciencia en forma de culpa. Es decir, esos sentimientos negativos hacia el ser querido se desalojan de la consciencia mientras vive, y aparece solo un sentimiento de ternura que se traduce en un exceso de cuidado hacia el ser querido, incluso de forma compulsiva. Además se suele idealizar a la persona fallecida, con el fin de seguir reprimiendo esos sentimientos hostiles. Cuando el ser querido fallece, aparece la culpa en forma de autorreproches y castigos hacia uno mismo que se pueden manifestar en síntomas físicos que padecía el fallecido, incluso llevándonos a la propia muerte. De alguna forma el superviviente se castiga a sí mismo por esos sentimientos hostiles que ha experimentado hacia el ser querido, pero que había reprimido.

La culpa también puede aparecer cuando, previamente al fallecimiento del ser querido, haya habido alguna discusión, que puede quedar en la consciencia del superviviente como la razón de su muerte, en el caso de que el ser querido haya fallecido de forma imprevista como por ejemplo en un accidente. Cuando se trata de relaciones con una historia amplia de conflictos con el ser querido fallecido, probablemente hayan quedado muchos aspectos por pulir, y eso puede provocar en el superviviente una angustia en forma de culpa, que se habrá de trabajar posteriormente a la muerte del ser querido.

Las personas que han perdido a alguien por suicidio experimentan culpa con más frecuencia que quienes lo han hecho por otras causas (Macintosh y Kelly, 1992). Debido a la intensidad de la culpa, las personas pueden sentir la necesidad de ser castigadas y pueden relacionarse con la sociedad de una forma inadecuada, de manera que esta las castiga a ellas. Un ejemplo claro puede ser el de la delincuencia, o el abuso de drogas o alcohol como una manera de autocastigo. Normalmente, las personas que sobreviven al suicidio de un ser querido suelen sentir mucha rabia, mucho enfado, percibiendo su muerte como un rechazo: ¿Por qué me hizo esto? Esta intensidad de la rabia les lleva posteriormente a sentirse culpables.

La culpa se puede manifestar otras veces haciendo proyecciones, es decir, culpando a otros. Según Worden (2004), «encontrar a alguien a quien echarle la culpa puede ser un intento de afirmar el control y de encontrar significado a una situación difícil de entender». Recuerdo una doliente a la que acompañé tras la pérdida de su hija, que falleció muy joven debido a un cáncer de páncreas, que estaba totalmente instalada en una rabia intensa dirigida hacia Dios. Ella lo culpaba a él totalmente de la enfermedad y muerte de su hija y aunque decía que ya no creía en Dios, en realidad sí lo hacía, pero estaba muy enfadada con él, proyectando así en algo externo la responsabilidad de su pérdida. Recuerdo con claridad sus palabras y el odio con el que las expresaba: «Si lo tuviera aquí delante (y miraba hacia el cielo con odio) lo mataba a tiros». Esto, sin duda, era un intento de su mente de colocar en algún lugar esa responsabilidad, puesto que a las personas se nos hace muy difícil comprender la realidad de la existencia que lleva implícita la impermanencia y la muerte como parte ineludible de la vida. Proyectar la culpa hacia fuera es un mecanismo de defensa por el que muchos dolientes a los que he acompañado pasan. Otras veces la responsabilidad recae totalmente en los médicos, y la culpa junto a la ira se instalan allí. Es parte del proceso de duelo y es importante entenderlo como una forma de encontrar ese sentido a algo que nos cuesta entender.

En el caso de las muertes súbitas que se producen sin aviso, como los accidentes, los ataques al corazón y los homicidios, además de que los supervivientes quedan con una sensación de irrealidad que dura mucho tiempo, se suelen exacerbar los sentimientos de culpa. Suele aparecer expresada en afirmaciones como: «Si no les hubiéramos dejado ir a esa fiesta», «Si hubiéramos estado con él». Además de este sentimiento de culpa dirigido hacia uno mismo, también aparece la necesidad de culpar a alguien, lo cual sucede con mayor intensidad que en otro tipo de muertes.

La pérdida «deseada» se produce en ocasiones en familiares cercanos de enfermos, tras larga y penosa convalecencia. En realidad no es deseada, sino que existe una ambivalencia. Precisamente como se trata de procesos interminables de cáncer, enfermedades degenerativas, largas parálisis, procesos terminales de enfermedades inmunológicas, demencias, etc., crean en los familiares un deseo de «que todo termine ya», precisamente por el deterioro que sufren los enfermos, y porque se percibe la muerte como única liberación, para que dejen de sufrir. Una vez que ocurre el fallecimiento en este supuesto, pueden presentarse los remordimientos, la culpa, «apariciones del fallecido», escuchar su voz, sus gritos, haciendo muy angustiosa la vida del familiar superviviente. Esa pérdida deseada tiene que ver con el duelo anticipado, que se produce cuando los familiares conocen de antemano el desenlace del familiar enfermo, puesto que está en una fase muy crítica en la que se van experimentando las diferentes respuestas emocionales y se inician las tareas del duelo antes de que el moribundo fallezca. «Mientras que la muerte súbita es sumamente traumática, el duelo prolongado puede producir resentimiento, que a su vez lleva a la culpa» (Worden, 2004).

La culpa puede considerarse un síndrome emocional, cognitivo, somático y comportamental que se da como respuesta natural a la percepción de que hemos fallado, o estamos fallando o fallaremos a nuestro ser querido, sea por acción u omisión en nuestras obligaciones, hechos, palabras o pensamientos, provocando un daño o una muestra de desamor (Payás, 2016). Es normal encontrar sentimiento de culpa en el proceso de duelo. Su presencia puede complicar su evolución si no se trabaja adecuadamente. A más culpa, más sintomatología de duelo complicado.

Payás (2016) ve la culpa como algo universal y no lo considera una patología. Es inherente al ser humano, aunque es necesario trabajarla para que su función pueda ser adaptativa y no se convierta en desadaptativa. Los dolientes pueden sentir diferentes tipos de culpa: culpa por las circunstancias de la muerte, que tiene que ver con la fantasía de que podemos controlarlo todo; una culpa relacional asociada a los asuntos pendientes (no haberse despedido, no haberle entendido, no haber estado en su vida, etc.); y una culpa de reconstrucción que nace con esos sentimientos contradictorios que aparecen cuando te empiezas a encontrar mejor. Algunos ejemplos serían tener culpa porque se borran los recuerdos o por enamorarse de nuevo.

Como puede observarse, existen diversos motivos por los que puede aparecer el sentimiento de culpa, ya sea irracional o real. Es conveniente trabajarlo en los supervivientes, ya que produce un enquistamiento que impide la resolución del duelo, pudiendo convertirse en un duelo complicado. Es por ello que el programa MADED centra parte de las sesiones del protocolo en este sentimiento, realizando un trabajo de perdón hacia uno mismo, así como un encuentro con el ser querido fallecido a través de la imaginación en estado de meditación, que actuaría como la silla vacía y serviría para cerrar temas inconclusos y para despedirnos del ser querido en el caso de que no se haya podido producir en la realidad.

Según Odriozola (2002), psicólogo clínico especialista en duelo, el sentimiento de «agradecido recuerdo» es el termómetro que marca una sana elaboración del duelo. Cualquier otro sentimiento, como la indiferencia, el rencor, la culpa, la depresión, el vacío o la alegría es evidencia de un duelo atascado. Detrás de todos estos sentimientos está la culpa, que es un proceso intrapersonal, y no es necesaria la presencia del fallecido para sanarla. Cuando la culpa se vive desde la comprensión y el perdón, esta da lugar al «agradecido recuerdo», que es precisamente lo que trabajaremos juntos durante esta semana y la siguiente, a través de la práctica del amor incondicional y la autocompasión.

Como en todas las emociones, lo primero será poder detectar este sentimiento de culpa de cara a procesarlo a través del cuerpo y ofrecernos una mirada autocompasiva. Los objetivos de esta semana para acompañarte en el acercamiento y procesamiento del sentimiento de culpa son los siguientes:

- Que puedas tomar consciencia de los motivos por los que te sientes culpable.
- Que puedas distinguir entre la culpa real y la irracional.
- Que puedas captar las sensaciones físicas que provoca el sentimiento de culpa, así como los pensamientos y comportamientos que vienen derivados de ese sentimiento.

- Que puedas amarte a través de la práctica del amor incondicional (bondad amorosa y autocompasión) y desde ahí procesar el sentimiento de culpa que te acompaña.

Las prácticas y contemplaciones de esta semana nos llevan, siguiendo a Thich Nhat Hanh, a sembrar, regar y cuidar las semillas de la liberación del sufrimiento (y por tanto de la culpa) a través de una mirada compasiva con nuestra persona, que prepare el terreno fértil de nuestra mente-corazón, para que verdaderamente podamos perdonarnos y perdonar, que será nuestra siguiente estación en el próximo capítulo.

De momento te invito a que contemples la posibilidad de reparar tu sentimiento de culpa, escuchando al mensajero (que es tu emoción) y activando la curiosidad, extrayendo el néctar del aprendizaje para ponerlo en palabras. ¿Y si pudieses pasar de la culpa a la reparación?

DE LA CULPA A LA REPARACIÓN

> De noventa enfermedades, cincuenta son producidas por la culpa y las otras cuarenta por la ignorancia
>
> Anónimo

La culpa desadaptativa es uno de los sentimientos más negativos que puede tener el ser humano y, al mismo tiempo, uno de los recursos más utilizados para manipular a los otros. En psicología se dice que la culpa es la diferencia entre lo que hice y lo que debería haber hecho, entre lo que quiero y lo que debería hacer. Añadiríamos además que la culpa es la diferencia entre cómo me encuentro y cómo creo que debería estar. La culpa es una emoción que nos paraliza, que nos impide seguir desarrollando todo el potencial que tenemos; la culpa es venganza, enfado y boicot contra uno mismo. Vivir con culpa es vivir con cadena perpetua. Es condenarse a vivir insatisfecho, reprochándonos todo el tiempo por la vida que nos ha tocado vivir (Stamateas, B., 2012).

Podemos definir la culpa como la aparición de un sufrimiento psicológico asociado a pensamientos y emociones de tipo autoacusatorio en relación con la transgresión de una regla real o simbólica. Para ello, en toda culpa siempre aflora la presencia imprescindible del otro. Sin él no habría culpa (ojo acusador). Este ojo acusador es simbólico y puede ser que nosotros mismos nos convirtamos en nuestros propios jueces, u otras veces lo que sucede es que interiorizamos el ojo acusador de personas muy importantes para nosotros, por ejemplo: «¿Qué pensaría mi padre de mí, si supiese esto?».

La clarividencia retrospectiva consiste en el error derivado de decidir que se es culpable basándose en la información adquirida durante o después del hecho o al ver con el tiempo las consecuencias. No se basa en «si yo hubiera sabido», sino en «lo sabía y no supe verlo». Como señala Albert Espinosa, el yo del presente no puede juzgar al yo del pasado, puesto que este último no disponía de la misma información que el de ahora y, por tanto, cada cual actúa según el entendimiento que tiene en cada momento.

Un ejemplo de clarividencia retrospectiva puede ser el siguiente: Imaginemos un hijo que sale de noche y le da un beso a su madre. Ella como siempre se siente preocupada, porque hasta que no viene su hijo a casa no se acuesta, ya que sufre de una gran ansiedad asociada al miedo de perder a su hijo. Supongamos que el hijo tiene un accidente, y entonces ella se siente culpable y dice algo así: «Lo sabía, tendría que haber evitado que se fuera».

El ser humano tiene necesidades básicas que requiere desarrollar para poder vivir libre de culpas. Se trata de necesidades físicas, emocionales, intelectuales y espirituales. Si somos capaces de escuchar nuestras propias necesidades y tenerlas en cuenta en nuestro proyecto vital, la culpa podrá disiparse.

El remordimiento por situaciones pasadas de las que nos creemos culpables puede paralizarnos hasta convertirnos en una sombra de nosotros mismos. Afrontar los hechos, asumir que el pasado no se puede cambiar y aceptar la responsabilidad de nuestros actos en el presente es el camino para aprender de lo sucedido y seguir avanzando.

La culpa bien entendida y mejor administrada nos lleva a meditar, a pedir perdón y disculpar, a reparar el daño infringido, a hacer propósito de enmienda y, sobre todo, a aprender cómo evitar conductas similares en el futuro; contribuye, en suma, a nuestro aprendizaje y crecimiento (Rabbani, 2013).

Se trata de sacar provecho de nuestro error. Errar significa tomar un camino equivocado, un camino que no nos conduce a nuestro objetivo. Si tomamos consciencia de ello podremos corregir el error. Y esto es motivo de alegría, ya que habremos generado una situación propicia para seguir viviendo con mayor preparación. Al asumir el desacierto tal cual es y hacernos responsables de sus consecuencias, consolidamos nuestra dignidad.

Es hora pues de ir superando nuestra actual cultura de culpa en su doble dirección: ni cargar el peso de la responsabilidad en otros, ni humillarnos eternamente ante nuestro dolor. En su lugar, debemos dar voz a los remordimientos para traducirlos en lecciones prácticas de cómo ser mejores personas que antes.

Las prácticas que siguen a continuación te permitirán reconocer el sentimiento de culpa, detectándolo en el cuerpo y fiscalizándolo, como si lo pudieses ver en forma de imagen. De esa manera es mucho más manejable. En la primera práctica, aprenderás a dar espacio a ese sentimiento, a través de la respiración. En la práctica para procesar la culpa a través del amor, podrás trabajar con una escena concreta de tu vida por la que te sientes culpable. Observarás el ojo acusador (juez interno) que te habla con dureza, y podrás hacer un trabajo de liberación, con imaginería mental, que te invitará a empezar a soltar y transformar este sentimiento en algo más sano. Y en la meditación de abrirse al amor, podrás practicar el amor incondicional con frases y con visualización. Estas frases incluyen tanto la bondad amorosa (desear la felicidad) como la autocompasión (desear estar libre de sufrimiento). Además esta práctica incluye *tonglen* (dar y recibir) que es una práctica budista tibetana, una herramienta fantástica para lidiar con el sufrimiento.

MEDITACIÓN PARA DAR ESPACIO A LA CULPA

Cierra los ojos y centra la atención en el espacio exterior, dibujando mentalmente el lugar en el que te encuentras, expandiendo tu consciencia e imaginando las calles que están fuera, los pueblos, las ciudades, los países, los continentes y todo el planeta Tierra en su globalidad. Respira profundamente y déjate llevar por la vibración del sonido (pausa).

Trata de imaginar la culpa como si fuera una pelota de acero pesada dentro de tu cuerpo, fíjate en el tamaño, en la textura, en el color, en el sabor, en el olor. Como si le pudieses poner apariencia física a ese sentimiento que te daña por dentro. Pero no huyas de él, acércate a él, obsérvalo de cerca, tócalo, huélelo, saboréalo, míralo. ¿Qué zonas de tu cuerpo invade?, ¿dónde sientes esa culpa?, ¿qué sensaciones físicas tienes?, ¿qué emoción básica está por debajo de esa culpa? Mira si es la rabia, si es el miedo, si es la tristeza, si son todas ellas o ninguna de ellas (pausa). ¿Hacia dónde te impulsa esa culpa?, ¿qué harías si te dejases llevar por ella, si le cedieses tu silla, si ella fuera quien ocupara el trono?... Obsérvalo y respira al mismo tiempo, con consciencia del momento presente. Ablanda, permite y ama. ¿Qué pensamientos hay que facilitan que ese sentimiento de culpa florezca? Obsérvalos, pero no te aferres a ellos, mira cómo entran y salen de tu consciencia, cómo vienen y van, como nubes que se acercan y se alejan... (pausa).

Date cuenta de que dentro de ti convive el sentimiento de culpa, pero que eso no te impide centrarte en tu respiración, y que cuanto más consciente eres de tu respiración, más se ablanda esa bola de acero. Respira, ablanda, permite y ama. Y repite mentalmente: «A pesar de este sentimiento de culpa que me abrasa por dentro, me acepto y me amo profundamente. A pesar de este infierno liderado por la culpa, me acepto y me amo profundamente. A pesar de la tortura mental asociada a la culpa, me acepto y me amo profundamente...». Y quédate ahora con tu respiración, esa gran amiga que nunca te abandona, que siempre te acompaña (pausa). Poco a poco irás centrando la atención en tu cuerpo, haciendo un recorrido desde la planta de los pies hasta la cabeza, tratando de realizar cualquier movimiento que consideres oportuno, y, cuando esté bien para ti, abrirás los ojos y podrás escribir tu experiencia.

MINDFULNESS PARA PROCESAR LA CULPA A TRAVÉS DEL AMOR

Centra la atención en la postura dignificada —con la columna vertebral recta— y la apertura del pecho, para conectar con tu presencia. Trata de concentrarte en los sonidos que provienen del exterior, dejándote envolver por el sonido del cuenco, por su vibración, permitiendo que el corazón se abra, se expanda, y que se establezca una conexión entre el corazón y la mente. De esa forma afinamos las cuerdas, creamos un puente directo entre la razón y la emoción (pausa con vibración de sonidos).

Hoy vamos a trabajar la meditación del procesamiento de la culpa, los sentimientos de culpa que se alimentan de una serie de pensamientos. Además, esa culpa no admitida es a veces difícil de reconocer: se manifiesta a través de otras emociones como la rabia, el abandono o la tristeza; y en otros comportamientos como la agresión, la irritabilidad desplazada o proyectada, los juicios constantes hacia uno mismo...(pausa).

Para ello, simplemente vas a hacer un pequeño recorrido por el cuerpo desde los pies hasta la cabeza, enviando tu respiración a través de todo él. Deja que se encienda tu pantalla interna y que aparezca en ella alguna escena o alguna situación de tu vida por la que te hayas sentido y te sientas culpable en determinados momentos. Aparezca lo que aparezca en esa pantalla interna, simplemente obsérvalo con atención plena, con amabilidad (pausa).

Mira a ver cuál es el hecho que te remuerde la consciencia. Muchas veces esas frases que empiezan por «Y si hubiera hecho...», «Y si le hubiera dado más atención...», «Y si le hubiera dicho...», «Y si me hubiera dado cuenta...». Todas esas frases indican un sentimiento de culpa, a través de lo que se llama la clarividencia retrospectiva, que consiste en juzgarse cuando uno ya sabe lo que ocurrió a toro pasado, y, sin embargo, lo desconocía previamente, no tenía la información suficiente como para saber lo que sabe ahora (pausa).

Otras veces la culpa se manifiesta en forma de mancha, como una sensación de suciedad, de vergüenza, de impureza. En otros casos, aparece lo que se llama el ojo acusador, ese ojo interno, ese juez interno que juzga continuamente nuestros actos porque no nos sentimos puros. Como una voz interiorizada, acusadora, que lo único que hace es juzgar como si fuera la voz de un padre o una madre crítica, que te culpa hagas lo que hagas, digas lo que digas. Ese yo de nuestra pandilla interna, acusándote una y otra vez. Ahora voy a dejar un espacio de tiempo para que puedas conectar con esos pensamientos que a veces se te pasan por la cabeza y que tienen que ver con algo de lo que he explicado anteriormente. Pero recuerda que te posicionas con una actitud de escucha profunda, de observación; que solo estás contemplando a través de esa pantalla interior, y que te mantienes con esa postura dignificada, en contacto con la tierra y el cielo, además de encontrarte en un lugar seguro. Un espacio donde yo como terapeuta estoy proyectando el amor para contener todas esas emociones que puedan salir aflorando en este momento presente. Estás en un espacio sagrado, en el que desarrollas lo que se llama el testigo u observador, que observa la experiencia, los pensamientos, las situaciones por las que te sientes culpable (pausa).

Ya tienes detectados los pensamientos o sentimientos que te hacen sentir culpable y ahora toca trabajar la liberación. Es el momento de liberarte, de cortar las cadenas que te atan a esos sentimientos y pensamientos que te esclavizan. Deja que la metáfora del encadenamiento se manifieste, percibiendo cómo la culpa te aplasta y te hace sentir como en una prisión.

Te voy a guiar para hacer ahora un trabajo de aproximación a la liberación. Trata de conectar con ese sentimiento de culpa como si fuese una bola de acero, que tienes en tus manos, o una mancha negra que se expande por tu cuerpo, o quizá cualquier otra imagen que tenga sentido para ti (pausa). Observa cuál es la magnitud de ese sentimiento de culpa, qué zonas de tu cuerpo abarca, desde qué parte hasta qué partes de tu cuerpo está presente ese sentimiento. A medida que conectas con esa culpa respira, ánclate en la postura. Puedes ponerte la mano en el corazón y sentir cómo el amor hacia ti permite que esa bola de acero o esa mancha pueda hacerse cada vez más pequeña o pueda ser más sostenible. Imagina que te envuelves con cariño, con amor, con un abrazo cálido, permitiendo que esa mancha, esa bola de acero se pueda ir disolviendo en la luz de tu corazón (pausa). Solo el amor puede sanar las heridas más profundas del alma. Imagínate que delante de ti aparece un objeto que simboliza la transformación, puede ser el baúl de la transformación o cualquier otro objeto o símbolo que te venga a la mente. El baúl te da permiso para que te vayas acercando y deposites allí esa bola de acero o esa mancha oscura. Observa qué sucede a medida que te acercas, mira si aparecen resistencias, si te cuesta acercarte y soltar la bola, o si por el contrario todo fluye y te permites soltarlo. Simplemente observa tu experiencia, no te fuerces a sentir algo que no sientes y mantente en escucha profunda (pausa).

Percibirás que el baúl se abre y es capaz de transformar el odio, el miedo, la rabia, la culpa, todo eso en paz, serenidad y compasión. Es capaz de cortar esas cadenas que te atan al pasado, que te atan a la culpa, a través de una energía muy bonita, que es la energía del amor y el perdón (pausa).

Es como si de ese baúl apareciera una imagen que representa el perdón. Si pudieras perdonarte ahora por eso que crees que podrías haber hecho mejor, por eso que dijiste o hiciste, o que no dijiste o hiciste... si pudieras soltar toda esa culpa, ¿qué imagen representaría para ti esa liberación? Deja que del baúl surja esa imagen y hazla tuya (pausa).

Trata de acercarla, como si ahora de repente tú fueses esa imagen que representa la capacidad de perdonarte y expresa internamente todo aquello que podrías decirte para liberarte de esos pensamientos culpabilizadores. Algunos ejemplos de frases pueden ser: «Yo lo hice lo mejor que podía en ese momento, según el entendimiento que tenía»; «Yo no podía saber lo que sé ahora»; «Lo hice lo mejor que pude como padre, como hermana, como amigo»; «Que pueda liberarme de ese ojo acusador y sacar a flote ese yo sabio, ese yo comprensivo, ese yo amoroso, de la pandilla que vive dentro de mí para sanar las heridas que tengo en el corazón» (pausa).

«Que pueda entregar la culpa al pasado, y sentirme una persona merecedora de una vida libre de culpas». «Que pueda avanzar en mi vida con amor y pueda perdonarme, porque como ser humano que soy, puedo cometer errores, forma parte de la condición humana cometer errores y yo soy un ser humano». «Que pueda perdonarme por todos esos pensamientos que he tenido o tengo en algunos momentos». «Que pueda entregar mi culpa y llenarme de amor y de compasión hacia mí, tratándome con cariño, hablándome como cuando le hablo a un niño pequeño que llora, con ese sentimiento de quererlo proteger, de quererlo amar». «Que pueda hablarme con ese tono tierno, libre de acusaciones». Precisamente porque estoy sufriendo, precisamente porque las cosas no son fáciles, precisamente por eso me cuido, cuido mi diálogo interno. Si pudiera hablarme de forma amable, ¿qué me diría ahora mismo? Si pudiera sentir esa amabilidad, ¿qué imagen representaría esa amabilidad? Observa qué imagen te viene y acógela (pausa).

Céntrate de nuevo en la postura, como si fueses esa montaña de base firme, en contacto con la tierra, y de cima que se alza cerca del cielo. Conecta con su dignidad, con su majestuosidad, con su templanza, en todos los momentos de su existencia. Cuando llueve, cuando nieva, cuando hay tormenta, cuando es de día, cuando es de noche, la montaña se mantiene erguida, con esa sensación de resistencia frente a la adversidad. Trata de aprender de esa montaña, trata de ser la montaña. Puedes dar las gracias a esta meditación, celebrando estos momentos que has pasado contigo y, si lo deseas, puedes ingresar el beneficio de la práctica en el banco del universo para que llegue a todos los seres del mundo que están sufriendo al igual que tú una pérdida. No estás solo, no estás sola (pausa). Poco a poco comienza a sentir el cuerpo, haciendo cualquier movimiento de forma consciente y cuando lo sientas abre los ojos; puedes escribir tu experiencia.

MEDITACIÓN PARA ABRIRSE AL AMOR

Cierra los ojos y trata de conectar con los sonidos que provienen del exterior. Sonidos que aparecen y desaparecen; sonidos que vienen y van. Procura ser consciente de tu respiración, de cómo entra y sale el aire, inhala, exhala... Si hay algún pensamiento intenta imaginar el pensamiento con voz, como si los pensamientos los oyeses internamente, e igual que los sonidos tienen un principio y un final, los pensamientos también, obsérvalo (pausa).

Metta: Ahora centra la atención en ti, pon la mano en tu corazón y siente el latido, respira profundamente. Imagina que puedes reflejarte en un espejo, y que el espejo muestra toda tu belleza interior, que irradia hacia fuera; mírate (pausa). Comienza a repetir estas frases internamente, no hace falta que en un principio las sientas, pero pon la intención de amarte incondicionalmente: «Que me vaya bien en la vida, que yo sea feliz, que esté libre de dolor y de sufrimiento» (pausa). «Que aunque tenga dolor y sufrimiento, sea capaz de aprender de él, sea capaz de amarme incondicionalmente, sea capaz de vivir el dolor con serenidad» (pausa). «Que yo sea feliz, que me vaya bien en la vida, que encuentre paz y serenidad» (pausa). «Que sea capaz de cambiar las cosas que sí puedo cambiar, que sea capaz de aceptar las cosas que no puedo cambiar, y que tenga sabiduría para entender la diferencia» (pausa).

Y trata de repetir internamente notando cómo estas palabras resuenan en tu corazón: «Feliz, feliz, feliz (pausa); amor, amor, amor (pausa); paz, paz, paz (pausa); serenidad, serenidad, serenidad» (pausa). Deja que las palabras bailen en tu corazón, pero no te obligues a sentir nada, simplemente pon la intención. Déjate fluir con las palabras, con las frases, pon la intención de que resuenen en tu corazón (pausa).

Inhala y exhala amor, respira vida, respira amor. Como si ahora todas tus células recibieran esas buenas intenciones, esa amabilidad, ese amor incondicional. Pon la intención. La intención es como la semilla que, al plantarla y regarla todos los días, con paciencia, con amor, tarde o temprano dará su fruto, su flor. De la misma manera cultivamos el amor hacia nuestra persona, cultivando la intención, practicando todos los días, regando la semilla de la intención, esperando con paciencia, sin prisas, a ver cómo florece la flor del amor, la más bella de todas las flores. Una flor inagotable, que una vez que germine, se extenderá por todo tu ser, con la capacidad de expandirse hacia fuera y transformar todo lo que toca en amor puro e incondicional.

Tonglen: Puedes imaginar también que puedes verte reflejada en ese espejo, conectándote a través de un puente de luz de color rosa brillante a través de la imagen del espejo y la imagen de ti que está fuera del espejo. Observa todo el sufrimiento, trata de sentirlo y trata de absorberlo. Es como si saliese de la imagen del espejo en forma de humo negro y en tu corazón lo transmutaras. Tu corazón lo hace de forma natural, como si fuera un árbol que inhala el dióxido de carbono y exhala aire limpio. Como si fuera una fuente de luz inagotable que inhala la oscuridad y se disuelve en la luz. Toma el dolor con amabilidad y envía posteriormente una energía purificadora, cálida, amable, de un color que te conecte con la vida, con la fuerza, con cualquier cosa que necesites en este momento para tu proceso de sanación.

Respira profundamente, inhala, exhala... escucha de nuevo los sonidos, escucha tu propia respiración, escucha el latido de tu corazón (pausa). Agradece esta meditación y, cuando esté bien para ti, abre los ojos. Puedes escribir tu experiencia de abrirte al amor.

Si quieres profundizar un poco más para conocer el sentimiento de culpa que pueda estar presente en tu vida, teniendo en cuenta que a veces es una emoción difícil de reconocer a simple vista, te invito a reflexionar sobre las preguntas que siguen a continuación mientras escribes las respuestas. Se trata de un ejercicio reflexivo que integra mente, cuerpo y corazón en un intento de ir un poco más allá, en la apertura de nuestra consciencia del sentimiento de culpa. Están inspiradas en un libro que me ayudó mucho a entender este sentimiento universal, que además en estos momentos se ha demostrado, a través de nuevas investigaciones, que es una emoción básica que está presente también en la especie animal. El libro se llama *Trauma, culpa y duelo. Hacia una psicoterapia integradora*. Puedes hacer este ejercicio entrando y saliendo de un estado meditativo. Puedes cerrar los ojos y lanzarte la primera pregunta y ver qué llega, qué se mueve. Luego puedes escribirlo o grabarlo en voz. Puedes hacer una pausa y continuar poco a poco con cada una de las preguntas que te sugiero a continuación.

EJERCICIO REFLEXIVO SOBRE LA CULPA

1. ¿Cómo definirías el sentimiento de culpa?
¿Qué es para ti?

_____

_____

_____

_____

2. ¿Por qué cosas crees que la gente se siente culpable?

_____

_____

_____

_____

3. En tu caso, ¿te has sentido culpable alguna vez? Si es así, ¿qué hiciste para poder transformar ese sentimiento en algo más llevadero? (Estrategias de afrontamiento).

_____

_____

_____

4. Respecto a tu ser querido fallecido, ¿hay algo por lo que te sientas culpable? Reflexiona si hay algo que crees que has hecho o dicho, o no hecho ni dicho que te remuerda la consciencia.

_____

_____

_____

5. El sentimiento de culpa es difícil de reconocer, raramente se manifiesta de forma espontánea, pero te puede ayudar el detectar frases de este tipo:

- Me tendría que haber dado cuenta antes.
- Nunca le expresé lo mucho que le quería.
- No me di cuenta de que se estaba despidiendo de mí. Tendría que haberme dado cuenta.
- Fui muy duro/a con él/ella.

Estos son algunos ejemplos. Sería conveniente que exploraras si aparecen en tu consciencia este tipo de pensamientos u otros parecidos que muestren cierto sentimiento de culpa.

_____

_____

_____

6. Cuando nos sentimos culpables aparece lo que se llama el **ojo simbólico acusador o el juez interno.** Vamos a hacer un pequeño ejercicio de imaginación. Muchas veces, en las vivencias de culpa, si pensamos bien hay alguien o algo que parece que nos esté mirando desde alguna parte y que de algún modo es quien nos acusa. La mirada que no soportamos. Puede ser alguno de tus padres, otro miembro de la familia, Dios, la sociedad en general, un amigo. ¿Qué mirada crees que podría ser la que de alguna manera te acusa en silencio?

_____

_____

_____

_____

7. Otras veces nos sentimos culpables porque percibimos que hemos transgredido una norma, una ley que no hemos respetado. Si es así, ¿cuál crees que es esa norma o ley?

_____

_____

_____

8. Percepción de intencionalidad. ¿Consideras que lo que pasó fue por casualidad o que en el fondo tenías alguna intención de que pasara? ¿Te has preguntado esto alguna vez?

_____

_____

_____

9. Lógica subjetiva de la culpa. Imaginemos ahora que las culpas no fueran algo malo en sí mismo, sino una señal de la que podemos aprender. Si tuviéramos que pensar para qué te sirve a ti sentirte culpable, ¿qué lógica se te ocurriría?

_____

_____

_____

10. Culpa y perdón. Supongamos por un momento la posibilidad de que fueses culpable. Solo como hipótesis, ¿crees que en ese caso podrías perdonarte a ti mismo?

_____

_____

_____

11. Búsqueda de culpables. Otras veces lo que sucede es que el propio sentimiento de culpa nos lleva a buscar culpables en el exterior (Dios, la sociedad, los médicos, el mundo...). ¿Te sientes identificado/a? Si es así, ¿qué emoción básica está por debajo de la búsqueda de culpables? ¿De qué crees que te está protegiendo esta forma de actuar?

_____

_____

_____

Las tareas para esta semana son las que siguen a continuación:

1. Intercalar las diferentes meditaciones que hemos practicado hasta ahora a tu elección (respiración, corporal, lugar sagrado, montaña), haciendo las anotaciones pertinentes en tu libreta.

2. Tomar consciencia de los momentos en los que aparece el sentimiento de culpa y explorar: ¿cómo está mi cuerpo?, ¿qué pensamientos aparecen?, ¿cómo me estoy comportando? Visualizar que el sentimiento de culpa a través de la respiración es absorbido por una nube que se acerca a tu cabeza, y luego una nueva nube cargada de amor y compasión llena tu cuerpo de una luz rosa brillante que te conecta con una sensación de paz. Al mismo tiempo verbaliza: «Hice todo lo que pude. Actué según el entendimiento que tenía en ese momento. Me perdono y me libero de toda culpa».

Y para cerrar este capítulo comparto el testimonio de Paolo, que perdió a su hermana por una muerte repentina. La misma noche que murió su hermana, ella le había invitado a cenar y él no acudió a esa cena. ¿Quién iba a pensar que sería la última vez que la viese si hubiera ido? El caso es que esa cena nunca sucedió y esa noche fue la última que su hermana estuvo con vida. Tras cenar con su familia, se fue a la cama como de costumbre sobre las 12.00 pm y cuando su marido subió dos horas después se encontró a Gema muerta en la cama. Además del sentimiento de culpa que acompañó a Paolo durante mucho tiempo por no haber ido a esa cena, la rabia fue una de las emociones más complicadas, puesto que al mes de que su hermana muriese, su cuñado ya estaba teniendo una relación con otra mujer. Para ser fiel a sus sentimientos y a cómo la práctica de la meditación le ayudó comparto sus palabras:

Sentía mucha rabia porque mi excuñado en menos de dos meses de la muerte de mi hermana ya estaba paseando con otra por debajo de mi casa con su coche. Me sentí tan flasheado que no pude ni reaccionar. Luego me enteré por una muy buena amiga de mi hermana de que mi excuñado le dio el mismo teléfono y su número a la nueva pareja. Me sentí tan humillado y ofendido por aquel gesto que si a mí me había sentado tan mal, no podía ni imaginarme cómo le sentaría a mi madre. Una suegra de diez que siempre ha estado ahí para todo, y que ahora parecía que molestaba. En ese momento mi mente se nubló y se ennegreció. Empecé a pensar que si le pegaba una paliza hasta dejarlo sin respirar ya no nos humillaría más. Mi madre dejaría de sufrir, mis sobrinos dejarían de tener un padre adicto y yo no tendría nada que perder. Mi hermana, mi amiga y mi mediadora ya no estaba, y yo ya no podía permitir que nadie perturbase el dolor que nosotros sentíamos. En mi cabeza solamente pensaba que si lo mataba se acababa el problema, que nadie me haría cambiar de opinión. Pensaba que no tenía nada que perder. Justo en esos momentos de mi vida es cuando te conocimos, esa persona maravillosa que nos enseñó el *mindfulness*. Con las sesiones individuales, luego con las grupales, me di cuenta de que no solo mi madre y yo sentíamos ese dolor, esa agonía, esa pérdida de ese ser querido. Aprendimos a meditar y a escuchar y a no juzgar, aprendimos a perdonar y a perdonarnos a nosotros mismos. El perdón y la compasión fueron esenciales para mí. Comprendí que era yo el que se culpaba por no ir a cenar el día que mi hermana faltó. Entendí que era necesario perdonar a mi excuñado (no porque me equivocase) sino porque ese odio, esa rabia, ese dolor solo me podía hacer más daño. Y de la misma manera entendí que eso me alejaría más de mis sobrinos, ya que a ellos solo les quedaba su padre. Gracias al trabajo que hicimos en grupo con las prácticas de *mindfulness* y compasión todo se calmó, todo cambió, todo mejoró y vivimos mucho mejor. Mi madre, mi hermano y yo estaremos eternamente agradecidos.

13

La despedida y los asuntos pendientes. El perdón

> Ya no me quedan lágrimas, mis ojos están se-
> cos. Ya no me queda aliento, de mi alma ni el
> reflejo. Mis párpados se cerrarán, el pulso se
> detendrá, salvo que me perdones, y mi corazón
> a latir volverá.
>
> Anónimo

Es importante aprender a decir adiós, no siendo esto sinónimo de olvidar al ser querido. En realidad es un adiós a la persona en estado físico, un adiós a los roles que desempeñábamos con esa persona y ella con nosotros. Un adiós a los proyectos, a los sueños futuros que no llegarán, también llamados sueños rotos. Es un adiós que permite poder llegar a su debido tiempo a un nuevo hola, puesto que hay partes de la persona y del víncu-lo que no pueden morir. Sin duda me refiero al amor y el legado que nos ha dejado. Esto es inmortal, la muerte jamás podrá lle-varse las semillas que tu ser querido te haya dejado, jamás podrá llevarse el amor que sientes por ese ser amado, ni el que esa persona ha sentido por ti. Es cierto que al principio ese amor no tiene adónde ir y es por ello que duele tanto, pero cuando empiezas a ser consciente de que tu ser querido sigue vivo en tu corazón y que por tanto continúa estando presente, el amor comienza a llenarte de nuevo. Es ahí cuando te puedes empezar a permitir regalarlo a otros seres que tienes cerca, y es así como ese nuevo hola te sana.

Si uno no se ha podido despedir físicamente, sobre todo en las muertes inesperadas o en las que había una relación ambivalente o cierta separación del ser querido por discusiones antes de morir, es importante poder hacerlo simbólicamente, a través de las cinco cosas: lo siento; te perdono; te amo; gracias; adiós. Y cuando las muertes se han producido en un proceso de enfermedad largo, al menos estas cinco cosas en muchas ocasiones, y con el acompañamiento adecuado, se pueden hacer en vida a medida que el ser querido va teniendo esas pequeñas muertes —pérdida de salud, limitaciones físicas, pérdida de roles familiares y sociales— que llevan a la muerte final en el último aliento; a esto se le llama duelo anticipado y, en numerosos casos, nos permite cierta preparación antes de que el ser querido muera.

Todas las personas a las que he acompañado en el proceso del duelo conectan fácilmente con estas necesidades que no han sido satisfechas o con estos temas pendientes: la necesidad de expresar el perdón, el amor y la gratitud.

Tomarse tiempo para decir estas cinco cosas ayuda a cerrar esa despedida de la forma más saludable posible. Esto se puede hacer a través de una carta o a través de la práctica de la meditación de una forma simbólica.

Lo interesante del trabajo psicológico y espiritual que necesitas hacer como doliente es que lo simbólico para el cerebro es tan real como la propia realidad. El cerebro no distingue entre lo que es real, simbólico o imaginado. Responde de la misma manera y es precisamente eso lo que utilizamos para sanar. Considero importante señalar que con la sanación en realidad no desaparece la herida, sino que aprendemos a relacionarnos con ella de otra manera: a través del amor cicatriza y puedes volver a poner tu amor al servicio de los vivos; o puedes empezar a abrir tu corazón para recibir todos los depósitos de amor que hay en el mundo provenientes de la naturaleza, de la familia y de todos los seres que te vayas encontrando en el camino que, al igual que tú, saben lo que es amar y perder a un ser querido. El dolor de la pérdida se sana con amor, es la otra cara de la moneda. En psicología existe una técnica muy utilizada que es la silla vacía. Consiste, como su nombre indica, en colocar una silla delante de ti y desde ahí poder imaginar a la persona con la que tienes asuntos pendientes —en el caso del duelo diríamos que tienes tareas del duelo no culminadas— y desde ahí abrir tu corazón para expresar todo aquello que necesitas: el perdón, la gratitud y el amor.

Cuando eres capaz de expresar esto, tu corazón empieza a sentirse menos pesado y es mucho más fácil dejar ir al ser querido fallecido. Esto es esencial para un buen duelo, ya que si no lo hacemos, el duelo se complica y la vida se torna muy ardua. Existe un episodio en la vida de Juana la Loca en el que, cuando muere su marido Felipe el Hermoso, ella, al no asumir la realidad de la pérdida, reabrió el féretro de su esposo mientras lo trasladaba de pueblo en pueblo desde Miraflores a Granada. Y aunque no sea exactamente esto lo que nos pasa, es cierto que si no elaboramos el duelo y dejamos ir al ser querido, es como arrastrar nuestros muertos a nuestras espaldas. Por eso es tan importante decir adiós, pero para ello necesitaremos abrir el corazón al amor, la gratitud y el perdón.

La gratitud es un gran regalo porque en vez de focalizarnos en aquello que nos falta, nos centra en aquello que tenemos, llevándonos a un estado mental de abundancia, un estado de gracia. Muchas personas a las⁻ que he acompañado han llegado a expresar que se sienten totalmente agradecidas por el tiempo que han podido estar al lado de su ser querido, que durante ese tiempo se han colmado de todas las experiencias que ahora llenan su corazón para seguir adelante en la vida. Que aquello que su ser querido les ha dejado es tan grande que es precisamente lo que les permite seguir viviendo. En estas joyas de sabiduría está entretejida la gratitud que sin duda abre el corazón a raudales.

El perdón es otro diamante de nuestro sabio corazón, esa capacidad de expresar «lo siento» y de perdonar libera profundamente el alma. En realidad es un regalo que podemos hacernos, puesto que cuando perdonas y pides perdón estás reconociendo que eres un ser humano, que el otro es un ser humano, que como seres humanos que somos nos equivocamos, que el error forma parte de la vida y que reconocerlo y repararlo es parte de nuestro crecimiento personal. El perdón nos lleva a la humildad, nos permite mirarnos con los ojos del amor y desde ahí liberar nuestras cargas.

Cuando perdonamos y expresamos que lo sentimos, en realidad tomamos el camino del amor y la liberación, dejamos de alimentar las semillas del odio hacia nuestra persona y hacia las demás, allanando así el camino. En verdad, perdonar y perdonarse tiene que ver continuamente contigo, es un regalo que te haces a ti, porque dejas de vivir en las llamas del odio para pasar a la serenidad de la paz. El perdón reconoce que quizá los actos fueron equivocados, reconoce el dolor causado por esos actos, pero decide con valentía que salgas de la cadena perpetua en la que te encontrabas, para volver libre a la vida.

Nelson Mandela, que fue presidente de Sudáfrica y que estuvo encarcelado durante mucho tiempo, maltratado por los guardias de la cárcel, decía que la violencia no se erradica a través de la violencia, sino que lo hace a través del amor y el perdón. Mandela dijo: «Las mentes que buscan venganza destruyen los estados, mientras que las que buscan la reconciliación construyen naciones. Al salir por la puerta hacia mi libertad supe que, si no dejaba atrás toda la ira, el odio y el resentimiento, seguiría siendo prisionero».

Motivos para odiar y vengarnos puede haber infinitos, sobre todo cuando las acciones de otros nos han infringido un dolor traumático a lo largo de nuestra vida debido a abusos de todo tipo. Aun así, el perdón lo que hace precisamente es que te abras al amor para sanar esas heridas del alma y dejar de alimentar las semillas del odio. Por eso perdonar es el camino del guerrero sabio, que decide dejar de formar parte del problema y formar parte de la solución.

Desde mi modo de entender el perdón, considero que este se produce de forma natural cuando abrimos el corazón al amor y la compasión. El amor y el perdón van de la mano, son inseparables, y es por eso que la práctica de la autocompasión es tan potente en la vida de las personas. Nuestra casa deja de estar en llamas, para ser un océano inmenso de agua transparente en calma. Ese es el regalo del perdón.

Algunos autores, como Daniel Lumera —que hace acompañamientos a personas moribundas, a familias que han perdido seres queridos y, desde el ámbito social, a profesionales de la salud y del mundo de la educación para formarlos en los temas relacionados con la muerte y el duelo—, distinguen cuatro etapas en el perdón: acusación, responsabilidad, gratitud y amor. Aunque al principio en el proceso del perdón las personas conectamos con el dolor y las acusaciones de todo tipo, llega un momento en el que al hacernos responsables de nuestra casa en llamas interna, surge la gratitud y el amor. Es por eso que el perdón recupera el verdadero amor, y el amor recupera el verdadero perdón. Son inseparables y sin duda el cultivo de la bondad amorosa y la autocompasión permiten a su debido tiempo el florecimiento del perdón.

Durante esta semana vas a poder elaborar la despedida de tu ser querido, comenzar el camino de la expresión de las cinco cosas que incluyen el perdón. Los objetivos para esta semana son los siguientes:

- Que puedas despedirte de tu ser querido como te hubiese gustado hacerlo, de una forma simbólica a través de la meditación guiada: «Comunicación con los ausentes».

- Que puedas aprender a perdonarte y perdonar a otros seres a través de la meditación del perdón basada en la bondad amorosa.

La meditación que sigue a continuación te permitirá tener una conexión profunda simbólica con tu ser querido fallecido y poder acercarte a las cinco cosas que son esenciales para la elaboración del duelo. Es como una silla vacía, pero en estado meditativo. Para hacer esta práctica puedes acompañarte con una música melódica que permita abrir tu corazón, que tenga sentido para ti. También te invito a que coloques una silla vacía delante de ti.

MEDITACIÓN GUIADA DE COMUNICACIÓN CON LOS AUSENTES

Trata de centrar la atención en la música que te acompaña, conectando con los sonidos, permitiendo que vibren en tu interior. Inhala amor, exhala dolor, inhala vida, exhala sufrimiento (pausa). Crea un espacio interior donde puedas evocar las imágenes que te reconforten en estos momentos, quizá tu lugar seguro. Tu consciencia se expande, fluye, se libera de las ataduras del pasado, de los miedos, del dolor (pausa).

Comienza a verte como cuando eras un niño o niña sonriente, feliz, disfrutando la vida momento a momento. Conecta con esas sensaciones agradables que invaden tu corazón aquí y ahora. Déjate llevar por la imaginación, por los recuerdos que afloran en este momento presente, formando parte de él. Y repite mentalmente: «Que yo sea feliz, que me vaya bien en la vida, que el amor que te tengo permita que el vínculo siga creciendo, que puedas vivir en mí y que yo pueda vivir sin ti en la tierra, pero contigo eternamente en mi corazón». Conecta con estas frases, proyecta ese amor incondicional que te une a tu ser querido más allá del tiempo y el espacio, más allá de la muerte. Evoca su imagen en este momento presente, visualízalo, imagínalo, siéntelo, ya que forma parte de ti. Respira profundamente. Mira su rostro, su figura, sus ojos, su sonrisa, percibe su olor, incluso imagina que te fundes en un mágico abrazo. Comienza a tener una comunicación con él o ella.

Dile lo que sientes, lo que te hubiera gustado decirle antes de partir, pero permitiendo que tus palabras estén tamizadas por el amor, no por el reproche ni el dolor. Puedes recordar las cinco cosas y expresar aquello que sientas en este momento: lo siento; perdón; gracias. Te amo; adiós.

Respira profundamente. Deja que él te conteste, permítete imaginar todas aquellas cosas que crees que él te hubiese dicho, que él te diría si pudiera verte, dando rienda suelta a tu imaginación. Respira profundamente (pausa).

Puedes recitar internamente «que el amor que te tengo permita que puedas vivir en mí siempre, en mi recuerdo, en mi interior, transformando este vínculo que nos ha unido y que nos unirá eternamente». «Que yo pueda volver a sonreír, que yo pueda ser feliz, que pueda encontrar serenidad y aceptar tu partida, y que tú puedas descansar en paz». «A pesar del dolor de tu partida, te amo profundamente, y me amo a mí profundamente» (pausa para que puedas expresar tus propias palabras).

Trata de conectar con esa fuente de amor inagotable. Puedes imaginar que una luz rosada brillante o de cualquier otro color nace en tu corazón y se expande hacia fuera, llenando de esa luz todo el planeta Tierra y el universo en su globalidad.

Comienza de nuevo a tomar consciencia de tu respiración, de tu cuerpo, del espacio físico en el que te encuentras, de la música que te acompaña... Y cuando lo consideres abre tus ojos, y si lo deseas puedes escribir tu experiencia.

Una de las integrantes de los grupos de duelo escribió la vivencia que sigue a continuación:

En el inicio de la meditación visualicé unas escaleras por las que subía y se abrió una puerta con dos sillones anchos. En uno de ellos me senté yo primero y enseguida vino mi hijo Juanma y se sentó a mi lado. Empezamos a hablar, aunque no lo podía oír. Solamente podía ver el movimiento de sus labios. Sentí que mi corazón se abría y pude llegar a él y decirle las palabras lo siento, te perdono, gracias, te quiero y adiós. Se lo dije muchas veces, hasta llorar, porque él me miraba y no me decía nada. Durante toda la práctica estuve expresando todo el amor, aunque él no contestaba. En realidad lo vi como si fuese una sombra, no lo podía ver con claridad. Me hubiera gustado poder oír su voz, poder sentirlo. Aun así me relajé mucho.

Me gustaría compartir con el lector un escrito que hice hace mucho tiempo tras una meditación profunda sobre el perdón y el amor. Este escrito lo he utilizado también en los grupos de duelo como una inspiración para los dolientes, invitándolos a ellos a contemplar internamente lo que se les mueve y además proponer que puedan escribir algo sobre el perdón y el amor. Te invito pues a que puedas acceder a tu propia sabiduría interna y que tu propio corazón te hable sobre qué es el perdón para ti. Confía en tu corazón, es lo más puro, lúcido y sagrado que tienes en esta vida, te abre como un portal a tu verdadera esencia y allí está escrita la verdad; es el alma en estado puro donde está toda la sabiduría para este viaje terrenal.

El perdón recupera al verdadero amor

El perdón llega a mi puerta,
se abre mi corazón.
Me arrodillo ante sus pies
y me susurra dulcemente

que el perdón hacia mí mismo,
hacia los demás seres,
abren en mí una nueva dimensión.
La dimensión de la vida serena,
llena de vida y de luz,
llena de esperanza y de armonía.
Y ese gran perdón me libera,
de las ataduras del pasado,
de los miedos, del rencor,
del presente, del futuro,
porque de repente, el amor fluye.
Es una corriente inagotable de amor infinito,
recorre cada milímetro de mi ser.
No existe el tiempo, ni el espacio,
no hay fronteras para expandir dicho amor.
Mi alma vuela como un ángel,
como una paloma llena de destellos multicolores,
que aportan paz y serenidad a mi corazón.
El color rosa brillante me invade,
puro como la esencia transparente en la que me transformo.
Transmuto mis oscuridades, mis pensamientos,
en puros sentimientos llenos de amor eterno,
fuente inagotable de vida, vehículo de unión,
entre todos los seres del mundo.
Y es así como el perdón y el amor
se cogen de la mano,
y hacen expandir el corazón,
hasta llenar de colores inimaginables el cielo,
que proporcionan el sustento de nuestro planeta,
y de todo el universo al completo.

Y es que sin duda, el perdón recupera al verdadero amor. Si el perdón pudiera mirarse en un espejo vería el reflejo del amor verdadero, y si este pudiera verse en las aguas cristalinas del mar, podría ver la sombra acompañante del perdón.

Amigos inseparables, el uno te lleva al otro y el otro te lleva al uno. Viva imagen de la libertad humana, procedente de su propia esencia. Y cuando la vibración de amor aumenta ya no es necesario pensar en perdonar, porque el perdón es automático. Desde el momento en que alguien te dice una «mala palabra», un «mal gesto», el calificativo «malo» desaparece, porque ya no existe el juicio y la crítica. Te das cuenta de que cada uno actúa desde el entendimiento que tiene y no por ello en el corazón ha de haber resistencias, dolor, amargura, rencor. No, nada de eso se produce, porque nuestro corazón solo está capacitado para amar incondicionalmente y, por tanto, con la naturaleza espiritual que caracteriza a los seres humanos, todo esto desaparece, se esfuma. Cuando el ser humano ha perdonado por completo, se libera de sus más profundas oscuridades para brillar con una luz nueva, en un mundo nuevo, porque tú ya no eres el mismo. El amor verdadero ha empezado a fluir como un torrente continuo por tu cuerpo, y este sentimiento puro por excelencia te hace resurgir de las cenizas como un ser transmutado hacia una nueva visión más viva de lo que es la vida. Y es que la vida es amor, perdura aunque la muerte física se produzca, porque la muerte es un cambio que no puede destruir el vehículo de los seres humanos. Aunque la persona querida ya no esté, el amor permite seguir sintiéndolo y seguir nutriendo el vínculo que nos une a él. Para ello es importante perdonarse y saber perdonar, para que el amor fluya libremente sin obstáculos.

Ahora te voy a guiar para trabajar la meditación del perdón en cuatro fases diferentes. Primero, tendrás un espacio para pedir perdón por las veces que has podido dañar a otras personas con tus palabras y actos conscientes o inconscientes. En segundo lugar, tendrás un espacio para perdonar a esas personas que te hayan dañado de forma consciente o inconscientemente. En tercer lugar, harás lo mismo, pero con tu ser querido fallecido, pidiéndole perdón y perdonándolo. Y, por último, cultivarás el perdón hacia tu persona.

Es importante recordar que estás sembrando y cultivando el perdón; quizá al principio no puedas sentirlo en toda su plenitud, pero con la práctica esa intención se convertirá en una sensación y sentimiento real que se traduce en liberación. Pero recuerda que no tienes prisa, experimentarás las sensaciones y sentimientos momento a momento. Todo lo que sientas forma parte del proceso de la siembra, debes ser paciente contigo mismo, deja que el proceso lleve su propio ritmo.

A veces cuando trabajamos el perdón se puede provocar una especie de incendio de sentimientos, provocando llanto u otras manifestaciones que son normales. No olvides respirar con consciencia plena y permitir que todo aflore para poder llegar a la sanación que anhelas, a esa liberación, a esa expansión del corazón.

MEDITACIÓN DEL TEMPLO DEL PERDÓN

En primer lugar centra la atención en tu respiración, sintiendo la entrada y la salida del aire. No se trata de pensar en la respiración, sino de sentirla. Entra el aire, sale el aire, y puedes decirte palabras que te sirvan como ancla para este momento presente, como, por ejemplo, CALMA, QUIETUD, PAZ. Utiliza aquella palabra que te haga sentir enraizado, conectado, abierto, presente (pausa). Ahora centra la atención en los sonidos que provienen del exterior, incluyendo esa música de fondo que te acompaña en este momento presente, y trata de dejarte llevar por el sonido, conectando con su vibración y respirando al mismo tiempo (pausa). Recuerda que si aparece algún pensamiento en tu consciencia, puedes sonreír con la mente y puedes dejarlo ir, sin aferrarte al mensaje de las palabras del pensamiento y sin tratar de eliminarlo tampoco. Aceptando su presencia, pero centrándote en lo que estás haciendo, que es esa consciencia de sonidos o de la respiración que te traen de nuevo al momento presente, volviendo a casa.

Te invito a imaginar que viajas a través de una canoa por aguas cristalinas a un templo alejado de la civilización, rodeado de montañas en pleno pulmón de la naturaleza, lleno de árboles maravillosos que proporcionan el alimento, el oxígeno puro que entra a través de tus pulmones. Cuando llegas, ves que es el templo del perdón, que la puerta de acceso está abierta y custodiada por un ser sabio y compasivo. Te sonríe, entras dentro y ves que hay diferentes puertas, que decides abrir según tus necesidades y tu momento vital. Aunque en esta transcripción voy a invitarte a abrir todas las puertas, siéntete libre de respetar tu propio proceso, puedes abrir cada puerta en diferentes días, en diferentes momentos.

• **Sonido del gong que marca la entrada en la primera fase (primera puerta)**
Al abrir esta puerta, te encuentras con una pantalla que te muestra todas aquellas veces que consciente o inconscientemente hayas podido hacer daño a otras personas movido/a por tu dolor, por tus miedos, por tu ignorancia (pausa). Trata de abrirte a ese sentimiento de lamentación por esas palabras emitidas, por esos actos realizados o no realizados (pausa). Una vez sentido puedes repetirte mentalmente: «A pesar de los errores cometidos, me acepto y me amo profundamente. A pesar del daño ocasionado, aprendo de esta situación y os pido perdón con amor y con humildad. Y entiendo que cada uno actúa según el entendimiento que tiene en cada momento, y quizá en esos momentos no podía ser consciente del dolor que ocasionaba a mis semejantes. Entiendo que si en algún momento he hecho daño conscientemente, me he dejado llevar por la ira, el rencor, la envidia, la ignorancia,

el miedo, os pido perdón». Quizá también puedes utilizar frases del estilo: «Que yo pueda perdonarme por el daño ocasionado, que pueda soltar el látigo castigador». Mira a ver qué te resuena más (pausa).

Deja que en tu visión interna puedan aparecer imágenes que te conectan con esta liberación del perdón, déjate guiar por la sabiduría de tu corazón.

• **Sonido del gong que marca la entrada en la segunda fase (segunda puerta)**

Al abrir la puerta, centra la atención en todas aquellas veces que las demás personas te han herido consciente o inconscientemente, movidos por el miedo, la ignorancia, la envidia, la codicia, la ira... Todas esas situaciones aparecen en la pantalla que hay en esa habitación, donde se proyectan fotograma a fotograma. Trata de sentir ese dolor que te ocasionó esa persona o personas, trata de notar cómo se lamentan por lo dicho o hecho, aunque por orgullo o miedo quizá nunca fue reconocido, y nunca recibiste una expresión del perdón (pausa). Di aquí y ahora: «A pesar del dolor que me ocasionasteis, os perdono. Entiendo que os dejasteis llevar por el miedo, la rabia, la frustración, la envidia. Entiendo que quizá nunca os atrevisteis a pedirme perdón. Pero a pesar del dolor provocado en mi vida y en mi corazón, os perdono» (pausa).

Puedes empezar con aquellas situaciones que sean más fáciles para ti, sin forzar el proceso. Puedes volver a este templo del perdón siempre que quieras. También puedes utilizar el otro estilo de frases, si esto te resulta más fácil: «Ojalá pueda perdonaros por el daño que me habéis causado, y liberar mi corazón de la carga del odio y del rencor; ojalá pueda ser libre del pasado y reescribir mi historia libre de ataduras».

• **Sonido del gong que marca la entrada en la tercera fase (tercera puerta)**

Al abrir la puerta, trata de evocar en tu mente el recuerdo de tu ser querido fallecido, creando ese espacio interno que te permite comunicarte con él o ella. Imagínalo en esa pantalla de cine donde se proyecta la película de vuestra vida compartida, fotograma a fotograma. Pídele perdón por aquello de lo que te sientas culpable, y accede a que tu ser querido también te pida perdón por aquello que alguna vez te dañó. Es necesario dejar fluir la imaginación, imaginando cuáles serían sus palabras (pausa).

Y repite mentalmente: «Te perdono por las veces que me heriste con consciencia o sin ella, por las veces que no supiste amarme y respetarme, por las veces que te dejaste llevar por la ira, por el miedo y por la ignorancia. A pesar de todo eso, te amo profundamente. Y me perdono a mí por las veces que te dañé, por las veces que te hice llorar, por las veces que no te escuché, por las veces que fui egoísta y no me puse en tu lugar. A pesar de todo ello me amo y me acepto profundamente, y sé que tú también me amas profundamente» (pausa). Deja que la imagen de tu ser querido se vaya desvaneciendo, sabiendo que siempre podrás volverla a evocar para comunicarte simbólicamente con él o ella, ya que vive en tu corazón. Recuerda que puedes utilizar el otro tipo de frases, si eso te genera menos resistencia: «Ojalá puedas perdonarme donde quiera que estés, ojalá pueda perdonarte por las veces que me dañaste» (pausa).

- **Sonido del gong que marca la entrada en la cuarta fase (cuarta puerta)**

Y en la última puerta, en la pantalla aparece una recapitulación de tu vida. Trata de hacer un repaso de tu vida al completo, trata de perdonarte por tus errores, por tus defectos, entendiendo que por cada defecto tienes una virtud, y que solo has de encontrarla y cultivarla, como esa semilla que se siembra, se riega y florece. Quizá puedes decirte: «Entiendo aquí y ahora que mis defectos me ayudan a pulirme, a querer crecer, a querer mejorar, y me acepto y me amo profundamente. Y me comprometo a seguir creciendo, a seguir puliéndome. Y me perdono y me amo profundamente» (pausa). Es un gran regalo el que puedes hacerte ahora al quedarte libre. Eres un ser humano perfectamente imperfecto, como todos los seres, haciendo lo que puedes con tus condicionamientos, haciendo lo que puedes para ser feliz y estar libre de sufrimiento. ¡Que pueda perdonarme y dejarme libre de sufrimiento! (pausa).

• **Cierre de la meditación**
Como salida de la meditación, trata de imaginar que un globo de luz rosa brillante o de cualquier otro color te envuelve, te protege. Piensa que ese color simboliza ese amor incondicional hacia ti y hacia los demás, e intenta expandir ese amor por todo el planeta Tierra, como si pudieses rodear con tus brazos el planeta completo, proporcionando todo tu amor. Imagina que sales del templo y coges de nuevo la canoa para volver a casa, para volver a tu cuerpo, conecta con el espacio que ocupa tu cuerpo en la habitación en la que te encuentras, conecta con tu respiración, el aliento de vida presente en ti, y ve haciendo aquellos movimientos que necesite tu cuerpo, estirándote, para cuando lo sientas, abrir tus ojos y escribir tu experiencia.

Para esta semana, si está bien para ti, te invito a que además de estas prácticas de meditación para la despedida y los asuntos pendientes, lleves a cabo un autocuidado más en el día a día con las meditaciones que ya conoces, y que profundices en la relación simbólica con tu ser querido fallecido a través de las tareas o joyas de consciencia que siguen a continuación:

1. Intercalar las diferentes meditaciones que has practicado hasta ahora a tu elección (respiración, corporal, lugar sagrado, montaña), haciendo las anotaciones pertinentes en la libreta, como una forma de autocuidado diario.
2. Escribir una carta a tu ser querido fallecido donde hagas

un trabajo interior y expreses las cinco cosas. Cuando escribas hazlo desde el corazón y sin despegar el bolígrafo del papel, como una escritura automática en la que no has de estar pensando qué escribir. Deja que fluya lo que tenga que salir.

- Lo siento por _____
  _____

- Te perdono por _____
  _____

- Gracias por _____
  _____

- Te quiero _____
  _____

- Adiós _____
  _____

3. Redactar otra carta en la que te pongas en el lugar del ser querido fallecido contestando tu carta.

Me gustaría compartir con el lector algunas cartas que los participantes del programa MADED han compartido conmigo. Esta pertenece a la hermana de un paciente oncológico al que acompañé durante su proceso de enfermedad y en su proceso de morir. Él sabía perfectamente que se iba y pudo aceptar su muerte antes de morir. Su hermana participó en el programa de duelo en formato grupal tras su muerte.

Querido Monx:

Me resulta difícil escribirte esta carta, y es raro porque todas las noches te escribo, pero normalmente te escribo lo que me ha venido a la cabeza, y ahora voy a intentar seguir un orden para decirte cosas, que posiblemente ya te habré dicho alguna noche, pero que creo que ha llegado el momento de que te las diga del tirón, pensando en lo que siento cuando te las digo y esperando que después de esta carta no quede mucho (porque estoy segura de que nunca podré decir que no queda nada) que decirte acerca de lo que te voy a decir hoy.

En primer lugar te quiero pedir perdón. Lo siento por no haber podido pensar en negativo cuando llegaron tus picores, lo siento por no haberme planteado que pudieras estar tan enfermo. Recuerdo un día, antes de que empezara la locura de tu enfermedad, en el que me dijiste que pensabas en tu amigo con cáncer y que te planteabas la posibilidad de tenerlo tú también. Lo siento por decirte ese día que no dijeses tonterías, por desechar esa idea y pensar, con la ingenuidad de las personas a las que la vida no nos ha puesto en esa situación, que eso no podría pasarnos a nosotros. Quizá si te hubiera hecho caso y me hubiera puesto pesada, te habríamos llevado al hospital antes y todo sería diferente ahora.

Lo siento por haberme refugiado en ver el vaso medio lleno y por haberte forzado a intentar verlo tú así también, y más sabiendo que a ti ya te dijeron en enero o febrero que esto no acabaría bien. Siento no haber sido lo suficientemente valiente para hablar contigo de si las cosas salían mal, en vez de esto te hablaba de un futuro en el que todo volvería a ser normal y te hacía imaginarlo conmigo. Lo siento mucho de verdad, si pudiera volver atrás, hablaría contigo de todo lo que tú quisieras.

Lo siento por enfadarme contigo cuando me dijiste que no podías más. En ese momento lo vi como si tiraras la toalla y no me paré a pensar en todo lo que habías aguantado y luchado, en que si hubiera sido por ti no hubieses probado todas las quimios y medicamentos que probaste. Perdóname por mi inmadurez, una vez más, por no haber entendido en su momento que las cosas no siempre son como uno quiere que sean, y que nosotros no somos la excepción, las cosas pueden acabar mal. ¿Te acuerdas de la frase que tenía en mi cuarto que decía: la vida es el mejor autor, siempre encuentra un final feliz? Creo que me aferré demasiado a ella y no entendí que a lo mejor es verdad que el final siempre es feliz, pero que el final es cuando la vida quiere y que por el camino hace que pasen cosas terribles como que tú ya no estés, y que eso no es el final, sino que el final es que estaremos juntos otra vez en más o menos años, y eso sí será un final feliz. De cualquier forma, ya no tengo esa frase, ya no me sirve, pensar que todo irá bien es engañarse y por culpa de eso yo no estuve a la altura de hablar contigo sobre cómo te sentías respecto a que todo pudiese acabar mal (preguntarte si tenías miedo, si querías que yo hiciera algo por ti cuando ya no estuvieras, saber cómo te sentías respecto a mil cosas... dejar que te quitaras la coraza conmigo y ser tu apoyo). Por todo eso, te pido perdón.

Te pido perdón por haberte metido prisa por ducharte en la noche de antes de tu muerte, si pudiera volver atrás no lo haría, te dejaría tomarte todo el tiempo que quisieses y te escucharía cuando me dijeses lo de que ya no podías más, en vez de comportarme como una niña, demostrarte mi desesperación y llorar delante de ti como solo tú tendrías derecho a haber llorado.

Cosas que perdonarte yo a ti tengo muy pocas, si es que tengo alguna. Obviamente no tengo que perdonarte por decir que no podías más, realmente hiciste mucho más de lo que otros en tu lugar hubiésemos hecho. En serio, no hay nada que perdonar. No sé si es lo típico de cuando alguien se va, y de repente todo el mundo recuerda lo bueno. Me lo planteo y realmente creo que en tu caso no es así. Creo que eras genial y único, y que si alguna vez hiciste algo que se te pudiera reprochar, se convierte en un absurdo detalle al lado de cómo luchaste y cómo soportaste un año de sufrimiento, viendo cómo poco a poco dejabas de ser tú, y todo, por nosotros. No hay nada que te tenga que perdonar. Ojalá si algún día me veo en una situación parecida a la tuya yo sepa comportarme la mitad de bien que tú.

Gracias por haberme hecho feliz durante veintidós años. Por haber sido mi amigo además de mi hermano. Gracias por hacerme cómplice de tus planes, por haberme hecho reír hasta el final, gracias por ser tan buena persona, por tener el corazón más grande y noble del mundo. Gracias por haber sido el hermano que todo el mundo habría querido tener, por dejarme el orgullo de poder decir que eres mi hermano. Gracias por haberme mostrado lo que es el amor al verte a ti con tu pareja, y lo que es la verdadera amistad al ver a tus amigos y cómo erais juntos y cómo te echan de menos. Gracias por haberme dejado ver tan de cerca lo que es ser valiente, luchar, querer a tu familia, soportar el dolor. Gracias por sonreír en los peores momentos, por levantar el pulgar en señal de todo bien, mientras te costaba respirar recostado en la mesa del comedor. Gracias por tus constantes «tranquila». Gracias por hacerme reír como nunca nadie sabrá. Por ser el tío con más gracia, para mí. Por contar las historias como solo tú sabías y por ganarte a todo el que pasaba contigo más de un minuto. Gracias por echarme de menos cuando yo no estaba, por escribirme durante el Erasmus tantos mensajes. Gracias por venir a verme a Italia y permitirme compartir una de las mejores experiencias de mi vida contigo, porque si tú no fueses parte de ese año, ahora que ya no estás, ese ya no sería un año especial. Gracias por ser el protagonista de tantas grandes anécdotas que poder contar. Por ser tan maravilloso que aún sigo enterándome de detalles o historias que no sabía de ti y que me siguen encantando. Gracias por leerte mi diario de poesías siempre a escondidas, y por escribir en él y darme una alegría al ver tu letra semanas después de irte. Podría darte las gracias por tantas y tantas pequeñas cosas que hicieron nuestro tiempo juntos tan grande, por estar en mi vida y formar parte de la tuya.

Gracias por despedirte de mí. Por decirme que no podías más y que te ibas. Gracias por darme la oportunidad de llorarte en vida aunque solo fuera un día. Gracias por irte con serenidad, tranquilo, sin sufrir y sin más hospitales. Gracias por hacernos la vida tan fácil y feliz a todos. Sin ti, esta vida no hubiera valido la pena vivirla. Gracias por todo lo que me has dejado, una hermana que es tu novia, a tus amigos que siempre me demuestran mucho cariño, una gran lección llena de pequeñas lecciones como lo es la historia de tu vida.

Gracias por haberme hecho cambiar y madurar al irte, de todo lo malo se saca algo bueno, supongo que gracias a ti soy una persona diferente de lo que era antes. Gracias por venir a verme en sueños, hay quien dice que no le pasa, soy una privilegiada porque de vez en cuando me despierto sonriendo porque has estado conmigo esa noche. Gracias por cuidarme, por estar conmigo cuando lo necesito, porque yo realmente creo que estás conmigo cada día.

Te quiero. Te lo digo cada noche y cada día y te lo decía cuando estabas aquí físicamente. Te quiero como nunca querré a nadie, aparte de a ti y a nuestro hermano pequeño. Los dos te echamos de menos y te queremos, cada uno a su manera, pero como supongo que estarás viendo desde donde quiera que estés, los dos estamos más unidos que nunca. Te quiero muchísimo y cada día que pasa te quiero más y aprendo a quererte de esta nueva forma. Echo de menos tu físico. Me faltó darte un abrazo. Un abrazo, fuerte, fuerte, como los que no te podíamos dar porque al tocarte te picaba, después por las operaciones, porque estabas flojito. Es lo que más me fastidia no haber podido hacer antes de irte.

Adiós. No puedo decirte adiós porque siempre estás aquí. Le digo adiós a tu «tú físico». Ya se lo dije el día del entierro cuando no me dejaron verte antes de incinerarte. Me cuesta. Me cuesta asumir del todo que ya no nos vamos a ver y a tocar más en este mundo, y pensar en otra vida tampoco me alivia porque si se supone que somos seres de luz en otra vida tampoco podremos abrazarnos. Bueno, en realidad eso lo dejo para cuando nos veamos.

El caso es que poco a poco lo he aceptado más. Sigo teniendo a Maya [el peluche con el que dormía su hermano] y durmiendo con ella y abrazándola cuando veo una peli en tu cama o cuando te escribo (como ahora) porque de alguna forma me parece estar abrazándote a ti. Cada noche cuando me duermo cogiéndole la mano me duermo pensando que te cojo a ti y eso me hace dormir más feliz.

Te diré hasta luego, en vez de adiós, porque tengo la certeza de que tú y yo seguimos juntos, que cada noche que te escribo vienes a leer lo que te digo y que siempre serás parte de mí y que estarás presente en mi vida y en mis decisiones.

Y como cada día te digo, hermano: 1+1-, he aprendido a pasar un día más sin ti y queda un día menos para vernos.

Te quiero, te echo de menos.

Para el ritual de despedida, tras el crematorio, la familia de Ramón compró una cápsula metálica tipo amuleto, en cuyo interior cada uno (padre, madre, hermana y hermano) colocó parte de sus cenizas. Además se reunieron con los amigos de Ramón para plantar un árbol en el parque donde se juntaban siempre.

Todos los años, coincidiendo con el cumple de Monx (así le llamaba su hermana), Patricia y Rafa (hermana y hermano) van allí a tomar algo. Lo último que hicieron junto a los amigos del apartamento fue una comida, después de subir todos juntos a la terraza del apartamento y tirar entre todos las cenizas, para que Monx siempre estuviera en el Saler.

Estos dos textos que comparto a continuación corresponden a la carta que una doliente le escribe a su padre fallecido con las cinco cosas, y la respuesta simbólica de su ser querido si pudiese contestarle. Es el caso de una muerte repentina por atropellamiento y las escribe Noelia (una de sus hijas), quien participó en el grupo de terapia de duelo.

Querido papá:

Tienes que saber que no he podido dejar de pensar en ti ni un solo segundo desde que te fuiste. Al principio tu imagen se quedó congelada en mi corazón, te veía destrozado en el suelo una y otra vez, con las manos en cruz, esperando a que te ayudaran a levantarte. Por fin vuelvo a recordarte, a imaginarte y a sentirte.

Siento tanto que te fueras intranquilo y preocupado por mí, siento tanto que no hayas podido disfrutar de tu nieto y ver cómo poco a poco se convierte en una personita, siento tanto que no puedas ver cómo soluciono mi vida.

Te perdono por dejarme desamparada, sin mi pilar, sin mi seguridad, pero gracias a ti estoy aprendiendo a construir uno muy fuerte sobre mí misma. Heredé tu fuerza y tu carácter y solo espero llegar a la mitad de la persona que tú fuiste.

Te quiero y siempre te quise, gracias a ti soy la persona que soy hoy en día. Y jamás te diré adiós porque vas a vivir en mí el resto de mis días.

Te quiero. ¡Hasta la luna y vuelta!

Y esta es la contestación simbólica de su padre:

Mi querida niña Noelia:

Haz de ti una mujer de provecho. Cuida de tu madre porque es la mejor amiga que tendrás en la vida y la única persona que te apoyará en todo. Tienes un niño precioso, disfruta de él al máximo porque el tiempo que se va nunca vuelve. Sabes que lo he dado todo por ti, que mis chicas habéis sido todo mi mundo y que os quiero con toda mi alma. Lucha por lo que es tuyo, sé fuerte y no hagas nada por lo que te puedas avergonzar. Usa siempre la cabeza, que eres inteligente.

Te quiero muchísimo, aunque nunca nos volvamos a ver, no lo olvides.

En palabras textuales de Noelia esto es lo que el programa MADED ha supuesto para ella:

Cuando comencé la terapia, mi corazón y mi mente iban por separado, no se entendían. Si pensaba en mi padre o intentaba hablar de él, me ahogaba y sufría ataques de ansiedad hasta desmayarme. Mi cabeza era una olla exprés donde no había sentido ninguno y en mi corazón solamente había dolor y rabia. Muchas veces no entendía las sesiones, ponía de mi parte, me relajaba, pero no acababa de encontrarle el sentido. Aun así, en cada sesión me sentía tranquila, relajada, arropada. Un día en concreto, en una sesión todo fue determinante. A cada compás de ese tambor que simbolizaba el latido del corazón en una de las meditaciones, mi cabeza comenzó a ponerse en orden, como si de los muebles del salón se tratase. Fue duro enfrentarse a la realidad, pero al mismo tiempo fue liberador. Recuerdo llorar de emoción y de alegría. A partir de ese momento mi duelo comenzó a cambiar, pude escribir mi carta de despedida, la despedida que nunca pude tener, y lo sorprendente es que saqué la fuerza que anteriormente no había sido capaz de sacar. A día de hoy me siento agradecida por haberme indicado el camino, el dolor de la pérdida nunca se marcha, pero ahora puedo hablar de mi padre con lágrimas en los ojos pero desde el cariño, sin miedo y sobre todo sin rabia.

14

Los pilares de la serenidad.
Un lugar para ti

> En un valle recogido, entre altos peñascos tranquilamente estoy sentado en mi cabaña, bajo el viejo pino. Lleno de paz estoy sentado en mi ermita, me siento bien.
>
> Anónimo

En mi experiencia personal, en los momentos que he estado sufriendo, lo que más he anhelado es sentir serenidad, una templanza que me permita navegar las olas del sufrimiento y las olas de la alegría con más sabiduría, con más equilibrio. Esto lo descubrí desde muy joven, y recuerdo que mi frase sabia era que para mí la felicidad es estar en un estado de serenidad que es independiente de las circunstancias externas adversas o exitosas. Esto me lleva indudablemente a reflexionar sobre la ecuanimidad, que para mí es la sabiduría inclusiva de estar en paz con la existencia tal y como es.

Dentro de la rama de la emoción perfecta, se encuentran los estados emocionales positivos a cultivar y alimentar. Estos estados a los que se llaman las moradas sublimes o los cuatro *Brahma Viharas* son el amor bondadoso desinteresado, la compasión, la alegría empática y la ecuanimidad. En realidad, todos estos estados sublimes se desprenden del amor incondicional. Además para mí la ecuanimidad integra de alguna manera todas las anteriores. Un ser ecuánime es un ser bondadoso, compasivo y capaz de alegrarse con los méritos de los demás y de él mismo. La luz de la ecuanimidad permite que ese ser pueda estar en paz con toda la existencia tal y como es, sin apegos y sin resistencias. Es decir la ecuanimidad es la cima de las cuatro moradas sublimes. No supera ni niega las anteriores, sino que las perfecciona y las consuma. Esto quiere decir que *uppekha* (la palabra en sánscrito para la ecuanimidad) reúne los otros aspectos, porque en realidad es un proceso de desarrollo que culmina ahí.

En el *Karaniya-metta Sutta* del Canon Pali hay unas estrofas donde el Buda señala la emoción perfecta de aquellos que aspiran a liberarse del sufrimiento y entrar en el estado del Nirvana:

3. ¡Que todos los seres sean felices y se sientan seguros! ¡Que haya salud en sus corazones!

4. Que todos los seres que existen, débiles o fuertes, altos, corpulentos o de complexión mediana o baja, pequeños o grandes, todos sin excepción, visibles o invisibles, los que viven lejos o cerca, los que ya nacieron y los que están por nacer, ¡que todos ellos sean felices!

5. Que ninguno engañe a otro. Que nadie desprecie a otra persona en ningún lugar. Que nadie desee el daño de otro ser motivado por la ira o la mala voluntad.

6. Así como una madre protegería a su único hijo aunque tuviera que arriesgar su vida, que así uno cultive un corazón sin límites abierto a todos los seres.

En estos párrafos puede observarse el amor incondicional que emana en forma de ecuanimidad. De la misma manera que el sol irradia su luz todos los días por igual a todos los lugares de la tierra sin condiciones, que nosotros podamos vibrar en amor sin límites para irradiar a todos los seres por igual. Sin duda es el amor incondicional el que te permite poder ser imparcial y abrir el corazón de forma ecuánime a toda la existencia más allá de nuestras preferencias. Louise L. Hay define la ecuanimidad de esta manera:

Es firmeza de ánimo saber mantenerte en tu centro, a pesar de los altibajos emocionales que puedan sufrir quienes te rodean y que puedas sufrir tú mismo. Si tu vecina hoy te saluda amablemente, salúdala de igual modo. Si mañana ni siquiera te mira, salúdala de todos modos. No personalices las reacciones que los demás puedan tener respecto a ti. La mayoría de las veces no tienen nada que ver contigo. No actúes pendiente de cómo van a responder otras personas. Pero hazlo siempre con respeto y amor. Así seguro que aciertas, aunque los demás no sepan apreciarlo. De lo contrario te subirás en una montaña rusa de emociones ajenas que nada tiene que ver contigo. La ecuanimidad es actuar siempre con respeto y amor aunque los demás no lo valoren.

A mi modo de ver, la ecuanimidad no es algo que viene del mundo condicionado, es un estado sublime de la consciencia que te permite obrar con amor y compasión más allá de los intereses personales, y con todos los seres por igual. Por tanto, me atrevo a decir que esto no es algo que hace nuestra mente, sino que lo hace nuestro SER, nuestro corazón, nuestra alma. La mente condicionada sesga, agrupa, se identifica con unos cuantos, rechaza a los otros, es parcial, juzga y se relaciona desde el interés. El SER (mente-corazón) es incondicional y puede ver la vida y el amor que fluye en cada ser y en cada situación sin dejarse condicionar por las apariencias.

Desde mi experiencia personal, es un estado de serenidad imperturbable, como si hubieses encontrado en el interior un pilar de oro que te sostiene desde lo más profundo, pese a las tormentas del exterior. La ecuanimidad te permite vivir tus emociones y cualquier experiencia sin perderte en ella; es como tener un faro de luz que alumbra toda la realidad y te impide ser una marioneta en manos de tus emociones, las emociones de los demás y las circunstancias.

Recuerdo un cuento zen que también me conecta con la ecuanimidad. Es sobre un maestro budista que está tratando de salvar a un escorpión que halla en el agua y, como la naturaleza del escorpión es picar, este le pica una y otra vez. Se encuentra con una persona que pasa por allí y le dice al maestro que es muy torpe tratando de ayudar al escorpión, que le va a volver a picar. Entonces él señala que la naturaleza del escorpión es esa, pero que no por ello va a dejar de conectar con su verdadera naturaleza, que es el amor ecuánime (para todos los seres por igual independientemente de su naturaleza).

Para mí la ecuanimidad es el gran reflejo del amor incondicional traducido en verdadera generosidad, altruismo, serenidad, equilibrio, imperturbabilidad, sabiduría, coraje, determinación y compromiso para infundir valores de amor y compasión y contribuir así a la sociedad. Trasciende los conceptos duales del bien y del mal y trasciende, a su vez, la mirada dualista de la realidad (sujeto-objeto) para tener una perspectiva mucho más amplia, donde el gris es el color por excelencia.

Según Eckhart Tolle, más allá de la felicidad y de la infelicidad está la paz. Cualquier circunstancia negativa contiene una profunda lección oculta, aunque no puedas verla en el momento. Incluso una enfermedad o un accidente o un duelo pueden mostrarte lo que es real y lo que es irreal en tu vida, en definitiva, lo que es importante y lo que no lo es. En palabras del autor, «vistas desde una perspectiva superior, las circunstancias siempre son positivas. O siendo más preciso, no son ni positivas ni negativas. Son como son. Y cuando aceptas completamente lo que es ya no queda bien ni mal en tu vida. Solo queda un bien superior que incluye el mal».

Según Pedro (un monje zen al que me gusta escuchar), el ecuánime es una persona despierta que vive con amor y compasión para todos los seres. Y acepta a todos, viendo sus fragilidades y sus dependencias, sus luchas, virtudes y defectos, sin que el prejuicio y la dependencia dificulten su visión. Vive en medio de todo, participando de todo, siendo y viviendo libre.

El ecuánime tiene una visión clara de la realidad, no percibe únicamente el fenómeno, el momento sin más, sino integrándolo dentro de un todo mayor. Es por ello que puede sentirse en paz con la existencia y comprometido con ella. Es enormemente compasivo y sabio. Es el ideal al que aspiramos para poder estar al servicio más allá de nuestras preferencias, más allá de la dicotomía bueno y malo. Eso es precisamente lo que percibo en la imagen del *bodhisattva* Guanyin, que es un arquetipo budista. Puede verse el compromiso con el mundo en su mano izquierda y su pie izquierdo al estar en contacto con el suelo, y el amor incondicional que transmite en su rostro, así como todas las cualidades espirituales elevadas que pueden apreciarse en la posición de su mano derecha y su pie derecho. Percibo en la imagen un estado sereno comprometido con el mundo. ¿De qué otra forma podemos ayudarnos y ayudar verdaderamente a los seres, si no es desde ese estado de serenidad?

La serenidad por tanto es un bien muy preciado, que desde mi experiencia he podido descubrir gracias a la práctica de la meditación y el camino de la contemplación. Es el camino del medio que te permite estar en paz cuando un ser querido ha fallecido. Según Eckhart Tolle, puede que haya lágrimas y tristeza, pero si has renunciado a la resistencia, debajo de la tristeza sentirás una profunda serenidad, una quietud, una presencia sagrada. Esto es según el autor la emanación del Ser, esto es presencia interna, el bien sin opuesto. Es la ecuanimidad del sabio que te permite aceptar la vida tal y como es.

Los diez pilares de la serenidad

Hace tiempo leí un libro que me gustó titulado *Los pilares de la felicidad* de Bernabé Tierno, que me inspiró a diseñar esta sesión a la que decidí llamar «Los pilares de la serenidad», pues hablar de felicidad en el camino de la pérdida a priori me pareció un atrevimiento. ¿Y si la felicidad fuese en realidad un estado de serenidad, fuese la ecuanimidad de los cuatro inconmensurables o moradas sublimes? Sin duda para mí, así lo es, no es una felicidad externa, es una felicidad intrínseca que tiene que ver con un estado de equilibrio, de templanza y de paz. Los pilares de la serenidad son los mismos que identificó Bernabé en su libro y que los veo totalmente inspiradores para el cultivo de nuestra serenidad y por tanto felicidad. Comparto ahora un pequeño resumen con el lector de esos diez pilares, para que los pueda tener presentes en su día a día, como portales que en realidad te abren a la vida.

1. EL AMOR

El amor incondicional que se cultiva a través de las meditaciones *mindfulness* y de compasión es la fuente sanadora, que además proporciona serenidad y felicidad. Según Bernabé Tierno, es imposible que se den al mismo tiempo un estado de aprecio y otro de miedo. Por eso el amor tiene tanto poder, es tan curativo. Ya dijo Víctor Hugo que «si Dios es la plenitud del cielo, el amor es la plenitud del hombre». Según Bernabé Tierno, «cuando todo falla, cuando se ha perdido la esperanza, cuando ya nadie da un euro por alguien, ahí está el amor». El amor es el antídoto para vencer el miedo, para vencer la tristeza, para vencer una vida sin sentido. Importante cultivar el amor hacia uno mismo, hacia los demás y hacia la vida en general (Tierno, 2008).

2. EL HUMOR

Según Patch Adams, el humor y el amor son los componentes de una vida sana. Se ha visto que la risa estimula las glándulas adrenales y activa el sistema inmunológico, reduce los niveles de estrés, optimiza el estado anímico, reduce la ira, la ansiedad y la depresión. Además es un buen antídoto para el dolor tanto físico como emocional. Por ello es importante a pesar de las pérdidas, a pesar del dolor, permitirse sonreír cuando uno lo siente así, ya que no es incompatible con el dolor de la pérdida, sino al contrario, sería una fuente de sanación como lo es el amor (Tierno, 2008).

3. La empatía

Se ha visto que la empatía nos conduce a actitudes amables con afectuosidad y acogimiento, que despierta en los demás sentimientos, pensamientos y actitudes semejantes. Gracias a la práctica de la meditación del amor incondicional cultivamos el amor y la empatía, que sin duda conducen a la felicidad. Según Bernabé Tierno, la amabilidad es contagiosa y activa nuestro buen humor, nuestro optimismo y las actitudes positivas, además constituyen una barrera para las frustraciones, el mal humor y el carácter (Tierno, 2008).

4. La sabiduría

Las virtudes que nos ayudan a ser sabios son la humildad, la prudencia, el sentido común, la curiosidad, la paz y la armonía (Tierno, 2008). Según él, los principios básicos de la sabiduría esencial son hacerse bien a uno mismo, hacer bien a los demás, ocuparse de vivir una vida plena. Para ser sabio es importante desear menos y disfrutar más, darse homenajes frecuentes, engancharse al optimismo vital, querer a quien te quiere, vivir el día a día, convertirse en un mudo sonriente, conservar la serenidad y la calma en todas las circunstancias, ser humilde, ser paciente y amar, ya que no existe sabiduría sin amor. El amor es el pilar por tanto que mueve todos los demás.

5. La libertad

La libertad interior de pensar, sentir y obrar de acuerdo a nuestros principios, valores y metas es lo que nos permite ser felices. Según De Lamartine, «Ser libre es ser feliz». El pilar de la sabiduría debe estar en constante interacción con la libertad, porque ser libre es ser capaz de tomar decisiones, y las decisiones serán más inteligentes si están inspiradas por la sabiduría (Tierno, 2008). Es más libre el que ha desarrollado su capacidad de decisión, que además se cultiva con la práctica de la consciencia plena (*mindfulness*).

6. La salud

Importante cuidar el cuerpo y el alma a través de una buena alimentación, ejercicio físico y la práctica del *mindfulness* para fomentar estados emocionales positivos a través de la práctica del amor incondicional, así como una actitud de aceptación frente a lo desagradable.

7. La motivación

Según Friedrich Nietzsche, «Quien tiene un porqué para vivir encontrará casi siempre cómo vivir». De ahí la importancia del sentido en la vida. Sin duda el amor es uno de los sentidos en la vida más sanadores. Investigadores del Instituto HearthMath de California han descubierto que existe una vía bidireccional de comunicación entre el cerebro y el corazón a través de la médula espinal y el nervio vago. De ahí que los impulsos parasimpáticos enviados desde el corazón puedan desactivar los simpáticos, provocando sensación de relajación y bienestar. Las últimas investigaciones dejan claro que en las personas emocionalmente sanas, mente y corazón mantienen buena comunicación y sincronía, predominando la actitud serena y conscientemente positiva.

8. El autocontrol

Se cultiva la proactividad, que consiste en ocuparse, no en preocuparse. Bernabé Tierno incluye el perdón dentro de este pilar. El perdón permite cambiar de perspectiva y no ver la realidad desde el dolor, sino desde las carencias de la persona que nos ha dañado, incluso desde nuestras propias carencias cuando el perdón va dirigido a nuestra persona. Científicamente se ha visto que el odio lleva a una sobrexcitación del sistema nervioso simpático, abriendo la puerta a males como la hipertensión, el insomnio, los dolores musculares, las jaquecas, etc. De ahí la importancia de trabajar el perdón, que justifica sin duda las sesiones previas acerca de la culpa y el perdón que ya han sido compartidas con el lector.

9. La valentía

Bernabé Tierno entiende la valentía como entusiasmo, optimismo, voluntad, tenacidad, capacidad de riesgo sin llegar a la temeridad. Es según Clare B. Luce, «la escalera por la que suben las demás virtudes». Esta valentía es sinónimo de la compasión yang, o compasión feroz que ha acuñado Kristin Neff. Es el coraje de poner límites, de decir no a aquellas actitudes y formas de relacionarnos con el sufrimiento que realmente son dañinas. En realidad el coraje es uno de los ingredientes esenciales del amor.

10. La fortaleza y grandeza de espíritu

La fortaleza del espíritu viene mediatizada por la aceptación de las circunstancias más adversas. Esa capacidad de sufrir el dolor de las pérdidas con serenidad, de ahí la importancia de la práctica de *mindfulness* en el duelo. Según Bernabé Tierno, no hay fortaleza sin sabiduría, ni sabiduría sin fortaleza. El sabio es el que ha sufrido, el que ha perdido, y que a pesar del dolor ha aprendido y se ha superado. Es el conocimiento experiencial el que le ha hecho sabio, permitiéndole muscular su psiquismo, agilizar su inteligencia emocional y vivir con aceptación a pesar de las desgracias. Según el autor, el pilar de la fortaleza puede adquirir mayor robustez si aprendemos a controlar el dolor y sublimarlo, no permitiendo que se perpetúe en nuestras almas en forma de sufrimiento.

El pilar esencial o primordial sería el amor que nutre todos los demás y que fortalece el espíritu. El amor convierte todo lo que toca en más amor, transforma el dolor, es bondad, es libertad. Eligiendo el camino del amor a través del *mindfulness* cultivamos este décimo pilar que contiene todos los demás.

Los objetivos de esta semana son los que siguen a continuación:

- Que puedas experimentar estados agradables positivos de serenidad, a pesar del dolor de la pérdida.
- Que profundices en los pilares de la serenidad a través de la meditación guiada.
- Que puedas llegar al «agradecido recuerdo» a través del cultivo del amor incondicional (*loving kindness*) para poder proseguir en el camino y poder continuar viviendo y amando, integrando a tu ser querido dentro de ti.

La meditación que sigue a continuación emplea la visualización como recurso para que puedas acercarte a estos pilares y puedas apuntalarlos en tu vida, que se conviertan en tu brújula. Quizá puedes preguntarte ¿qué puedo hacer, qué actitudes y acciones puedo tomar y desempeñar para vivir según estos diez pilares que me conducen a la serenidad y por tanto a la felicidad?

MEDITACIÓN GUIADA: LOS PILARES DE LA SERENIDAD

Centra la atención como preludio en los sonidos que provienen del exterior, así como en los sonidos que provienen de la música de fondo si te ayuda dejarte acompañar por una melodía armónica, tratando de centrar la atención en la respiración, en según cómo entra y sale el aire; inhalo, exhalo (pausa).

Ahora imagina que entras en un palacio de cristal, y al abrirse ves un patio central rodeado de flores de colores y todo tipo de plantas que reciben de lleno la iluminación del sol que entra a través de las paredes del palacio. En el centro del patio hay una fuente, con un pilar central tipo tronco de un árbol. Este tronco que se nutre del agua y del sol simboliza el décimo pilar que es la fortaleza del espíritu. Esa capacidad de crecer con los problemas y de aceptar las adversidades. Quizá puedes conectar con momentos en los que has sentido esta fortaleza de espíritu en tu vida (pausa). Alrededor del tronco aparecen diferentes enredaderas, concretamente ocho plantas enredaderas de diferentes tonalidades. Cada una de ellas es un pilar diferente. Todas nutren a la fortaleza de tu ser. Una de las plantas es la sabiduría. Ese pilar que te ayuda a aprender de la experiencia para poder ser más fuerte interiormente. La enredadera de la sabiduría nutre al tronco del árbol y lo fortifica. Trata de ser consciente aquí y ahora de ese vínculo, respira profundamente. Quizá puedes imaginarte esa enredadera que simboliza la sabiduría de un color determinado. ¿Qué color te viene a la mente? O quizá te viene un ser concreto de tu vida, o un personaje histórico que simboliza para ti la sabiduría. Déjate nutrir por ella. Quizá puedes acceder a los momentos de sabiduría en tu vida que han provenido de tu corazón. Ahora fíjate en las siete enredaderas restantes, cada una de un color distinto. Visualiza la enredadera del humor en un color, y trata de emitir una sonrisa interior a pesar del dolor, cultivando la intención de sonreír a la vida. ¿Qué acciones alimentan este humor? ¿Con qué personas te es fácil sonreír? Rodéate de esos seres que despiertan una sonrisa en ti (pausa). Céntrate en la enredadera de la empatía, ¿de qué color es para ti? Trata de cultivar la amabilidad y el agradecimiento día a día, poniéndote en el lugar de los demás, entendiendo su dolor, intentando transmitir amabilidad. Recuerda momentos en los que la empatía hacia otros seres que tú has ofrecido o la empatía que has recibido de otros seres te han llenado el corazón. Date un baño de amabilidad (pausa). Ahora visualiza la enredadera que simboliza el pilar de la libertad. ¿De qué color es para ti? Esa libertad de poder elegir cómo pensar, cómo sentir, haciéndote dueño y señor de tu vida. El pilar de la libertad se entremezcla con el de la sabiduría, gracias al cual puedes tomar las decisiones más conectadas con tu sabio corazón (pausa). A continuación focaliza la atención en la enredadera que simboliza el pilar de la salud, que engloba la parte física y mental-emocional (pausa). ¿Qué color simboliza para ti la salud? ¿Cómo puedes cultivar las semillas de la salud en tu vida? ¿Cómo puedes cuidarte? Y las tres enredaderas restantes son el pilar de la motivación o sentido de la vida, que lo visualizas en un color concreto, el pilar del autocontrol, que lo percibes en otro color, y el pilar de la valentía, ¿de qué color es para ti cada uno de ellos? (pausa). ¿Qué es lo que llena de sentido tu vida pese al dolor? ¿Qué es lo que te ayuda a levantarte cada día? ¿Cómo puedes ceder un espacio en tu vida cada día para el perdón que te permita tener mayor autocontrol emocional? ¿Cómo puedes alimentar las semillas del perdón? ¿Cómo puedes acceder a tu coraje interno? ¿Puedes recordar momentos de tu vida donde el coraje haya estado presente, actos de valentía en acción? ¿Acaso no eres ese coraje, ese amor valiente? (pausa).

Ahora date cuenta de que el primer pilar que es el amor está en el ambiente del palacio, en forma de aire de color rosado o quizá cualquier otro color, que lo ocupa todo. Ese amor nutre todo lo que existe, incluyendo a los demás pilares, al tronco central (fuerza del espíritu) y a las enredaderas de colores que rodean al pilar central y que simbolizan el resto de los pilares (pausa).

Trata de sentir ese amor en ti y repite mentalmente: «Que yo sea feliz, que me vaya bien en la vida, que sea capaz de aprender del dolor, de crecer con la adversidad y de encontrar un sentido en mi vida y que tú siempre permanezcas en mi corazón, guardando un lugar para ti. Te amo profundamente. Que viajes conmigo en mi corazón donde quiera que vaya, que tu legado continúe a través de mi vida, que tus semillas sean los frutos que ofrezco a otros seres en esta vida». Siente cómo el amor tiene la capacidad de sanar las heridas más profundas de tu corazón. Poco a poco irás dejando que las imágenes se desvanezcan y volverás a centrar toda la atención en tu cuerpo físico y en tu respiración. Haz los movimientos que consideres oportunos y, cuando lo sientas, abre los ojos; puedes escribir lo que has contemplado durante la meditación.

Para cerrar esta sesión compartiré con el lector una meditación del amor incondicional, también llamada *loving kindness*, en seis fases, que incluye al ser querido fallecido. Esta práctica está inspirada en la práctica budista de *mettabavana*, que significa el cultivo del amor incondicional y que fue popularizada en Occidente por Sharon Salzberg. Remito al lector a su libro *Amor incondicional*, donde podrá profundizar en la enseñanza de los cuatro inconmensurables o moradas sublimes.

MEDITACIÓN AMOR INCONDICIONAL EN 6 FASES: UN LUGAR PARA TI

Primero, como siempre, centra la atención en los sonidos que provienen del exterior, tratando de ser consciente de ellos, sin juzgarlos, respirando al mismo tiempo con consciencia plena del momento presente. Inhala, exhala... Permite que el oxígeno comience a recorrer todo tu cuerpo desde la cabeza hasta los pies. Imagina que el aire que inspiras es de un color que te aporta calma, serenidad. Si no sientes esa calma no te preocupes, no te juzgues por ello, simplemente cultiva la intención de que así sea, y no te preocupes de los resultados (pausa).

• **Sonido del gong que marca la primera fase: Amor incondicional para uno mismo**

Trata de imaginar que delante de ti aparece un espejo donde se muestra tu imagen, tu silueta, tu rostro. Comienza a dibujar internamente una sonrisa de oreja a oreja, aceptándote tal y como eres, con tus defectos y tus virtudes. Siendo consciente aquí y ahora de tus defectos y virtudes, tomando consciencia de que por cada defecto tienes una virtud. Imagina que cada virtud aparece dibujada en el espejo en forma de diferentes flores de colores u otros objetos que te resulten útiles. Cultivas la intención de que allí aparezcan tus virtudes: ¿acaso no eres bondad?, ¿acaso no eres amor?, ¿acaso no eres generosidad? Y repite interiormente: «Que yo sea feliz, que me vaya bien en la vida, que sea capaz de aprender del dolor y del sufrimiento, y que tenga salud y fortaleza. Que el amor circule en mi corazón, que entre y salga libremente. Que así sea» (pausa).

- **Sonido del gong que marca la segunda fase: Amor incondicional para un ser querido que esté vivo**
Deja que tu propia imagen se vaya desvaneciendo en el espejo y comienza a proyectar en él la imagen de un ser querido vivo, con el que tienes buena relación, por el cual sientes admiración, cariño, amor. Imagina que desde tu corazón y desde el de él surge un tubo de luz rosado o cualquier otro color que te vincula, a través del cual te sientes totalmente en conexión con él o ella. Trata de ver a la persona con sus defectos y sus virtudes, aceptándolo tal cual es. Y repite mentalmente: «Que tú seas feliz, que te vaya bien en la vida, que seas capaz de aprender del dolor y del sufrimiento, y que tengas salud, amor y fortaleza». Deja que las frases resuenen en tu interior y trata de enviarle todo el amor que sientes a través de ese lazo que os une, ese tubo de luz de color rosado o cualquier otro color que para ti simboliza el amor (pausa).

- **Sonido del gong que marca la tercera fase: Amor incondicional para una persona neutra**
Ahora deja que la imagen de tu ser querido se desvanezca y proyecta en el espejo la imagen de una persona que sea neutra para ti, que no despierte en un principio ningún tipo de emoción. Puede servir una persona a la que veas en tu día a día, pero no tengas vinculación afectiva, como pueda ser la dependienta de alguna tienda a la que vas a comprar, el conductor del autobús, etc. Intenta visualizar ese tubo de luz rosado que nace de vuestros corazones y os une. Trata de imaginar que, como tú, esa persona tiene momentos de felicidad y momentos de sufrimiento, tiene defectos y virtudes, tiene dificultades y fortalezas. Ahora procura repetir interiormente: «Que tú seas feliz, que te vaya bien en la vida, que estés llena de amor, salud y fortaleza, que seas capaz de crecer con las adversidades, que puedas acceder a tu fuente de bondad y sabiduría interna, que puedas conectar con tu alegría interior, que puedas compartir tu alegría con otros seres, que puedas saborear la alegría de otros seres, que seas feliz» (pausa).

- **Sonido del gong que marca la cuarta fase: Amor incondicional para una persona con la que se tengan dificultades** Imagina que la persona neutra comienza a desvanecerse en el espejo, para posteriormente proyectar la imagen de esa persona con la que tienes dificultades, esa persona con la que se te mueven emociones negativas como rabia, cierto rencor o resentimiento. Trata de escoger una persona con la que las dificultades sean menores y a medida que tengas práctica incrementa la dificultad del ejercicio con personas con las que las emociones que se mueven son más intensas. Dibuja su imagen en el espejo, trata de darte cuenta de que, como tú, esa persona intenta ser feliz, que, como tú, tiene dificultades y fortalezas, que, como tú, se ha podido equivocar, que, como a ti, le dan miedo a algunas cosas. Y trata de cultivar la intención de que sea feliz a través de estas frases: «Que tú seas feliz, que te vaya bien en la vida, que estés libre de dolor y de sufrimiento, que tengas salud y fortaleza, que puedas conectar con la bondad que hay en tu corazón, que puedas salir de la ignorancia, que puedas pedir perdón cuando te equivoques, que puedas estar libre de los condicionamientos que te hacen dañarte y dañar a otros seres, que estés en paz» (pausa).
- **Sonido del gong que marca la quinta fase: Amor incondicional para el ser querido fallecido. «Un lugar para ti»** Ahora deja que la imagen anterior se desvanezca y proyecta en el espejo la imagen de tu ser querido fallecido. Permite que los recuerdos gratos de su paso por este planeta te inunden y agradece en estos momentos el hecho de que haya podido compartir una parte de su viaje de la vida a tu lado. Ahora es el momento de agradecerle todo aquello que quieras agradecerle: «Gracias por haber estado en mi vida, gracias por todo lo que me has enseñado, gracias por ser quien eres, gracias por haber compartido momentos de felicidad y de infelicidad conmigo, gracias por existir». Y con todos estos agradecimientos exprésale también que siempre habrá un lugar para él en tu corazón y en tu espacio interno. Repite

mentalmente: «Que puedas descansar en paz, y que yo pueda día a día, momento a momento, recuperar de nuevo la alegría de vivir. Te amo profundamente, ni siquiera la muerte separará nuestros corazones». Trata de expresarle frases que empiecen por «Lo siento por...»; «Te perdono por...»; «Gracias por...»; «Te amo...» ; «Adiós».

Visualiza ahora ese lazo de amor que os une eternamente, ese tubo de luz que os conecta a pesar de la muerte física, sabiendo aquí y ahora que él siempre tendrá un lugar en tu corazón, por lo que no es necesario aferrarse al dolor, suelta el dolor, suéltalo a él, déjalo ir con la certeza de que forma parte de ti (pausa).

• **Sonido del gong que marca la sexta fase: Amor incondicional para el planeta Tierra**
Deja que la imagen anterior se vaya desvaneciendo y trata de proyectar en el espejo las cinco figuras anteriores (tú mismo, el ser querido vivo, la persona neutra, la persona con la que hay dificultades y el ser querido fallecido). Percibe el amor que os une a través de esos tubos de luz rosada o cualquier otro color, que nacen desde vuestros corazones. Visualiza cómo toda esa luz se une en el centro del círculo que habéis formado cogiéndoos con las manos. Imagina que esa energía de amor comienza a inundar la habitación en la que te encuentras, y que sale hacia fuera llegando a todos los lugares donde hay dolor y sufrimiento, a los hospitales, a los países donde hay pobreza, donde hay guerras, a todos los lugares donde lo necesitan. Imagina que eres capaz de enviar todo ese amor al planeta Tierra, como si tuvieses la capacidad de abrazarlo con tus brazos y enviar todas tus buenas intenciones para que la humanidad y el planeta sanen, y repite mentalmente: «Que todos seamos felices, que nos vaya bien en la vida, que estemos libres de dolor y de sufrimiento, que seamos capaces de crecer con las adversidades, que tengamos salud y fortaleza, que el planeta Tierra sane, que sea un lugar de amor» (pausa).

> Poco a poco vas a ir centrando la atención en tu cuerpo
> y en la respiración, haz cualquier movimiento que desees y,
> cuando te sientas preparado/a, abre los ojos sin prisa y sien-
> do consciente en todo momento de tu respiración. Si lo de-
> seas puedes escribir sobre tu experiencia.

Encontrar un lugar para nuestros muertos es fundamental. Ya sabe el lector que el panteón interno en el que permanecen para siempre es el corazón. Una vez escuché a un compañero de formación, en un curso de acompañamiento contemplativo en la muerte, una idea egipcia que indica que todos nosotros caminamos con nuestros muertos en las entrañas. Es como estar preñados de nuestros deudos. Viven dentro de nosotros para siempre.

Para cerrar este capítulo quisiera compartir cómo Dolores pudo sanar su duelo encontrando este lugar para su madre. Ella llegó al servicio de Psicooncología de AECC (Asociación Española Contra el Cáncer) derivada por una compañera del equipo al detectar factores de riesgo relevantes en el proceso de duelo, tras la muerte de su madre en 2012. El duelo de Dolores puede considerarse un duelo muy complicado del tipo TEPT con elementos traumáticos, síntomas disociativos, ideación suicida (pensar en precipitarse), varios intentos autolíticos (uno de ellos tratando de ser atropellada y otra vez cortándose en las muñecas con una cuchilla de pedicura), dependencia emocional, alucinaciones visuales —vio a su madre vestida de blanco en el ritual de despedida al año de su muerte y en el cementerio durante tres años—, en las que la abrazaba y la tocaba. También puede considerarse un duelo exagerado y crónico dentro de la tipología de Worden.

Desde el primer momento se estableció entre Dolores y yo un vínculo muy sanador, ella se sentía totalmente sostenida, lo que fue esencial teniendo en cuenta la dependencia emocional hacia su madre. Esa dependencia emocional tenía unos rasgos con tintes de idealización de la madre, y además con un rechazo absoluto hacia al padre. Esto último debido a las experiencias dolorosas vividas desde la infancia, cuando su padre maltrataba a su madre y además era infiel. Esto generó en ella mucho odio, mucha rabia hacia su padre. Una de las cosas que observé en Dolores fue que, de alguna manera por la idealización hacia la madre y por la imposibilidad de aceptar la muerte de la misma, creó una parte de ella que ella afirmaba que era su madre. Esa parte de ella se alimentaba de la personalidad de su madre, actuando como ella actuaba, con seguridad, con fuerza. En cambio, la otra parte de sí misma estaba llena de pánico y se mostraba sumisa e indefensa. Coexistían en su interior esas dos personalidades, y ella lo explicaba diciendo que su madre vivía a través de ella. Repetía con frecuencia «era mi madre, no era yo». Esto es un síntoma muy claro de disociación con dos partes bien diferenciadas, que en este caso una de ellas la vive como algo que no le pertenece, más bien como algo que la posee. Es lo que en psicología llamamos el trastorno de identidad múltiple, en este caso con dos estados. En ella coexistía también el trastorno por estrés complejo con muchos elementos somáticos. De hecho, está diagnosticada de fibromialgia. De alguna manera todo el dolor vivido durante su vida desde la infancia se manifestó en forma de diferentes dolencias, somatizando el dolor emocional en el cuerpo. Hicimos terapia individual por la complejidad del caso y su dificultad para compartir el dolor en un contexto grupal. De esa manera diseñamos un traje a medida para que ella progresivamente pudiese abrirse al dolor de una forma segura. En la actualidad sigo atendiéndola para trabajar el pánico que siente ante la posibilidad de enfermar, lo que la hace estar en un estado hipervigilante que le ha generado un patrón obsesivo compulsivo. Dentro de ella concurren diferentes síntomas que entran dentro de diferentes categorías diagnósticas.

¿Cómo le ayudó a Dolores la terapia basada en el programa

MADED? Ella dice que nunca imaginó que pudiera aceptar la muerte de su madre. Sin embargo, en estos momentos siente que la tiene aceptada, ha aprendido a vivir sin ella y ha aprendido a conectar con sus recursos internos. Recursos que hemos ido trabajando durante muchos años. Sobre todo los anclajes somáticos de llevar las manos al corazón, la respiración, la visualización. Todo ello le permite enraizarse y encontrar un punto de equilibrio. Este es el efecto principal de la terapia. Ella dice que antes el dolor la desbordaba, hasta el punto de no querer vivir, lo ocupaba todo. Ahora es capaz de poder vivir, encontrar un nuevo sentido en la vida centrado en su hija. En los momentos en que tuvo esos intentos suicidas, no podía anclarse a nada en la vida, ni siquiera su hija le servía de ancla. Era más grande el dolor y el miedo que el amor. Ella dice que es como si hubiese metido el dolor en un cajón, mientras antes lo ocupaba todo. Es consciente de que todavía hay cosas que necesita elaborar, pero al menos el dolor está limitado en un espacio de su mente y puede gestionar su día a día. Cree que sin la terapia no hubiese sido posible, no hubiera podido salir adelante. Además pudo perdonar a su padre y en la actualidad tiene una relación mucho más sana. Siente que ha podido aceptar la muerte de su madre y que ella tiene un lugar en su corazón eternamente. Ha podido recolocar a su ser querido, viaja con ella, pero ya no tiene experiencias de disociación, en las que la personalidad de la madre cobraba forma a través de ella. Ya no necesita tener ese tipo de experiencias para sentir la conexión hacia la madre.

También han desaparecido las alucinaciones, que eran un intento de su mente de reparar el dolor a través de la sensación sentida del tacto, pues cuando se iba a la cama a descansar sentía que dormía abrazada a su madre. En la actualidad, la conexión la siente porque vive dentro de su corazón. En este momento, Dolores está viviendo el proceso de enfermedad oncológica de su padre, que en realidad se está muriendo. Pese a que el vínculo paterno puede definirse como un apego desorganizado, gracias al trabajo terapéutico ha podido sanar el odio, perdonar a su padre y, pese a que es un enfermo muy difícil (puesto que la persona muere como ha vivido), al menos se encuentra con recursos para afrontar esta nueva pérdida. Este es un ejemplo claro de cómo la terapia puede ayudar en un caso tan complejo como el que acabo de brindar al lector.

15

Retirarse. Explorando las necesidades espirituales

> El silencio es la primera piedra del templo de la filosofía. Escucha, serás sabio; el comienzo de la sabiduría es el silencio.
>
> PITÁGORAS

> La espiritualidad no puede ser enseñada, tan solo puede ser descubierta.
>
> J. MATÉ

Para mí el silencio es una oportunidad para descender de la superficie del agua del océano a la profundidad del mismo, donde todo está en calma. Es darse la oportunidad para salir del modo hacer y entrar en el ser. La oportunidad de ser una presencia conectada y compasiva a través de la que puedes ser consciente de que todo está en orden, pese a las circunstancias externas que pueden llegar a ser tremendamente adversas en muchas ocasiones. Practicar el silencio, por tanto, es practicar el ser. Es dejar que tu esencia se manifieste naturalmente en conexión con todo lo que existe, es un regalo para el cuerpo-mente-corazón. El silencio permite que conectemos con una fuente ilimitada de vida, amor, creatividad, bondad, generosidad que siempre está en nosotros y que a veces no podemos ver. Generar ese espacio de silencio es una condición necesaria para que esa fuente se manifieste, de la misma manera que cuando el sol ilumina, las flores se abren.

Retirarse en compañía de seres que están transitando el camino de la pérdida como tú, y hacerlo en el contexto de la humanidad compartida en un retiro de meditación y silencio, es altamente recomendable para tu salud física y mental. Es por eso que el programa MADED culmina con un retiro intensivo de práctica de meditación en un espacio de la naturaleza que invite a adentrarse internamente.

El silencio no solo es ausencia de ruido sino que es ese momento mágico en el que tu cerebro se relaja y se resetea. El silencio armoniza, calma, te serena y puede ayudarte a prevenir el estrés, la ansiedad y la irritabilidad. Restablece tu mente y también el buen funcionamiento de tu cerebro.

Muchos estudios apuntan a que uno de los factores que promueve la regeneración neuronal y cerebral es el silencio. Es verdad que el cerebro nunca descansa pero cuando estás en silencio es como si tu mente hiciera una especie de depuración de la información almacenada.

En estas condiciones tu cerebro evalúa la información y las experiencias que has tenido a lo largo del día, las organiza, integra la información que realmente es relevante y desecha el resto. El silencio genera las condiciones adecuadas para que se produzca esta limpieza interna cerebral y, desde mi forma de entenderlo, una conexión profunda con nuestro ser-esencia-alma. No importa cómo el lector quiera llamarle a esta parte más trascendental que somos más allá de los instintos y la mente ordinaria, a la que yo le llamo ser, el nombre no es relevante. Lo que sí es una realidad es que el silencio propicia la escucha profunda de nuestro ser y desde ahí la sanación es posible, desde ese lugar todo se torna más sencillo, más comprensible.

Una vez que tu mente está en calma y libre de un exceso de información innecesaria, tu creatividad aumenta a través de lo que los neurólogos llaman «cognición autogenerada». Tu mente, al estar más despejada, es capaz de centrarse, deja de divagar y está en predisposición de activar tu zona cerebral de la creatividad. Esta creatividad permite que pongamos todos nuestros recursos al servicio de nuestra salud física y mental. Otro de los beneficios del silencio es que la zona de la amígdala cerebral deja de enviar estímulos para que se segregue cortisol en tu organismo, que como ya el lector sabe es la hormona del estrés. Por tanto, el silencio posibilita que recojamos las energías dispersas de nuestra mente, focalicemos por tanto en el momento presente de una forma integrada y desde ahí nos acompañemos con una actitud amorosa en el proceso que estemos viviendo.

En su libro *Biografía del silencio*, Pablo d'Ors, sacerdote y escritor, nos habla de la necesidad de parar, de la necesidad de silencio. El autor considera que «el exceso de ruido genera inseguridad y miedos mientras que el silencio es lo que nos muestra lo que somos de verdad». Al mirarnos con amor en ese espacio sagrado de silencio, podemos encontrarnos y ofrecernos la atención cálida que necesitamos en los peores momentos de nuestra vida. Recuerda que el dolor de la pérdida se sana con amor, que el vacío del vínculo se sana con la conexión con otros seres, que el dolor del duelo se sana volviendo a colocar el amor en la vida, en los vivos. El silencio por tanto es para mí el espacio donde vive el amor, y al entrar en ese espacio nos lo encontramos de frente. En realidad siempre ha estado ahí, pero como si de un sueño se tratase, al vivir en nuestras mentes, totalmente ocupados en los quehaceres cotidianos, desconectados de nuestra verdadera esencia, no lo podíamos ver, ni tocar, ni sentir. Al contactar con ese silencio, sencillamente accedes a la fuente de amor que siempre has sido, y es por eso que participar en retiros de meditación en un contexto de seres humanos totalmente afines a ti es altamente transformador. Esta sería una de las necesidades espirituales de nuestro ser, beber de la fuente del silencio para acceder al amor.

Otro aspecto esencial en el ser humano es la búsqueda de sentido. Viktor Frankl en su libro *El hombre en busca del sentido* explica la experiencia que le llevó a descubrir la logoterapia. Como prisionero en los campos de concentración descubrió lo que es quedarse totalmente desnudo, habiéndolo perdido todo. Y en esas condiciones devastadoras lo que le ayudó a seguir vivo es escribir el manuscrito que posteriormente ha llegado a nuestras manos a través de este gran libro.

En la tríada trágica que según Viktor Frankl serían el dolor, el sufrimiento y la culpabilidad, los seres humanos tenemos una necesidad básica de encontrar sentido en la vida, encontrar sentido en el sufrimiento y en todas las situaciones que vamos viviendo. El sentido es lo que otorga el adjetivo de humano al hombre; es lo que sirve para rehumanizarlo. Según el autor, el sentido en la vida no es un sentido general, sino que es un sentido que se construye en las concretas situaciones que acontecen en la vida. De hecho, él indica que dudar del sentido de la vida no es patológico, de alguna forma la duda lo que hace es acercarnos cada vez más al sentido último al que Frankl llama «suprasentido». Lo importante es hacerse preguntas, dudar, buscar respuestas aunque no las tengamos, y es así como se va forjando día a día una vida con sentido. Lo que realmente es dañino es no tener preguntas, dar las cosas por sentado, no buscar respuestas, creer que estamos en la verdad absoluta, no cuestionarse nada, tener una mente rígida e inamovible.

Cuando los seres humanos perdemos el sentido, nos rompemos, nos resquebrajamos por dentro, no encontramos nuestro lugar en el mundo y es ahí donde podemos sentir la necesidad de desaparecer. El suprasentido nos hace conectar con algo más grande que nosotros mismos, que nuestra personalidad, nuestro ego. Nos hace conectar con nuestra misión y nos recuerda que todo tiene un sentido, incluso el dolor, la enfermedad, las pérdidas. Nos sitúa en la pregunta «¿para qué me ha pasado esto?», que es muy diferente a la pregunta «¿por qué me ha pasado esto?», que nos conduce directos al victimismo. El «para qué» nos coloca en una posición de aprendizaje, de curiosidad, de apertura a la vida; nos sitúa en el presente y, basándose en los aprendizajes de vida, nos permite construir un futuro más coherente con nuestro corazón y nuestros valores.

Otro concepto clave de la logoterapia (terapia centrada en el sentido) es la «autotrascendencia». Es ir más allá de nuestros propios límites, para acercarnos al otro. Es una puerta que se abre hacia fuera y que se caracteriza por valores creativos, vivenciales, contemplativos y actitudinales a través de una metamorfosis que se produce gracias a la presencia del dolor en nuestras vidas. Como el gusano de seda que se transforma en mariposa, como el ave fénix que resurge de las cenizas o como la flor de loto que nace en la oscuridad del pantano y se abre en todo su esplendor en la superficie. Son precisamente las situaciones límites de dolor, culpa, muerte las que nos pueden abrir la puerta de la resiliencia y el crecimiento postraumático, o por el contrario cerrar la puerta hacia la desesperación. Cuando la puerta se cierra, entonces estamos frente a un duelo sinsentido. En cambio si no podemos dar sentido a la pérdida en un principio, al menos es importante que demos sentido a la vida que nos queda por vivir. De esta manera vivimos un duelo con sentido, nos deconstruimos para reconstruirnos. Se trata de tirar abajo una torre para quedarnos con los cimientos y crear de nuevo una nueva torre mucho más sólida acorde a nuestros valores y principios intrínsecos, no extrínsecos. Esa desnudez nos permite conocernos de verdad. Cuando la muerte llega a nuestras vidas, cae todo lo que no es y accedemos a lo que sí es. La reconstrucción es entregarnos a una nueva perspectiva de sentido. Sin duda el camino de la pérdida en el proceso de duelo permite esta reconstrucción y esta es la alquimia del sufrimiento en el oro del amor.

Tanto el silencio como la búsqueda del sentido pueden considerarse necesidades espirituales. Desde el modelo de la SECPAL (Sociedad Española de Cuidados Paliativos) se entiende que...

... la dimensión espiritual es idiosincrática de la condición humana y, además, posee un carácter universal. Toda persona es un ser espiritual, tiene en su interior la capacidad de anhelar la integración de su ser con una realidad más amplia que el sí mismo —llámesele Universo, experiencia de Totalidad, Humanidad, Dios personal, lucha por la Justicia o lo que fuere— y, a la par, la posibilidad de encontrar el camino para esa integración, un camino para ese sujeto único e irrepetible, pues la dimensión espiritual no aparece en abstracto, sino vivida en personas concretas. La espiritualidad viene a ser la aspiración profunda e íntima del ser humano, el anhelo de una visión de la vida y la realidad que integre, conecte, trascienda y dé sentido a la existencia. Se asocia también al desarrollo de unas cualidades y valores que fomenten el amor y la paz» (Barbero, Gomis, Benito, 2008).

Según los autores, la espiritualidad no es sinónimo de religión, aunque la religión sí que es un vehículo —idóneo para muchas personas— de expresión de la espiritualidad (Barbero, Gomis, Benito, 2008). Dentro de la espiritualidad se encuentra la religión, pero no es el único camino que nos lleva a conectar con lo espiritual. De hecho todo lo que tiene que ver con los valores humanos, la belleza, la conexión con la naturaleza se consideran elementos de la dimensión espiritual. Concretamente en el ámbito de la espiritualidad se incluyen elementos como las aspiraciones, el sentido, la conexión, la trascendencia y los valores éticos. Desde mi punto de vista el ser humano se diferencia de los animales precisamente por esta dimensión que lo hace humano, esta parte trascendental que es la dimensión espiritual. A veces tenemos miedo a la palabra espiritual, pero en realidad abrirnos a su verdadero significado, más allá de los dogmas o creencias rígidas, es un verdadero regalo.

Según el modelo de la SECPAL las necesidades espirituales pueden dividirse en tres dominios: necesidades intrapersonales, necesidades interpersonales y necesidades transpersonales.

La dimensión intrapersonal sería el sentido de la vida de la persona, el significado que da a la vida y a la muerte. La coherencia con sus propios valores y sus principios. Es la integración de las experiencias que permiten que seamos lo que hoy somos. Es también el propósito de nuestra vida, nuestra misión. La conexión más íntima con el ser que somos. Es el conocimiento interior, el encuentro con uno mismo, con la esencia que nos hace seres sintientes con una dimensión espiritual.

La dimensión interpersonal hace referencia a la conexión con lo que está fuera. Es decir, las relaciones con los demás seres y el entorno. El individuo es un ser completo en sí mismo, pero es a la vez una parte de un todo mayor que le transciende. Es un ser en relación con todo lo que le rodea. Es la consciencia de saber que formas parte de una unidad con todo lo demás. La conexión con el medio ambiente en el que se vive, y con la naturaleza, con el planeta Tierra.

A la dimensión transpersonal se le ha dado muchos nombres, en función de nuestra capacidad de entendimiento acerca de ello: consciencia cósmica, consciencia universal, naturaleza última, Dios, energía, vida, inconsciente radical, lo uno, la unidad, el ser unitivo, la no-dualidad, etc. Pertenece al reino de lo sublime, de lo sagrado. Supone la expansión de nuestra habitual sensación de identidad más allá de nuestro ego.

Las tres dimensiones sin duda están interconectadas. Cuando accedes a tu mundo interno para conocerte, a través de la introspección, a través de la meditación, en busca del sentido de tu vida, estás en la dimensión intrapersonal. Cuando te topas con el amor de las relaciones de tu vida que llenan de sentido la misma estás en la dimensión interpersonal, que nutre la dimensión intrapersonal. Y cuando accedes a tu verdadera esencia, más allá de tu ego, estás en la dimensión transpersonal. Así que las tres dimensiones se nutren unas a las otras.

Este modelo, aunque ha sido estudiado en el ámbito de los moribundos, me parece excepcional para el ámbito de los dolientes también; en realidad, me parece maravilloso para cualquier ser humano que quiera ir un poco más allá de lo tangible.

Desde mi punto de vista es totalmente extrapolable fuera del ámbito de los cuidados paliativos. Las necesidades espirituales de las tres dimensiones aparecen en el cuadro resumen que presento a continuación.

Tabla 9
Resumen de necesidades espirituales
(adaptado de Rufino, 2015)

DOMINIO INTRAPERSONAL	DOMINIO INTERPERSONAL	DOMINIO TRANSPERSONAL
Necesidad de releer y resignificar la vida	Necesidad de liberarse de la culpabilidad de perdonarse	Necesidad de establecer su vida más allá de sí mismo
Necesidad de encontrar sentido a la existencia	Necesidad de reconciliación, de sentirse perdonado (ordenar asuntos)	Necesidad de continuidad, de un más allá (vertical u horizontal)
Necesidad de esperanza	Necesidad de amar y ser amado, de ser reconocido como persona (visibilidad)	Necesidad de expresar sentimientos y vivencias religiosas/ espirituales

Explorar estas dimensiones es algo esencial en el camino de la vida y por supuesto en el camino de la pérdida, pues es lo que a mi modo de ver nos devolverá a la vida. Es por eso que comparto con el lector esta meditación que he creado y que explora estas tres dimensiones y las diez necesidades espirituales provenientes del modelo de la SECPAL y que me parecen tan pertinentes para trabajar en el ámbito de los dolientes.

MEDITACIÓN: LAS NECESIDADES ESPIRITUALES

Te invito a cerrar suavemente los ojos mientras realizas unas respiraciones profundas: al inhalar, tomando consciencia del momento presente; al exhalar, dejando que la consciencia viva en el cuerpo. Es como si hubiese una luz fuera de tu cabeza que a medida que inhalas y exhalas se integra en tu cuerpo. Estás presente, con el cuerpo receptivo, la mente aquí y el corazón abierto. Cuerpo, corazón y mente en el presente. Deja que tu consciencia (esa luz brillante) se coloque en el pecho, notando la respiración aquí. Deja que esta atención consciente fluya hacia el corazón. Respira con el corazón. Al inhalar imagina una luz que se expande en tu corazón hacia fuera, al exhalar imagina una luz que se expande hacia dentro de tu cuerpo. Respira con el corazón. Siente los latidos, la vibración, el calor. La vida te late, la vida te respira, la vida vive a través de ti.

Dimensión intrapersonal

Te invito a ver toda tu vida en perspectiva, como si fuese un gran mosaico donde cada pieza forma parte del todo. Trata de contemplar los aprendizajes profundos adquiridos a lo largo de la vida, trata de ver que cada momento vital te ha llevado hasta aquí. Extrae de cada experiencia la esencia y tráetelo al presente con consciencia, releyendo tu vida para darle nuevos significados. Explora: ¿Cuál es el sentido de la vida para mí? ¿Qué puedo ofrecer yo a la vida? ¿Qué puedo aprender de la vida? ¿Qué puede llenar de esperanza mi vida? ¿Qué puede iluminar mi camino?

Dimensión interpersonal

Ahora te invito a abrirte a lo relacional. A cómo el amor ha ido tejiendo tu vida, abriéndote a todos esos seres que forman parte de ella, a esos seres que son importantes para ti. Ábrete a la necesidad de amar y ser amado y deja que diferentes imágenes de estas experiencias vitales aparezcan en tu interior, como fotogramas de toda una vida que llena de sentido tu paso por este mundo. ¿Acaso no eres amor? ¿Acaso tu vida no está tejida de estos hilos de amor?

Conecta con la necesidad de ser visto, de ser reconocido como persona, conecta con todos aquellos seres que te han visto, que te han valorado, que te han amado. Y a medida que te abres al amor, deja que el perdón disuelva cualquier asunto pendiente, todo está en orden, todo es un aprendizaje, no hay nada que perdonar. Lo siento, te perdono, me perdono. Quedamos libres. Somos libres. Todo está en orden.

Dimensión transpersonal

¿Quién soy yo más allá de mi cuerpo? ¿Quién soy yo más allá de mis personajes, de mi ego? ¿Quién soy yo más allá de mis sentimientos, de mis pensamientos? ¿Qué es lo que quedará cuando yo muera? Todo aquello que no soy muere, todo aquello que sí soy, permanece. ¿Qué permanece?

Imagina la vida viviendo a través de ti, el ser que eres tocando todos los botones de tu cuerpo para poder respirar, latir el corazón, hacer la digestión. Nada de todo eso se hace con tu voluntad, es la voluntad de la vida, más allá de tu mente limitada, más allá de tus deseos. Esa vida que permanece cuando el cuerpo no esté, el ser que eres, el amor que eres, las huellas en el corazón de las personas que amas. Todo permanece, todo sigue vivo, el amor no se puede borrar. Si eres amor la muerte no puede llevarse ese amor.

Lo mismo sucede con tu ser querido, ¿qué permanece de él tras su muerte? ¿Dónde vive tu ser querido ahora? ¿Acaso no puedes tocar tu corazón y sentirlo dentro de ti? ¿Acaso la muerte se ha llevado el amor que sientes? ¿Acaso se ha llevado lo que te ha enseñado, lo que has aprendido? Toca con tu corazón, con tu alma, esta experiencia de trascendencia horizontal. O quizá sientas que tu ser querido ahora está formando parte del Todo, del Universo, de Dios. ¿Hay alguna creencia que te lleve a una trascendencia vertical? ¿Cómo te ayuda esto que crees en tu vida? ¿Cómo te ayuda a afrontar la vida y la muerte? Y para cerrar esta meditación comparto contigo este poema de Juan Ramón Jiménez:

> *Yo no soy yo.*
> *Soy este*
> *que va a mi lado sin yo verlo,*
> *que, a veces, voy a ver,*
> *y que, a veces, olvido.*
> *El que calla sereno, cuando hablo,*
> *el que perdona, dulce, cuando odio,*
> *el que pasea por donde no estoy,*
> *el que quedará en pie cuando yo muera.*

La espiritualidad, como ya sabe el lector, es un factor protector frente a la pérdida y es algo que durante el programa MADED se evalúa y se refuerza a través de las diferentes prácticas que lo conforman. El caso que comparto a continuación es el de una mujer que perdió a su hija por una enfermedad oncológica llamada linfoma no Hodgkin, y a la que su sentido de trascendencia le permitió —incluso antes de participar en la terapia— darle un sentido a la muerte de su hija que le permitiese aceptar su pérdida pese al dolor. Quiero recoger en estas líneas su testimonio, que para mí está lleno de valor, amor y sabiduría.

Tuve la fortuna de conocer a su hija Paola durante la época en que estuve trabajando en diferentes hospitales de Valencia acompañando a los pacientes y familiares en el proceso de la enfermedad oncológica. Solo tenía diecisiete años y estaba llena de vida, con una sonrisa preciosa y con una personalidad carismática que nunca olvidaré. Recuerdo la ternura que sentí desde el primer momento que la conocí. Estuvo enferma durante siete meses y, aunque según la información médica había un 80 por ciento de posibilidades de que saliese adelante, Paola murió el 27 de julio de 2012 en el Hospital Clínico de Valencia.

Carmen acudió a terapia grupal dos años después de la pérdida, puesto que cuando se la ofrecí durante el primer año, la rechazó, ya que no era su momento para compartir el dolor. Cuando se sintió preparada se puso en contacto conmigo y participó en el último grupo de terapia que llevé a cabo para la investigación de este programa. En palabras de Carmen, el dolor durante el primer año lo describía como muy crudo, salvaje e incapaz de controlar, en cambio, cuando se sintió preparada para abrirse a la terapia grupal, contaba que su dolor era profundo pero que ya no tenía esa crudeza del principio. Decía que cuando la gente le comentaba que con el tiempo ese dolor se suavizaría, a ella esto le provocaba un gran enfado, puesto que ella quería sentir su dolor. Con el tiempo entendió que lo que cambia es la capacidad de canalizar ese dolor, de manera que se vuelve sostenible. Algunos de los síntomas que presentaba la doliente eran: palpitaciones, falta de energía, opresión en el pecho y en la garganta, cambios en el apetito (el primer año falta de apetito y el segundo año mucha hambre emocional), nervios en el estómago, vacío, irritabilidad, soledad, falta de sentido, pesadillas en las que veía a su hija, despertares nocturnos muy largos, dificultades de atención y memoria, añoranza, buscarla sabiendo que no está, falta de metas; sentía que una parte de ella había muerto. Cuando veía a las adolescentes de su edad era como que veía a su hija y esto le generaba sufrimiento, porque ellas estaban vivas y su hija no. Lo que era muy característico de su duelo era la agorafobia que estuvo presente durante un largo tiempo, sintiéndose muy agobiada en los espacios donde hubiese multitud de gente. Otro aspecto a destacar era la hipersensibilidad a los ruidos externos que se acentuaron tras la muerte de su hija y que le producían un rechazo absoluto hasta verbalizar que no lo podía soportar. Al parecer su cerebro asoció los ronquidos finales de los momentos previos a la muerte con los ruidos externos en general, y de ahí esta sensibilidad incrementada exponencialmente. Recuerda que ella necesitó mantener durante un largo periodo la habitación de Paola tal y como estaba antes de morir, y que muchos profesionales se empeñaron en que desmantelara la habitación, pues ya había pasado mucho tiempo, según ellos. Para ella esto fue una falta de empatía y de profesionalidad hasta el punto de que dejó de ir a las visitas psicológicas que tenía programadas. Recuerda que incluso necesitó mucho tiempo para guardar el cepillo de dientes y fue cuando ya sintió que no necesitaba ocupar ese lugar, cuando lo pudo hacer. Lo esencial en el duelo es respetar los tiempos y confiar en la sabiduría de cada ser humano. Proponer algo para lo que no se está preparado puede ser una agresión, desde mi forma de entender la terapia, sobre todo porque para el duelo no existen ni recetas mágicas, ni uniformes para todas las personas por igual. La momificación (así se llama técnicamente al síntoma de dejar la habitación tal y como estaba antes de morir) es un síntoma del duelo totalmente normal, y es la persona doliente la que tiene que ir sintiendo cuándo empezar a deshacerse de los enseres del fallecido. Para Carmen mantener estos enseres era una forma de sentirla presente, una forma de estar conectada con ella pese a la muerte, así que suponía una estrategia de conexión, no de evasión. En la actualidad sigue manteniendo la habitación de Paola y cuando vienen invitados, ella y su marido duermen en ella. Verdaderamente Carmen ya tenía desde antes del inicio de la terapia un nivel de aceptación de la pérdida bastante alto, pese a que una parte de ella sentía que era una injusticia. Al principio de la muerte de Paola se notaba más fuerte, puesto que el alivio de ver que su hija ya no sufría por la enfermedad del cáncer la empoderó. Con el tiempo esta fortaleza decayó para dar paso a la añoranza que tanto caracteriza los duelos. Sentía que la echaba mucho de menos en cualquier situación, que le hacía mucha falta, pues con ella gozaba de gran apoyo moral.

Al principio, tras la pérdida, tenía recuerdos de la última fase de la enfermedad, aunque cuando acudió a terapia ya podía ver en su imagen interna a su hija sonriente. De hecho, cuando murió, pudo darse cuenta de que su hija estaba sonriendo y con una cara de paz que a Carmen le proporcionó gran alivio. Sintió al verla morir que su hija ya había descansado y, por otro lado, el alivio de no tener que verla sufrir más.

Si algo define a Carmen es su espiritualidad, su fortaleza, su alegría y su energía. Y aunque las dos últimas cualidades no estaban presentes en esos momentos de su vida, la espiritualidad seguía siendo para ella un pilar. Esta espiritualidad puede definirse en ella como su capacidad de amar y recibir amor, su inmensa gratitud (hasta el punto de poder agradecer hasta las lágrimas que muchas personas derramaron por su hija), la capacidad de perdonar, la trascendencia de creer que su hija ahora estaba realizando otra misión ayudando a otros en otro plano de existencia —de hecho tuvo sueños reparadores que le mostraban esta misión donde veía a su hija ayudando— y la certeza de que en algún momento se reencontrará con su hija.

Con la terapia pudo ver disminuida la ansiedad y pudo poner en marcha estrategias de autogestión de dicha ansiedad cuando aparecía, redujo el insomnio —con menos despertares nocturnos— y, por tanto, mejoró la calidad del sueño. Para ella la práctica de la montaña fue muy sanadora puesto que la conectó con un recuerdo con Paola bajando por una montaña en la que habían tenido muy buenos momentos. Gracias a la terapia los recuerdos traumáticos que se activaban el mes de julio (que es cuando murió) empezaron a ser menos intensos. El primer año, esos recuerdos los sentía de forma somática (con desmayos), en cambio tras la terapia, sentía tristeza cuando aparecían, aunque se daba más permiso para soltar el dolor con las lágrimas y se relacionaba con los recuerdos observándolos sin evitación. Por otro lado, era capaz de contemplar los recuerdos agradables sin apego, y esto la hacía mucho más libre, experimentando por tanto la desidentificación o defusión de los procesos mentales que son sinónimo de flexibilidad mental y de bienestar psicológico. Nueve años después de la muerte de su hija, Carmen expresa que todo el trabajo que hicimos durante las nueve sesiones ha dejado un poso profundo en ella, que incluso aspectos que todavía no había asentado durante esos dos meses intensivos, pudieron ir floreciendo momento a momento. Que es algo que permanece en ella para siempre.

Y quisiera cerrar este capítulo con esta perla de Carmen: «Tengo un hijo y una hija, uno aquí y otra me espera arriba». Gracias, Carmen, por la grandeza de tu resiliencia en acción que compartiste conmigo con tanta serenidad y tanta pureza.

16

El viaje continúa.
Seguir amando y viviendo para transitar el camino

La muerte no es nada, solo he pasado a la habitación de al lado. Yo soy yo, vosotros sois vosotros. Lo que somos unos para los otros seguimos siéndolo. Dadme el nombre que siempre me habéis dado. Hablad de mí como siempre lo habéis hecho. No uséis un tono diferente. No toméis un aire solemne y triste. Seguid riendo de lo que nos hacía reír juntos. Rezad, sonreíd, pensad en mí. Que mi nombre sea pronunciado como siempre lo ha sido, sin énfasis de ninguna clase, sin señal de sombra. La vida es lo que siempre ha sido. El hilo no se ha cortado. ¿Por qué estaría yo fuera de vuestra mente? ¿Simplemente porque estoy fuera de vuestra vista? Os espero; no estoy lejos, solo al otro lado del camino. ¿Veis? Todo está bien.

SAN AGUSTÍN

Las virtudes y fortalezas humanas

Uno de los giros maravillosos que ha dado la psicología a lo largo de la vida es complementar la psicología clínica centrada en la psicopatología con la psicología positiva. Este nuevo paradigma fue propuesto por Martin Seligman, quien, tras dedicar gran parte de su carrera al estudio de la indefensión aprendida y psicopatología, dio un giro radical hacia lo que él llamo «fortalezas y virtudes humanas». Creo enormemente que la práctica introspectiva de la meditación genera las condiciones adecuadas para que estas virtudes y fortalezas florezcan. Me gustaría compartir con el lector a modo de resumen las seis virtudes y veinticuatro fortalezas que nos regaló Seligman en su modelo y que podemos tener el gran privilegio de encontrar en nuestro interior, ya que son virtudes inherentes al ser humano.

Cuando conecto con mi camino de práctica contemplativa de *mindfulness* y compasión, veo que se han ido poniendo en funcionamiento todas estas virtudes y fortalezas de forma natural. La sabiduría es una de las alas del pájaro del camino espiritual de la práctica, la otra ala es la compasión. La primera ala equivale a la virtud de la sabiduría que incluye como fortalezas la creatividad, la curiosidad, la mente abierta, la perspectiva y el amor por el aprendizaje. En esa mente abierta el mundo está lleno de posibilidades. La otra ala del pájaro se encuentra tanto en la virtud de la humanidad a través de la fortaleza del amor, como en la virtud de la templanza a través de la fortaleza del perdón y la compasión.

Al transitar el camino de la práctica de la meditación también desarrollamos el coraje para acceder a nuestras oscuridades más profundas, al sufrimiento de la vida, y esto sin duda corresponde a la virtud del coraje que incluye las fortalezas de la valentía, la persistencia, la integridad y la vitalidad. Además, dentro de las enseñanzas de la compasión hay un elemento más feroz llamado compasión yang que corresponde con la espada firme de la compasión capaz de decir que no, de poner límites sin sentirnos

Tabla 10
Resumen de virtudes y fortalezas humanas

Sabiduría	Coraje	Humanidad	Justicia	Templanza	Trascendencia
Creatividad	Valentía/valor	Amor	Civismo	Perdón y compasión	Apreciación de la belleza y la excelencia
Curiosidad	Persistencia	Generosidad	Justicia	Humildad	Gratitud
Mente abierta	Integridad	Inteligencia social	Liderazgo	Prudencia	Esperanza
Pasión por aprender	Vitalidad/ entusiasmo			Autocontrol	Humor
Perspectiva					Espiritualidad

culpables por ello, sabiendo que esto forma parte del amor. En el ámbito de la parentalidad positiva o crianza saludable se ha visto que tan necesario es ofrecer calidez, ternura (compasión yin) como poner límites que enseñen a los niños la tolerancia a la frustración (compasión yang). Esto es lo que se llama padres autorizativos (que no son ni autoritarios ni permisivos), que tienen un equilibrio entre estos dos ingredientes esenciales para una buena crianza. De hecho, la investigación sugiere que últimamente se está descubriendo que la patología mental está relacionada no únicamente con las crianzas autoritarias, sino con las permisivas donde la falta de puesta de límites revierte en una falta de madurez emocional que al impedir la tolerancia a la frustración genera mucho sufrimiento, y por tanto es el caldo de cultivo para la aparición de los trastornos mentales. El coraje es esencial para la vida, y es uno de los elementos clave que se desarrollan en la práctica meditativa.

La práctica del *mindfulness* sin duda nos va humanizando cada vez más, ya que vamos derritiendo las capas de defensas que hacen que estemos separados de lo que realmente somos y es así como el amor puede comenzar a fluir a través de nuestra vida. Esto conecta sin duda con la virtud de la humanidad, que está compuesta por las fortalezas del amor, la generosidad y la inteligencia social. Desde mi punto de vista la generosidad es la expresión cumbre del amor incondicional, es la entrega absoluta; y la inteligencia social es el amor fluyendo a través de las relaciones interpersonales, donde todos los seres forman parte de un todo más grande, con quienes empezamos a sentirnos interconectados, y es desde ahí que fluye lo que se llama la humanidad compartida, que implica tener empatía, comprensión y compasión hacia los demás. Gracias a ello desarrollamos esa inteligencia social que nos permite vivir en armonía con todos los seres sintientes.

Por otro lado, la práctica del *mindfulness* va desarrollando la ética, los valores humanos que tienen que ver con la justicia, la equidad, la compasión por los demás seres, el bien común. Sin duda esto hace referencia a la virtud de la justicia, que está formada por las fortalezas de civismo, justicia y liderazgo. El civismo implica una participación con la comunidad, la búsqueda de igualdad y cooperación, la cohesión social. El sentido de justicia o equidad conlleva el desarrollo de habilidades para el consenso equitativo, la sensibilización con la justicia social, la expresión de compasión por los demás y la perspicacia necesaria para comprender las relaciones y obtener resultados equitativos. El liderazgo permite tener una influencia positiva sobre otros seres con el objetivo claro de acompañarlos a sacar su luz, su potencial. El buen líder es el que habla y actúa para iluminar a otros seres, para que puedan creer en ellos y sacar todo su potencial.

Además la práctica del *mindfulness* genera un estado de ecuanimidad, de equilibrio, que puede relacionarse con la virtud de la templanza, que incluye las fortalezas del perdón, la humildad, la prudencia y el autocontrol. Es ese estado de consciencia que nos lleva a la serenidad del sabio que está en paz con la existencia tal y como es. ¡Esto es así aquí y ahora! ¡Hágase tu voluntad, vida! Desde este estado de consciencia todo está en orden, todo tiene un sentido, todo conlleva una enseñanza, un aprendizaje. Dejas de pelearte contra la realidad —por cierto, sin éxito—, ya que la vida siempre está por encima de tus preferencias, la vida es lo que es.

Y como el *mindfulness* proviene de una tradición filosófica espiritual como lo es el budismo, permite acceder a esa virtud de trascendencia para ir más allá de nosotros mismos; una virtud que incluye las fortalezas de la apreciación de la belleza, la gratitud, la esperanza, el humor y la espiritualidad. La vida está llena de momentos mágicos, la naturaleza nos brinda su gran belleza, tenemos una dimensión espiritual como hemos visto en el capítulo anterior que enriquece nuestra vida y, con una mente basada en la abundancia, podemos sentirnos totalmente agradecidos por todas las oportunidades que la vida nos regala cada día. Incluso cuando perdemos a nuestros seres queridos, podemos sentir esa inmensa gratitud por el tiempo y las enseñanzas que ese ser humano nos ha dado. Muchas de la personas a las que he acompañado expresan precisamente que sus seres queridos fallecidos siguen existiendo en su corazón, que no los pueden ver, pero siguen existiendo, forman parte de su realidad psicológica, sienten mayor cercanía, más presencia. Han descubierto que el antídoto para dejar partir es la gratitud, ya que este estado de consciencia te lleva a poder soltar sabiendo que no puedes perder lo que es. Lo que es, es. La muerte no se lo puede llevar. Solo muere aquello que realmente no somos, lo que realmente somos sigue vivo. Esto es esencial y sin duda hace referencia a la virtud de la trascendencia.

El amor como el sentido principal de la vida

Por la importancia del amor en el camino de la vida y de la pérdida voy a dedicar unas líneas a esta gran fortaleza humana. Para mí el amor es el sentido principal de la vida, creo que volveríamos a venir una y otra a vez al planeta Tierra para encontrarnos de nuevo con nuestros seres queridos si ellos estuvieran aquí, para enamorarnos verdaderamente de quienes somos a través del autoconocimiento que desarrollamos en este viaje vital. Creo que el amor es el origen de toda la existencia y es el vehículo de regreso a la totalidad. Además es una necesidad humana universal: todos los seres necesitamos amar y ser amados. Y es muy sencillo de entender, lo necesitamos, porque somos amor.

Quisiera compartir con el lector la carta que le escribió Albert Einstein a su hija, en la que le habla del amor. No es seguro que esta carta pertenezca al científico, pero por su belleza quiero que esté presente.

Cuando propuse la teoría de la relatividad, muy pocos me entendieron, y lo que te revelaré ahora para que lo transmitas a la humanidad también chocará con la incomprensión y los prejuicios del mundo.

Te pido, aun así, que la custodies todo el tiempo que sea necesario, años, décadas, hasta que la sociedad haya avanzado lo suficiente para acoger lo que te explico a continuación.

Hay una fuerza extremadamente poderosa para la que hasta ahora la ciencia no ha encontrado una explicación formal. Es una fuerza que incluye y gobierna a todas las otras, y que incluso está detrás de cualquier fenómeno que opera en el universo y aún no haya sido identificado por nosotros. Esta fuerza universal es el AMOR.

Cuando los científicos buscaban una teoría unificada del universo olvidaron la más invisible y poderosa de las fuerzas. El Amor es Luz, dado que ilumina a quien lo da y lo recibe. El Amor es gravedad, porque hace que unas personas se sientan atraídas por otras. El Amor es potencia, porque multiplica lo mejor que tenemos, y permite que la humanidad no se extinga en su ciego egoísmo. El amor revela y desvela. Por amor se vive y se muere. El Amor es Dios, y Dios es Amor.

Esta fuerza lo explica todo y da sentido en mayúsculas a la vida. Esta es la variable que hemos obviado durante demasiado tiempo, tal vez porque el amor nos da miedo, ya que es la única energía del universo que el ser humano no ha aprendido a manejar a su antojo.

Para dar visibilidad al amor, he hecho una simple sustitución en mi ecuación más célebre. Si en lugar de $E=mc^2$ aceptamos que la energía para sanar el mundo puede obtenerse a través del amor multiplicado por la velocidad de la luz al cuadrado, llegaremos a la conclusión de que el amor es la fuerza más poderosa que existe, porque no tiene límites.

Tras el fracaso de la humanidad en el uso y control de las otras fuerzas del universo, que se han vuelto contra nosotros, es urgente que nos alimentemos de otra clase de energía. Si queremos que nuestra especie sobreviva, si nos proponemos encontrar un sentido a la vida, si queremos salvar el mundo y cada ser sintiente que en él habita, el amor es la única y la última respuesta.

Quizá aún no estemos preparados para fabricar una bomba de amor, un artefacto lo bastante potente para destruir todo el odio, el egoísmo y la avaricia que asolan el planeta. Sin embargo, cada individuo lleva en su interior un pequeño pero poderoso generador de amor cuya energía espera ser liberada. Cuando aprendamos a dar y recibir esta energía universal, querida Lieserl, comprobaremos que el amor todo lo vence, todo lo trasciende y todo lo puede, porque el amor es la quinta esencia de la vida.

Lamento profundamente no haberte sabido expresar lo que alberga mi corazón, que ha latido silenciosamente por ti toda mi vida. Tal vez sea demasiado tarde para pedir perdón, pero como el tiempo es relativo, necesito decirte que te quiero y que gracias a ti he llegado a la última respuesta. Con todo mi amor, tu padre,

ALBERT EINSTEIN
(Extracto del libro de Humberto Maturana
El sentido de lo humano)

Depósitos de amor

En el ámbito del duelo puedo decir que la herida de la pérdida se sana con el amor de la vinculación, lo que algunos autores llaman los depósitos de amor (Lumera, 2015). ¿Dónde puedo colocar el amor ahora? ¿Dónde puedo recibir el amor ahora? Entonces uno se da cuenta de que el amor está en todas partes, en la naturaleza que generosamente te ofrece todo lo que tiene para que puedas sentirte nutrido, en los familiares que están a tu lado, en las amistades, en las nuevas personas que te encuentras en el camino, en los nuevos proyectos que le dan sentido a tu vida. Está en todas partes porque la vida es amor y por tanto tú eres amor. Tras una pérdida, muchas personas ponen el amor al servicio de otros seres que sufren, y de esa manera el amor tiene adónde ir. Comienzan a ser más altruistas, se entregan a los demás. Creo que lo más duro al principio de la muerte del ser querido es que el amor no tiene adónde ir y entonces uno se queda a oscuras sin saber qué hacer, dónde mirar, cómo encauzar la vida. Pero cuando conectas con la inagotabilidad de esta fuente, puedes ir de nuevo reconstruyéndote, incluso puedes renacer mucho más integrado con una vida con sentido y coherente con lo que realmente eres.

Recuerdo que cuando mi padre tuvo el infarto de miocardio requirió de una cirugía urgente porque la arteria principal del corazón, la aorta, se había cerrado prácticamente. En palabras de los médicos quedó un pequeño hilito que le permitió vivir y llegar al hospital. Se quedó ingresado y le pusieron tres stents, y realmente para el médico fue un milagro que sobreviviese al infarto. Eso que él llama milagro, en realidad para mí fue el resultado de una serie de causas y efectos que permitieron que mi padre en este momento siga vivo. Dos días antes de su infarto tuve un sueño en el que veía a mi padre en la habitación de un hospital y la enfermera diciéndome que me despidiera de él, pues se estaba muriendo. Debido a este sueño estuve más atenta y más presente en su vida. Me falló una paciente y llamé a mi padre para saber cómo estaba. Esa llamada fue decisiva pues mi padre se abrió y me contó lo que le pasó el día anterior. Tras lo que escuché, mi cuerpo empezó a reaccionar descomponiéndose y asegurándome que mi padre estaba en peligro. Llamé a mi hermana que es enfermera y que vive fuera de España, por causalidad (no casualidad) mi hermana ese día no trabajaba y atendió mi llamada. Entre ambas hicimos presión y mi padre se dejó llevar al hospital, sobra decir que si hubiese sido por él, no hubiera ido, y en estos momentos estaría muerto.

Recuerdo que ese fin de semana, cuando fui a la casa de campo que mi padre ha construido a lo largo de la vida con tanto esfuerzo junto a mi madre, y que para mí es un lugar sagrado, al abrir la puerta, de repente, tuve una experiencia muy trascendental. Era consciente de que mi padre podría estar muerto en ese preciso momento si mi hermana y yo no nos hubiésemos empeñado vehementemente en llevarlo al hospital. Sentí que si eso hubiese sucedido, él estaría en todas partes. Empecé a mirar los árboles que con tanto amor ha plantado y cuidado durante toda su vida, las herramientas de trabajo que me encontré en la tierra junto a las plantas, sus guantes; observé la casa y todo lo que ha construido para nosotras, por amor a nosotras. Entonces sentí que él no podía morir, que por supuesto su cuerpo sí, pero que su obra permanecería viva para siempre, que los seres que lo amamos custodiaríamos todo su legado y que, por tanto, cuando esa pérdida acontezca, ese amor será la gasolina que ayudará a no caer en un sinsentido. Esta comprensión tan profunda me hizo situarme en otro lugar frente a su pérdida el día que suceda y comprendí visceralmente que pese al dolor saldría adelante.

El amor está en todas partes y nuestros seres queridos viven en nuestro corazón, forman parte de nuestro cuerpo, de nuestra mente, de nuestras emociones, de nuestros recuerdos, viajan con nosotros donde quiera que vayamos. Fuimos porque fueron y serán porque somos. Esta es la magia de la trascendencia que permite el amor. Nunca muere. El amor sana, el amor libera, el amor transforma, el amor crea, el amor vive, el amor es inmortal, el amor eres tú, el amor no puede morir.

El amor más allá de la vida

Soy madre de una hija de veinticuatro años, Sandra, que además ha sido madre muy joven, como lo fui yo. Además soy abuela de Shiela, Uriel y Seren, que viene en camino. Me siento muy afortunada de que formen parte de mí, son uno de los sentidos más importantes de mi vida. Cuando conecto con las personas a las que he acompañado que han perdido a sus hijos o hijas, siento desde muy adentro —porque soy madre y abuela y en ocasiones pienso en esta posibilidad— que es la muerte más difícil. En realidad todos los padres y madres esperamos ver crecer a nuestros hijos e hijas, pero la verdad es que la naturaleza permite la muerte en cualquier momento del ciclo vital. Los hijos mueren antes que los padres en muchas ocasiones y, sin duda, este duelo puede considerarse uno de los más difíciles de experimentar. Si además de ello añadimos el ingrediente de una muerte traumática, repentina, por accidente, suicidio o muerte súbita, sin que nos hayamos podido preparar para ello, se dificulta el proceso, ya que se consideran factores de riesgo para la aparición de un duelo complicado.

En mi familia de origen, tanto mi abuela materna como mi abuela paterna han tenido que vivir la pérdida traumática de algunos de sus hijos y nieto. Mi tío Roberto se ahogó en el mar con veinticuatro años. Mi tío Miguel falleció de forma repentina por un derrame cerebral. Mi primo Juanma, por suicidio. Mi tío Juan murió de forma repentina. He visto el dolor en mi familia y también he sido testigo de la fortaleza que les ha hecho seguir adelante pese al dolor. El amor está más allá de la vida, el amor permanece más allá de la muerte, y siento que eso es lo que puede mantenerte comprometido en la vida pese a una pérdida tan importante como esta. He sentido de cerca el dolor de los padres de mi amiga Gema cuando con veinticuatro años la enterraron, nunca podré olvidar esas caras de dolor.

He acompañado a muchas madres y padres que han perdido a sus hijos e hijas y, pese a que es una de las pérdidas más difíciles que un ser humano se pueda encontrar, han sobrevivido y han continuado con sus vidas, todo a su debido tiempo. Cada uno en su proceso y haciéndolo lo mejor que han podido para seguir adelante. Esto para mí ha sido una enseñanza tan grande, que me hace sentir que si ellas y ellos han podido, en el caso de que la vida me traiga esta experiencia, yo también podré transitarlo. Es una cicatriz para toda la vida y siento que puede sanarse precisamente porque el amor lo hace posible. Siempre digo que cuando eres madre de varios hijos y uno muere, sigues teniendo los mismos hijos, unos vivos en el plano material y el otro, muerto en este plano y vivo en el plano inmaterial, en el plano de lo invisible, ya que sigue siendo tu hijo, la muerte no te lo puede arrancar, vive dentro de ti.

Quisiera compartir con el lector el testimonio de dos mujeres —Leo y Elvira— que para mí son un ejemplo de vida. Ambas han perdido a su hija e hijo respectivamente de forma traumática, ambas quieren expresar cómo el programa MADED les ha ayudado en la elaboración de su pérdida.

Leo perdió a su hija Gema hace nueve años aproximadamente de una muerte repentina. Ella estaba en esos momentos en casa de su hija con su yerno, nieto y nieta. Se fue a dormir a su habitación con sus nietos; Gema también, como de costumbre, tras la cena. Dos horas después, cuando su yerno subió a la habitación se la encontró muerta. Recuerda perfectamente que salió disparada de la habitación y recuerda el cuerpo de su hija totalmente frío. Pese al dolor fue capaz de llamar al 112 para que viniera el SAMU. Aunque ella era consciente de que su hija ya estaba muerta, porque le tomó el pulso y no latía, pensaba que si llegaban los profesionales podrían hacer algo por ella. De hecho cuando llegaron, ella pensó que tardaron mucho. No pudieron hacer nada para salvarla, ya que llevaba horas muerta. Leo tuvo el valor de entrar a la habitación, verla y abrazarla. Surgió en esos momentos un gran coraje que es muy característico de la doliente. Durante mucho tiempo Leo se sintió enfadada consigo misma por no haber sido capaz de escuchar algún sonido que le hubiese hecho darse cuenta de lo que estaba pasando en la habitación de al lado. En palabras textuales de Leo: «Cómo puede ser que oyese las pisadas de mi yerno por las escaleras a las dos de la mañana, y no pudiese haber escuchado algún quejido, alguna cosa que me hubiera hecho percatarme de que algo estaba pasando. Si hubiera oído algo, quizá podría haber hecho algo para ayudarla». Recuerda que lo primero que hicieron fue atiborrarla a pastillas y que esto la mantenía totalmente distraída de su dolor, anestesiada por completo. Fue consciente de que ella lo que quería era transitar su duelo con normalidad, lo quería vivir, quería estar presente. Había estado participando en una terapia de deshabituación tabáquica conmigo meses antes y cuando puse en marcha los grupos de duelo, en vista de que el vínculo terapéutico ya estaba creado, participó en el grupo MADED junto a su hijo Paolo.

Antes de la terapia, Leo sentía que no coordinaba, que no podía concentrarse, era como si estuviera en el limbo, totalmente desconectada, empastillada, se sentía muerta en vida, se alimentaba muy mal, padecía insomnio de conciliación y despertares nocturnos y no podía llorar, ya que su dolor estaba dormido con tanta medicación. Tenía la necesidad de meterse en la habitación de su hija y mimetizarse con sus cosas. Ella sentía que no podía seguir así y empezó a dejar las pastillas poco a poco, y es ahí cuando empezó a tener mucha ansiedad, se ahogaba, le faltaba el aire. En palabras de Leo: «Esto era peor que morirse». Todas las dolencias eran indicativas de síntomas somáticos que se consideran los elementos traumáticos de la pérdida correspondientes a la fase de choque, con tintes disociativos por su incapacidad de estar presente. La terapia le ayudó a liberar la tensión emocional y los síntomas de ansiedad, y mejorar la atención y la hipertensión. Al principio de las sesiones le costaba seguir el hilo de las prácticas, de las instrucciones, en cambio a medida que fue entrenando la capacidad *mindful*, con los ejercicios realizados durante la sesión y el entrenamiento con las tareas para casa, mejoró su concentración, empezó a estar presente en su cuerpo y en su respiración, lo que le ayudaba a regularse emocionalmente. Cuando en casa tenía crisis de ansiedad las manejaba con las grabaciones de las prácticas y notaba que sus emociones se iban liberando, calmando, hasta el punto de relajarse e incluso dormirse. Gracias a la terapia pudo dejar tanto la medicación para la ansiedad como la de la hipertensión.

Una de las creencias espirituales que le han ayudado en el proceso del duelo es que la muerte es una transición. Aunque se considera católica, se ha abierto al budismo. De hecho nombra al doctor Mario Alonso, que integra ambas religiones. Incluso recuerda que en una de las meditaciones en su lugar sagrado apareció la imagen del Buda como un ser lleno de amor incondicional. Cree que cuando morimos pasamos a un mundo libre de sufrimiento, siente que vamos a un mundo mejor. Otra creencia que la ayudó es conectar con que su hija ya no estaba en el cementerio, que estaba su cuerpo descomponiéndose, pero que ella continuaba el viaje. Esto le ayudó a dejar de visitar el cementerio de forma compulsiva. De hecho fue su nieto Edgar, de siete años, quien un día le dijo: «La mamá ya no está ahí, abuela, ahí solo está su cuerpo». Esto para ella fue un momento de *insight*, de toma de consciencia. Este tipo de creencias se despertaron a raíz de la pérdida de su hija, ya que con la muerte de su marido diez años antes nunca tuvo este tipo de apertura espiritual. La práctica del *mindfulness* le ayudó a abrirse a este mundo más espiritual que trasciende lo visible, considera que es una práctica maravillosa; en palabras textuales de Leo: «Te cambia el mundo».

Una de las meditaciones estrella para ella fue la práctica de la meditación del templo del perdón, donde ella visualizó que su hija estaba encerrada entre barrotes en una antigua cárcel que hubo en Valencia. En su visión interna se manifestó esta imagen que le hizo conectar con la creencia de que no estaban dejando que Gema siguiera su camino. En la propia imagen visualizó cómo su hija fue liberada de esa cárcel y percibió una luz que ascendía hacia arriba. Para ella esta sesión fue muy sanadora, sintió que había llegado el momento de dejarla ir. De hecho, gracias a la terapia siente que su hija está en un mundo mejor y la puede recordar con una imagen interna que se le ha despertado a raíz de la terapia, en la que ve a su hija más guapa que en las fotos que conserva de ella, sonriente y con plenitud. Además, pudo ser consciente de que incluso cuando murió, ella no sufrió, pues durante la terapia se dio cuenta de que su hija en el lecho de muerte tenía cara de felicidad.

Otro aspecto esencial a destacar de su duelo era la rabia hacia su yerno porque un mes después del fallecimiento ya estaba compartiendo vida con otra mujer. Siente que ha podido volver a conectar con él como un ser humano, que lo ha podido perdonar. La terapia permitió que el odio no echara raíces, liberándolo a través del amor.

En la actualidad Leo tiene una enfermedad oncológica con metástasis y gracias a la práctica de meditación siente que tiene una actitud proactiva en el proceso de su enfermedad. Es consciente de que no la puede curar, pero la puede parar. Que todo el trabajo previo realizado tanto con el grupo de duelo, como con la práctica meditativa en diferentes talleres en los que ha participado, y la terapia individual de acompañamiento actual en el proceso de enfermedad, han hecho posible que pueda transitar esta nueva etapa de su vida con mayor serenidad. Nota que su enfermedad está estabilizada gracias a este trabajo meditativo, es capaz de no dejarse arrastrar por el enfado, tiene un propósito claro y se encuentra empoderada en el momento presente. Uno de los mantras que más utiliza en el momento actual, y que aprendió en el grupo de duelo es «Me acepto y me amo profundamente tal y como soy».

Leo quiere dejar una perla de aprendizaje de su propio duelo: «Las pastillas no curan, las pastillas calman. Recomendaría a todo el mundo esta terapia para poder experimentar un duelo consciente».

Sobrevivir a la muerte de un hijo por suicidio

Una de las muertes más difíciles de experimentar es la muerte por suicidio. En estos casos los sobrevivientes se enfrentan a un duelo potencialmente traumatizante, ya que a las características de esta pérdida se le une la culpabilidad que suelen sentir los sobrevivientes, así como el pacto de silencio que se puede dar de forma implícita o explícita en el entorno de la persona: no hablar sobre lo sucedido, debido a que este tipo de muerte resulta un suceso no natural, inesperado y estigmatizado (Barreto y Soler, 2007; Payás, 2010). Esto ocasiona con mayor probabilidad complicaciones físicas y psicológicas. Se ha de tener en cuenta que el grado de parentalidad es muy relevante en relación con la mayor aparición de complicaciones; de este modo, la muerte de un hijo puede ser uno de los sucesos más estresantes en la vida (Toro, Mesa, Quintana, 2017).

El 78 por ciento de los familiares que han perdido a un ser querido por suicidio desarrollan trastorno de duelo complejo persistente (TDCP), debido a que los sobrevivientes tienen que hacer frente al trauma de la muerte y al proceso de duelo de forma conjunta. El TDCP se da cuando un año después de la muerte la persona presenta principalmente los siguientes síntomas: anhelo, dolor, preocupación por la muerte del ser querido, dificultades para aceptar la pérdida y recordar aspectos positivos de la persona fallecida, aturdimiento, tristeza, ira, culpabilidad, evitación excesiva de estímulos que recuerden al fallecido o al fallecimiento, autoconcepto negativo, deseos de muerte, sentimientos de soledad, confusión sobre la propia identidad o dificultades para pensar o marcarse proyectos futuros (Alonso, Barreto, Martín, Ramos y Mesa, 2020).

Elvira perdió a su hijo Juanma con treinta y siete años de edad, hace nueve. Ha tenido que enfrentarse a una de las muertes más dolorosas que un ser humano pueda experimentar, uniéndose en ella dos factores de riesgo importantes que son la muerte de un hijo y la muerte por suicidio. Los síntomas más característicos de su duelo en el momento previo a la participación en el programa MADED eran estado de ánimo bajo, llanto recurrente por las mañanas, con síntomas ansiosos, apatía, anhedonia, pensamientos recurrentes acerca del posible sufrimiento de su hijo en los últimos momentos de su vida, sequedad de boca, hipersomnia, falta de apetito, vacío, sentir que una parte de ella había muerto, y mucha irritabilidad. Además de lo anterior, evitaba estímulos que pudiesen estar relacionados con la pérdida (como son imágenes de personas muertas en la televisión, ataúdes o cualquier imagen que pudiera asemejarse a un ahorcamiento). Algo a destacar del duelo de Elvira, que todavía mantiene como estrategia de afrontamiento, es atesorar objetos personales de su hijo (como un rosario, un anillo, las fotografías, camisetas) con los que duerme a diario. Esta estrategia para ella es una forma de conectar con su hijo, de sentirlo cerca. Por otro lado, acudir al cementerio y llevarle flores que recoge en el campo es una manera de sentir que sigue cuidando a su hijo y que no lo abandona. En palabras textuales de Elvira, «de la misma manera que alimentamos a nuestros hijos cuando tienen hambre, siendo esta una forma de cuidarlos, limpiar la lápida y llevar flores es una manera para mí de seguir cuidando y amando a mi hijo». A ella le ayuda a no olvidarlo, a no abandonarlo. También le resulta útil ir a la casa de él y tumbarse en su sofá y en su cama.

Su hijo Juanma estaba diagnosticado de episodio depresivo mayor, mostraba rasgos del trastorno de la personalidad límite y había tenido intentos autolíticos con anterioridad de forma continua. La relación de Elvira con su hijo fallecido (el mayor de los tres) se caracterizó por el miedo al abandono y la dependencia emocional, según relata, de él hacia ella. Debido a que las crisis autolíticas eran continuas, Elvira dormía con el teléfono móvil desde hacía años, por si en mitad de la noche su hijo la despertaba para solicitar su apoyo. Tras su muerte, todavía necesitaba tener el teléfono cerca.

Cuando acudieron a su casa para darle la noticia, ella sintió que ya lo sabía, en el fondo de su corazón sabía que esto sucedería algún día. Toda la historia previa de intentos la había estado preparando para este desenlace final, que ella ya conocía (a esto se le llama duelo anticipado). No se extrañó para nada al recibir la noticia, no pudo llorar en un primer momento, se quedó como congelada. Fue precisamente cuando llegaron a casa de su hijo y la policía no la dejó entrar, que el llanto empezó a emerger. Debido a su condición física (hernias discales) decidió irse de allí y no se quedó a ver cómo los bomberos sacaban el cuerpo inerte de su hijo, que fue encontrado días después de su muerte en su domicilio. De esto sintió arrepentimiento durante un tiempo, aunque preguntó a los familiares sobre los detalles de cómo lo hicieron. Pese a no haberlo visto, necesitó tener la historia completa y averiguó que lo sacaron por el ascensor. A pesar de su arrepentimiento, una parte de ella le decía que quedarse no hubiera servido de nada, solo para presenciar imágenes traumáticas muy difíciles de digerir. Desde el día 29 de julio (que es cuando ella supone que murió) al 3 de agosto (que fue la fecha del entierro), los años posteriores a la pérdida, su cuerpo reaccionaba somáticamente encontrándose mucho peor, como una reminiscencia grabada a fuego en el cuerpo. Conectó durante mucho tiempo con el pensamiento de no haber podido hacer nada para evitar su muerte, en palabras de Elvira: «Esos días me acuerdo con mucho dolor. Pienso que no pude hacer nada por él durante esos días, y que podría haber hecho algo, haberme dado cuenta de que se estaba despidiendo de mí, haber interpretado sus últimas palabras como una despedida».

En vez de evitar las imágenes dolorosas, a Elvira la ayudaba desde el principio afrontar la realidad de la pérdida. Se imaginaba el cuerpo colgado de su hijo y se preguntaba qué cara tendría cuando lo hizo, si sufrió. En el fondo sabía que antes del ahorcamiento intentó autolesionarse en las muñecas, pues esta información llegó a sus oídos, y ahí es cuando se preguntaba si esto le habría causado dolor. Una de las imágenes que la ayudaban a conectar con su hijo era que visualizaba con claridad las manos y los pies de él (incluso con los ojos abiertos) y que a medida que pasaba el tiempo se los imaginaba sin carne. En cambio, esta imagen a ella no le producía daño. Todo lo que fuese acercarse a él y a la realidad de la experiencia vivida le resultaba reparador. Desde el principio ella sentía que había sido capaz de aceptar la pérdida, porque en realidad se había estado preparando mucho tiempo antes por todos los acontecimientos vividos. Además, como factor protector, una de las características de personalidad de Elvira es su optimismo y su resiliencia innata. Nunca perdió el sentido de la vida pese a la pérdida, siempre hubo motivaciones relacionadas con el amor a sus otros descendientes (hijo, hija, nieto) que le hicieron tirar hacia delante desde el primer día.

Sentirse arropada, apoyada por ellos y útil para ellos ha sido y es su motor de vida. Algo que se le despertó en el proceso de duelo es el sentido de trascendencia que forma parte de la espiritualidad, que se acentuó mucho más tras el trabajo terapéutico en el grupo MADED. Una creencia que le ha ayudado es sentir que su hijo ahora se encuentra en otro lugar, y que está más tranquilo allí que en la propia vida que ha tenido, que ha sido muy difícil. Cuando hace peticiones se las hace a él, como si desde donde quiera que esté la pudiese oír y proteger. Esta dimensión espiritual tiene que ver para ella con la continuidad; de hecho, antes de esta pérdida ella creía que uno muere y ahí se acaba todo, en cambio ahora siente y le proporciona plenitud pensar que hay algo más. Una frase que para ella es clave y que uno de sus hijos se ha tatuado es «Naciste cuando quisiste [puesto que nació prematuro], te has ido cuando has querido y estarás siempre conmigo».

Según Elvira, cuando empezó la terapia ella iba con una coraza (capas y capas para hacerse la fuerte) que se fue desvaneciendo a medida que conectó con otros seres humanos que también estaban sintiendo el dolor de la pérdida. Esta humanidad compartida facilitó que su coraza se ablandara y pudo permitirse abrirse al dolor y compartirlo. Por otro lado, ella se implicó diariamente tanto en las prácticas como en los diarios emocionales. Aprendió a relajarse, a gestionar sus emociones, mejoró el estado anímico de las mañanas que le hacían sentirse sin energía, suavizó la irritabilidad, se volvió más tolerante y comprensiva respecto al duelo de los demás integrantes de la familia, pudo empezar a sentir mayor equilibrio y serenidad en su vida, y dejó de sentir el vacío. Tras la intervención, mejoró notablemente su sintomatología de duelo complicado y de ansiedad, el afecto negativo disminuyó y la vitalidad aumentó, lo que se acompañó de una mayor capacidad de atender al presente y de una mayor autocompasión.

«Naciste cuando quisiste, te has ido cuando has querido
y siempre estarás conmigo».

Estos dos testimonios de grandes mujeres me hacen confiar en que el ser humano es resiliente por naturaleza, y que podemos transitar los peores escenarios que la vida nos pueda traer. El coraje y el amor, que conforman la gasolina de nuestro noble corazón, son valores mágicos que nos acompañan siempre. Ante la pérdida, se abre una nueva dimensión, quizá nunca transitada, que nos permite bucear en nuestros adentros con los ojos de un niño curioso, de una niña abierta a la experiencia, que puede llevarte al encuentro contigo, que puede llevarte de regreso a casa.

¡Ojalá cada duelo sea para todos los seres una oportunidad de autoconocimiento, de crecimiento, de reconciliación, de liberación! ¡Ojalá cada duelo nos permita acercarnos a la verdad de la existencia! ¡Ojalá cada duelo nos haga más transparentes, que caigan las corazas del ego y podamos pasar por este mundo con el corazón abierto! ¡Ojalá el duelo nos acerque al amor y podamos vivir una vida más real, cruzando de la oscuridad a la luz!

Dedicado a mi primo hermano Juan Manuel Domingo Alonso, que enterramos el 3 de agosto de 2012.

Yaces en el fondo de un pozo oscuro, donde no podemos verte ni escucharte. Donde aparentemente no sale el sol.

Toda una familia en duelo por tu pérdida, por tu ausencia. Aun así, estás más presente que nunca.

Unos se preguntan por qué, otros llenos de culpa, otros desesperados por no haberte dado un beso antes de partir, y todos nosotros echándote de menos, transitando este camino de oscuridad.

No fuiste capaz de ver el sol que salía todos los días, no le encontraste sentido a tu existencia y decidiste partir.

Nosotros solo deseamos que en ese fondo del pozo oscuro haya un pequeño atisbo de luz para que puedas descansar en paz.

Para que puedas encontrar la serenidad que no encontraste en vida.

En nuestros corazones estás más vivo que nunca, en un reino de amor lleno de luz, donde no existen límites, puesto que podemos recordarte, escuchar tu sonrisa, ver tu rostro, abrazarte y decirte que te amamos profunda y eternamente.

Solo pedimos que las lágrimas y la tristeza se bañen en un lago de agua serena y clara, para que podamos evolucionar, crecer con tu partida, que podamos ser mejores personas y podamos compartir más momentos de felicidad en familia. Que el amor reine en nuestros corazones donde sigues viviendo ahora y siempre.

¡QUE DESCANSES, GRANDULLÓN!

17
Beneficios del programa MADED en la investigación

Quisiera compartir los resultados de la investigación que llevamos a cabo en la Universidad de Valencia en colaboración con la AECC (Asociación Española Contra el Cáncer), que era el lugar en el que trabajaba en aquel momento de mi vida. Para más información remito al lector a la tesis doctoral *Mindfulness y duelo: Cómo la serenidad mindful y la compasión contribuyen al bienestar psicológico tras la pérdida del ser querido*, que se publicó en 2017. En un principio empecé trabajando con un grupo de dolientes que habían perdido a su ser querido por enfermedad oncológica. A medida que los grupos de duelo empezaron a funcionar, llegaron otros dolientes que habían perdido a sus seres queridos por otras causas. Esta es la razón por la que un programa que en un principio se entroncaba dentro del ámbito de los cuidados paliativos, pasó a ser mucho más abierto y dirigirse al acompañamiento en el proceso de duelo por múltiples causas. Sin duda, este hecho fortuito enriqueció la investigación y pudimos testar el programa teniendo en cuenta la variabilidad de causas de fallecimiento (muertes inesperadas y esperadas).

El perfil sociodemográfico de las personas que participaron en la investigación es el siguiente: la mayor parte son mujeres que han perdido a un familiar de primer grado (padre/madre; hijo/a; hermano/a). La media de edad del doliente es de cuarenta y tres años y del fallecido es de cuarenta y dos años. Tienen un nivel de estudios primario o superior mayoritariamente. Además viven en pareja o están viudos/as en mayor proporción. El motivo principal de la muerte de sus seres queridos ha sido de enfermedad oncológica (muerte esperable) seguida de otro tipo de enfermedad repentina no esperable, accidentes y suicidio, que constituye el grupo de muerte inesperable.

El perfil clínico de los dolientes que han participado en el estudio, según el cuestionario de la *Biografía del duelo* (Barreto y Soler, 2007) que el lector podrá encontrar en los apéndices del libro, podríamos resumirlo como personas que presentan principalmente sintomatología cognitivo-emocional, física y conductual tras la pérdida de su ser querido. Sobre todo tienen tristeza y añoranza, seguida de opresión en el pecho y/o garganta, problemas de atención-memoria, dificultades con el sueño (insomnio, hipersomnia, despertares nocturnos), dificultad para aceptar la muerte, enfado, soledad, falta de energía, falta de metas, palpitaciones, atesorar objetos, vacío, soñar con el fallecido e irritabilidad. En menor proporción, también, presentan cambios de apetito, sequedad de boca, culpa, falta de sentido, pesadillas, inutilidad respecto al futuro, buscarle sabiendo que no está, amargura, alucinaciones, adicciones e indiferencia por la vida. En el resumen que sigue a continuación he señalado en negrita aquellos síntomas que estaban presentes, antes de la intervención psicológica, al menos en el 50 por ciento de los dolientes.

Tabla 11
Resumen de la sintomatología previa a la intervención

SÍNTOMAS	FRECUENCIA	PORCENTAJE %
Dolor de cabeza	10	35,71
Palpitaciones	17	60,71
Falta de energía	18	64,28
Opresión pecho-garganta	25	89,28
Cambios apetito	13	46,45
Sensaciones estómago	13	46,45
Problemas de sueño	21	75
Atención-memoria	22	78,57
Añoranza	28	100
Buscarle	10	35,75
Falta de metas	18	64,26
Inutilidad futuro	10	35,75
No aceptación	20	71,42
Sin sentido	11	39,28
Vacío	17	60,71
Culpa	12	42,85
Soledad	18	64,28
Irritabilidad	16	57,14

Amargura	8	28,57
Enfado	19	67,85
Indiferencia	4	14,28
Alucinaciones	7	25
Atesorar objetos	17	60,71
Adicciones	6	21,42
Sequedad de boca	13	46,42
Pesadillas	10	35,75
Tristeza	28	100
Soñar con el fallecido	17	60,71

El perfil clínico de los dolientes, en función de las variables dependientes evaluadas con una batería de cuestionarios, es el siguiente: personas que presentan niveles intermedios de capacidad de observación, descripción, atención plena, no juzgar y no reactividad. Nivel bajo de autocompasión, niveles medio-alto de ansiedad y depresión, niveles medio-alto de afecto negativo, bajo nivel de afecto positivo, alto nivel de duelo complicado, niveles intermedios de capacidad *mindful*, y bajo nivel de satisfacción con la vida y vitalidad subjetiva. La mayoría de los dolientes tenía una baja aceptación de la muerte del ser querido (25,4%), baja serenidad (27,77%), falta de construcción de significados (68,18%), bajo crecimiento postraumático (4%), alta presencia de recuerdos traumáticos (90,9%) y nivel intermedio de espiritualidad (62%).

¿Qué resultados se obtuvieron tras la intervención del programa MADED? Se observó una reducción significativa en los síntomas siguientes: dolor de cabeza, opresión-pecho garganta, buscarle sabiendo que no está, falta de metas, no aceptación, vacío, culpa, irritabilidad, tristeza y soñar con el fallecido. Se encontró un aumento significativo de las variables que miden capacidad de atención plena, bienestar psicológico y autocompasión y, por otro lado, una reducción significativa de las variables de malestar psicológico. La práctica del *mindfulness* parece haber contribuido a mejorar los indicadores de bienestar asociados al *mindfulness*: aceptación, serenidad, espiritualidad y crecimiento postraumático. También encontramos en nuestra investigación que cuanto mayores son las puntuaciones en ansiedad, afecto negativo y depresión, menos capacidad de atención plena, menos autocompasión y menos capacidad de no juzgar. En cambio, cuanto mayores son las puntuaciones en afecto positivo, satisfacción con la vida y vitalidad subjetiva, más capacidad de atención plena, más autocompasión y más capacidad de no juzgar. Por otro lado, vimos que la autocompasión, la capacidad de no juzgar y la capacidad de atención plena son predictores del bienestar psicológico. Por esta razón, diseñar protocolos de intervención basados en *mindfulness* y compasión que fomenten estas capacidades puede contribuir a la elaboración del duelo, evitando así la complicación del mismo en el caso de que existan factores de riesgo.

Según los dolientes, estos son exactamente los beneficios que percibieron cuando les invitamos a responder a un cuestionario de satisfacción. Señalaron principalmente el incremento del bienestar psicológico, la capacidad de aceptación y la capacidad de regulación emocional. Esto viene seguido del incremento de la consciencia emocional, serenidad, el manejo de los pensamientos, la espiritualidad y la capacidad de autoobservación. A continuación, señalan la consciencia corporal, la autocompasión, la empatía, la compasión, nuevos sentidos en la vida y la liberación. Por otro lado, destacaron la reducción de las dificultades de atención y el insomnio. Estos van seguidos de un descenso en la irritabilidad, los síntomas físicos y los recuerdos traumáticos. Finalmente, una rebaja de los niveles de ansiedad y tristeza. En las tablas resumen que aparecen a continuación el lector podrá vislumbrar en porcentajes las respuestas de los dolientes.

Tabla 12
Cambios producidos por la práctica *mindful*

	Total	%
Incremento de la capacidad de aceptación (mayor tolerancia)	18	81,81
Incremento de la capacidad de regulación emocional (autocontrol)	18	81,81
Incremento de la consciencia emocional (darse cuenta de las emociones)	17	77
Incremento de la consciencia del cuerpo (sensaciones físicas)	14	63
Mejora en el manejo de los pensamientos (dejándolos pasar)	16	72
Incremento de la espiritualidad	16	72
Incremento de la serenidad	17	77
Incremento de la capacidad de autoobservación (consciencia de sí mismo)	16	72
Mayor liberación	10	45
Incremento de la autocompasión, amabilidad con uno mismo	14	63
Incremento del amor incondicional y compasión	12	54
Incremento de la empatía (capacidad de ponerse en el lugar del otro)	14	63

Incremento del bienestar psicológico	19	86
Incremento de la vitalidad	10	45
Reencuentro con nuevos sentidos en la vida	11	50
Mejora en las relaciones interpersonales	10	45

Tabla 13
Reducción de síntomas por la práctica *mindful*

	Total	%
Irritabilidad, enfado, rabia	14	63,6%
Ansiedad	13	59%
Insomnio	15	68,1%
Tristeza, pena	12	54,5%
Recuerdos traumáticos (imágenes intrusivas que aparecen con gran frecuencia e intensidad)	14	63,6%
Dificultades de atención	15	68,1%
Síntomas físicos: tensión corporal, opresión en el pecho, sequedad de boca	14	63,6%

Sin duda, *mindfulness* puede ayudar en muchos sentidos a los dolientes, gracias a que supone un camino de autorrealización personal, de autocuidado, donde uno se permite sentir sin juicios, fomentando la expresión de emociones desde la serenidad, alimentando estados emocionales positivos que contribuyen al bienestar psicológico, tanto al hedónico como el eudaimónico. Recordemos que el primero hace referencia a la experiencia de placer y ausencia o alivio del sufrimiento; y el segundo hace referencia al crecimiento personal y espiritual. Este último tipo de bienestar estaría más relacionado con la filosofía Kumar (2005), que considera *mindfulness*, y concretamente el trabajo con la compasión basada en el amor incondicional de la psicología budista, el elemento esencial capaz de convertir el dolor de la pérdida en amor. Recordemos una de las citas del autor: «Aceptando el sufrimiento por la impermanencia a través del *mindfulness*, permitimos que se cierren las heridas del dolor y que encontremos nuevos sentidos en nuestra vida que aceleren nuestro crecimiento espiritual. Desde un punto de vista psicoespiritual, un duelo saludable permite emplear el dolor de la pérdida para convertirnos en mejores personas, más humanas, más compasivas» (Kumar, 2005).

Ese es precisamente el objetivo del programa MADED: que las personas puedan llegar a la fase de crecimiento-transformación, a través de un trabajo personal, donde la terapia grupal supone el espacio en el que los dolientes aprendan a meditar como herramienta terapéutica capaz de transformar la filosofía de vida de las personas. Esa filosofía que engloba la muerte como algo tan natural como la vida. Por tanto, el *mindfulness* constituye un modelo terapéutico que guía las intervenciones y que se basa en la práctica de la meditación como herramienta de evolución psicoespiritual. El espacio de aprendizaje se situará en la terapia de grupo, pero el espacio de práctica será en la propia vida de las personas, momento a momento. Es por ello que aunque el protocolo es limitado en el tiempo, puesto que son nueve sesiones, se puede decir que el trabajo de duelo no se cierra nunca del todo, ya que podemos continuar en la fase de crecimiento-transformación hasta el resto de nuestros días.

En la muestra de dolientes con los que he tenido el honor de trabajar he podido observar que la práctica del *mindfulness* ha contribuido a la consecución de la serenidad pese al dolor de la pérdida. He comprobado que las personas mejoran la calidad del sueño y la sintomatología ansioso-depresiva, que la presencia de recuerdos traumáticos se hace menos frecuente e intensa y, además, que vuelven a recuperar las ganas de vivir integrando al ser querido dentro de ellos, para seguir caminando por el sendero de la vida. Los resultados obtenidos en la investigación que llevé a cabo me hacen sentir lo suficientemente segura e ilusionada para continuar en este camino. Poder ayudar a las personas en duelo a encontrar calma dentro de la tormenta es algo que me motiva desde lo más profundo de mi corazón y me alienta a proseguir este viaje de aprendizaje. Agradezco a todas esas personas que en los grupos han compartido su dolor con tanta generosidad, haciéndome partícipe de sus más profundos sentimientos; sin duda, mis maestros en este viaje.

Notas finales de la autora

Como ya sabe el lector, cuando diseñé el programa MADED, trabajaba como psicooncóloga y mi labor era acompañar en el proceso de enfermedad a los pacientes y familiares en todas las etapas. Una de esas etapas, sin duda, es el acompañamiento en el proceso de morir, y tras la muerte, acompañar a los familiares en el proceso de duelo. Cuando decidí versar la investigación de la tesis doctoral en el ámbito del duelo, lo incluí dentro del área de los cuidados paliativos, porque en un principio creí que los dolientes con los que trabajaría serían aquellos que habían perdido a su familiar por el cáncer. En cambio la realidad fue otra, y gracias a los beneficios que encontraron los primeros participantes de los grupos de duelo, la información acerca de la terapia grupal MADED llegó, a través del boca a boca, a los oídos de otras personas que habían sufrido una pérdida. Fue así como empezaron a llegar dolientes que perdieron a sus familiares por otras causas: suicidio, accidentes laborales, muertes repentinas, otras enfermedades e incluso abortos. Ante la realidad que se manifestó ante mí, sentí la necesidad de acoger a todas estas personas que necesitaban apoyo en esos momentos tan difíciles de la vida, y pude comprobar que el programa funcionó independientemente de la causa de la muerte del ser querido. Aunque cada persona es única a la hora de experimentar un duelo —puesto que hay múltiples factores que hacen que el proceso sea totalmente idiosincrático—, cuando las personas conectan con el lenguaje universal de la pérdida, es posible la comunicación, permitiendo así heterogeneidad en los grupos.

Esto ocurrió hace siete años aproximadamente, luego necesité un tiempo para procesar la experiencia que había vivido y escribir la tesis. He estado un tiempo sin volver de nuevo a dirigir grupos de duelo, ya que sentía la necesidad de seguir destilando la experiencia. Sentí que antes de continuar necesitaba plasmar lo vivido a través de un libro dirigido a los dolientes. Inicié este camino hace unos años y escribí la mitad del texto basándome en la tesis. Quizá por falta de tiempo (en realidad una excusa de mi mente) o, siendo más honesta, quizá por sentir que lo que había hecho no era suficientemente bueno (mi voz autocrítica en acción) procrastiné la escritura de este libro hasta que llegó Yolanda (mi editora) a mi vida, en mayo de 2021. Es curioso, en el momento en que alguien mostró un interés genuino en mi trabajo, mis alas alzaron el vuelo y empecé a escribir sin parar.

Cuando diseñé el programa hace diez años, jamás nadie imaginó que el mundo por completo tendría que vivir una experiencia tan dura como la pandemia de COVID-19 en la que seguimos sumergidos; por supuesto, yo tampoco lo hubiese imaginado. Hoy en día creo que la necesidad de parar y procesar la experiencia que tuve en el pasado iba a un ritmo, más allá de mis necesidades y mi consciencia, que acabaría sincronizándose con el ritmo y la realidad planetaria del futuro desconocido para todos. Siento que ahora, más que nunca en la historia de la humanidad, el mundo está despierto y dispuesto a hablar de la muerte y la pérdida, y por eso percibo que el libro y el trabajo de duelo serán bien recibidos por la humanidad en estos momentos. La pandemia ha sacado al escenario la realidad de la muerte sin escondites. En los últimos meses está dejando de ser un tema tabú, puesto que llevamos desde marzo de 2020 escuchando en las noticias cifras altísimas de afectados por la enfermedad y de muertes totalmente inesperadas. Además, debido a los confinamientos, muchas de las pérdidas no han podido ser acompañadas por el calor humano y por los rituales que tanto ayudan en la elaboración del duelo, y sin duda todo ello deja unas huellas en el psiquismo que es necesario trabajar. No importa en qué parte del planeta vivamos, es evidente que ahora más que nunca estamos todos los seres en el mismo mar, que todos estamos viviendo la realidad de la pérdida al unísono, y que para salvarnos necesitamos unirnos y volver a la esencia de la solidaridad, ética y cooperación que nos caracteriza como especie. Ahora ya no nos sirve este mecanismo de defensa de la separación, que nos hace creer que aquello que pasa en la otra punta del mundo nada tiene que ver con nosotros. Hoy en día las tres I (Incertidumbre, Impermanencia e Interconexión) se respiran más que nunca en el ambiente. Y como la verdad de la existencia ha salido a la luz, pienso que es un buen momento para abrir nuestro corazón y aceptar a la muerte como compañera de viaje, ya que nos va a acompañar en muchos momentos de nuestro caminar por este mundo. Es más, creo que necesitamos permitir que la consciencia de la muerte esté presente en cada momento de la vida, para que esta sea lo más plena y real que pueda llegar a ser.

Siento que el programa MADED puede ser un buen compañero de viaje y, aunque en un principio lo diseñé con la intención de que solamente los profesionales de la psicología pudieran aplicarlo, en estos momentos mi visión se ha expandido lo suficiente como para expresar la posibilidad de un mayor alcance. El mundo necesita personas sensibles al acompañamiento en los procesos de muerte, duelo y pérdida. Si eres una de esas personas que siente la llamada de tu corazón, no dudes en formarte para poder hacer el mejor acompañamiento posible. No importa cuál sea tu profesión, este programa puede ser aprendido por cualquier persona que quiera arrojar un poco de luz en estos momentos tan convulsos de la existencia. No es necesario un perfil que encaje en esas profesiones de ayuda: medicina, enfermería, trabajo social, psicología, sociología, fisioterapia, terapeutas de cualquier tipo, *coach*... cualquiera que desee acompañar en el duelo puede formarse y emprender este camino. Siento que los ingredientes clave para ser un buen acompañante son haber elaborado tus propios duelos, haber transitado diferentes programas de *mindfulness* y compasión que te hayan permitido conocerte, tener una mente curiosa con muchas ganas de aprender y compartir y, por supuesto, un corazón bondadoso dispuesto a brillar para la humanidad en beneficio de todos los seres. Es precisamente en este momento de la existencia en el que me estoy atreviendo a salir de mi zona de confort, para que el mundo me conozca, y para poder hacer llegar este programa a todos los lugares que lo necesiten. De repente, ya no importan mis miedos, lo que importa es lo que el mundo necesita, por lo que puedo decir muy alto: aquí y ahora estoy.

Y me gustaría terminar estas notas finales con un poema precioso de Urgyen Sangharákshita, fundador de la Orden Budista Triratna, que nos recuerda que la vida no nos pertenece, le pertenecemos a la vida.

La vida es el rey

Hora tras hora, día
tras día tratamos
de asir lo inasible, fijar
lo impredecible. Las flores
se marchitan al tacto, el hielo
se agrieta de pronto bajo nuestros pies.
En vano
tratamos de descifrar el vuelo del ave en el cielo,
encontrar a los peces silenciosos en aguas profundas,
tratamos de anticipar la sonrisa ganada, la suave recompensa,
aún la vida misma tratamos de atrapar.

Mas la vida
se nos va de las manos,
como la nieve. La vida
no nos pertenece. Le pertenecemos a la vida.
La vida
es el rey.

APÉNDICES

CUESTIONARIO BIOGRÁFICO DEL DUELO

Se ha tenido en cuenta la *Historia personal del duelo: Cuestionario biográfico* de C. Soler y P. Barreto (2007). Se han seleccionado algunas de las preguntas del cuestionario:

Datos personales

Nombre:_____ Edad:_____
Domicilio:_____ Localidad:_____
Fecha actual:_____ Fecha del fallecimiento:_____
Nombre del fallecido o fallecidos:_____
Edad:_____
Relación/parentesco con el fallecido:_____
Fechas con un significado especial:_____

Situación actual

Describa con sus palabras su problema principal:_____
_____
_____
_____

¿En qué situaciones se siente mal?_____
_____
_____

¿En qué momentos se encuentra peor?_____
_____
_____

¿Hay algún lugar en el que se sienta especialmente mal?_____
_____
_____

¿Hay algún pensamiento, imagen o recuerdo que le haga sentirse peor?_____
_____
_____

Cuando se siente mal, ¿qué sensaciones físicas tiene? ¿Qué suele pensar o imaginar? ¿Qué suele hacer?_____
_____
_____

Si tuviera que puntuar el malestar de 0 (nada) a 10 (mucho), ¿cuál sería? ¿Con qué frecuencia aparece ese malestar?_____
_____
_____
_____

Subraye todo aquello que le ocurra diariamente con mucha intensidad:

Dolor de cabeza, palpitaciones, falta de energía, opresión en el pecho y/o garganta, cambios en el apetito, sensaciones en el estómago, sequedad de boca, soñar con el fallecido, pesadillas, dificultad para conciliar el sueño, despertarse pronto, sueño excesivo, dificultades de atención, concentración y/o memoria, añoranza del fallecido, buscarle sabiendo que está muerto, falta de metas, sentimientos de inutilidad con respecto al futuro, dificultad de aceptar la muerte, vida sin sentido o vacía, sensación de culpa, de soledad, de que una parte de usted se ha muerto, excesiva irritabilidad, amargura, enfado en relación con la muerte, asumir síntomas y/o conductas perjudiciales del fallecido, sensación de indiferencia, alucinaciones visuales y/o auditivas, atesorar objetos del fallecido, problemas con el alcohol, consumo de tabaco u otras drogas.

Desde que falleció su ser querido, ¿ha habido mejorías?_____
_____
_____

¿A qué cree que se ha debido?_____
_____
_____

¿Y empeoramientos? ¿A qué cree que se ha debido?_____
_____
_____

Indique situaciones problemáticas actuales_____
_____
_____
_____

Circunstancias de la pérdida
¿Cuál fue la causa de la muerte de su ser querido?_____
_____
_____
_____

¿Dónde murió?_____

_____

_____

¿Cómo tuvo lugar su muerte?_____

_____

_____

¿Cómo se sintió al darse cuenta de que estaba muerto?____

_____

_____

¿Qué hizo en ese momento? ¿Cómo reaccionó?_____

_____

_____

¿Cómo reaccionaron los demás familiares?_____

_____

_____

¿Qué ritos funerarios se realizaron? ¿Cómo se sintió?_____

_____

_____

¿Se pudieron cumplir las últimas voluntades de su ser querido?

_____

_____

En caso negativo, ¿cómo se siente por ello?_____

_____

_____

¿Pudo despedirse de su ser querido?_____

_____

_____

Historia de la relación

¿Cómo era él/ella?_____

_____

_____

_____

¿Cómo describiría la relación?_____

_____

_____

¿Cómo fueron los instantes menos felices, aquellas dificultades que todos tenemos con nuestras relaciones?_____

_____

_____

¿Qué aspectos de la relación resultaban conflictivos?_____

_____

_____

¿Cómo los resolvían?_____

_____

_____

En su relación con su ser querido, ¿hay algo que haya dicho, hecho, dejado de decir o hacer y de lo que se arrepienta ahora?_____

_____

_____

_____

Recursos personales

¿Qué es lo más característico de usted?_____

_____

_____

¿Cómo ha sido su vida antes de que todo esto pasara?_____

_____

_____

¿Qué dificultades ha tenido en el pasado? ¿Qué hizo para afrontarlas?_____

_____

_____

¿Qué tal ha sido su salud hasta la actualidad?_____

_____

_____

¿Ha aparecido algún problema físico tras la muerte de su ser querido? ¿Cuál?_____

_____

_____

¿Qué medicamentos toma?_____

_____

_____

¿Ha necesitado ayuda psicológica por presentar ansiedad, depresión, abuso de alcohol u otras sustancias?_____

_____

_____

¿En qué medida le fue útil?_____

_____

_____

¿Cuál es su profesión? ¿Qué le gusta de su trabajo?_____

_____

_____

¿Sabe relajarse?_____
_____
_____

¿Se considera religioso/a o espiritual? ¿Qué creencias le ayudan?_____
_____

¿Se considera extravertido/a?_____
_____
_____

¿Sabe disfrutar de la vida y de su tiempo? ¿Cuáles son sus aficiones?_____
_____
_____
_____

¿Ha dejado de hacer cosas que le gustaban?_____
_____
_____
_____

¿Cuántas horas suele dormir?_____
_____
_____

¿Hace ejercicio físico regularmente? ¿Cuántas horas a la semana?_____
_____
_____

¿Cree que lleva una dieta equilibrada? ¿Por qué?_____
_____
_____

Funcionamiento familiar

Describa la relación con sus familiares más próximos_____

_____

_____

_____

Cómo describiría la comunicación con ellos en cuanto a la expresión de sentimientos_____

_____

_____

En qué medida se siente apoyado, escuchado por su familia

_____

_____

_____

¿Cuáles son los puntos fuertes de su familia? ¿Cuáles se pueden mejorar?_____

_____

De todas las personas que le rodean, ¿Quiénes son los más importantes para usted?_____

_____

_____

Expectativas de la terapia

¿Qué cree que es un psicólogo?_____

_____

_____

¿Qué espera del tratamiento?_____

_____

_____

¿En qué cree que va a consistir?_____
_____
_____
_____
_____

¿Cuánto tiempo cree que durará?_____

¿En qué medida está dispuesto/a trabajar?_____
_____
_____

Vida diaria
Describa cómo se desarrolla un día normal de la semana____
_____
_____
_____
_____
_____

Describa cómo se desarrolla el fin de semana_____
_____
_____
_____
_____

Otros problemas
Describa otras áreas problemáticas de interés que no hayan
aparecido en el transcurso de la entrevista_____
_____
_____
_____

INVENTARIO DE DUELO COMPLICADO (IDC)

Por favor, pon una cruz en la opción que más se adapte a tu experiencia de duelo.

ÍTEM	Nunca	Raras veces	Algunas veces	A menudo	Siempre
1. Pienso tanto en la persona que ha fallecido que me resulta difícil hacer las cosas como las hacía antes.	0	1	2	3	4
2. Los recuerdos de la persona que murió me trastornan.	0	1	2	3	4
3. Siento que no puedo aceptar la muerte de la persona fallecida.	0	1	2	3	4
4. Anhelo a la persona que murió.	0	1	2	3	4
5. Me siento atraído por los lugares y las cosas relacionadas con la persona fallecida.	0	1	2	3	4
6. No puedo evitar sentirme enfadado con su muerte.	0	1	2	3	4
7. No me puedo creer que haya sucedido.	0	1	2	3	4
8. Me siento aturdido por lo sucedido.	0	1	2	3	4

	0	1	2	3	4
9. Desde que él/ella murió me resulta difícil confiar en la gente.	0	1	2	3	4
10. Desde que él/ella murió me siento incapaz de preocuparme de las personas que antes me preocupaban.	0	1	2	3	4
11. Me siento solo/a la mayor parte del tiempo desde que él/ella falleció.	0	1	2	3	4
12. Siento dolores en la misma zona del cuerpo / tengo algunos de los síntomas que sufría la persona que falleció.	0	1	2	3	4
13. Me tomo la molestia de desviarme de mi camino para evitar los recuerdos de la persona que murió.	0	1	2	3	4
14. Siento que la vida está vacía sin él/ella.	0	1	2	3	4
15. Escucho la voz de la persona hablándome.	0	1	2	3	4
16. Veo a la persona que murió de pie delante de mí.	0	1	2	3	4
17. Siento que es injusto que yo viva mientras que él/ella ha muerto.	0	1	2	3	4
18. Siento amargura por la muerte de esa persona.	0	1	2	3	4
19. Siento envidia de otras personas que no han perdido a nadie cercano.	0	1	2	3	4

REFERENCIAS BIBLIOGRÁFICAS

Aguado, J., Luciano, J., Cebolla, A., Serrano Blanco, A., Soler, J. y García-Campayo, J. (2015), «Bifactor analysis and construct validity of the five facet *mindfulness* questionnaire (FFMQ) in non-clinical Spanish samples», *Frontiers in Psychology*, n.º 6, p. 404.

Alonso Llácer, L. (2017), *Mindfulness y duelo: cómo la serenidad mindful y la compasión contribuyen al bienestar tras la pérdida*, tesis doctoral, Universidad de Valencia.

—, Ramos Campos, M., Barreto Martín, P. y Pérez Marín, M. (2019), «Modelos psicológicos del duelo: una revisión teórica», *Calidad de vida y salud*, vol. 12, n.º 1, pp. 65-75.

—, Barreto Martín, P., Ramos Campos, M., Mesa Gresa, P., Lacomba Trejo, L. y Pérez Marín, M. A. (2020), «*Mindfulness* and grief: The MADED program *mindfulness* for the acceptance of pain and emotions in grief», *Psicooncología*, vol. 17, n.º 1, pp. 105-116. [«*Mindfulness* y duelo: programa MADED, *mindfulness* para la aceptación del dolor, las emociones y el duelo».

—, Lacomba Trejo, L. y Pérez Marín, M. A. (2020), «Comorbilidad entre duelo complicado, sintomatología ansiosa y depresiva en dolientes de primer grado», *Evidentia*, Granada, vol. 17, p. e12754.

—, Lacomba Trejo, L. y Pérez Marín, M. A. (2021), «Factores de protección de duelo complicado en dolientes de primer grado: capacidad *mindful* y autocompasión», *Revista de Psicología de la Salud*, vol. 9, n.°1.

André, C. (2012), «Manejar la culpabilidad», *Revista Mente Sana*, n.° 80, pp. 49-51.

Arch, J. y Craske, M. (2006), «Mechanisms of *mindfulness*: Emotion regulation following a focused breathing induction», *Behaviour Research and Therapy*, n.° 44, pp. 1849-1858.

Arranz, P., Barbero, J., Barreto, P. y Bayés, R. (2008), *Intervención emocional en cuidados paliativos. Modelos y protocolos* (3.ª ed.), Barcelona, Ariel.

Asociación Americana de Psiquiatría (2014), *Manual diagnóstico y estadístico de los trastornos mentales* (5.ª ed.), Madrid, Panamericana.

Bach, P. y Hayes, S. (2002), «The use of Acceptance and Commitment Therapy to prevent the rehospitalization of psychotic patients: A randomized controlled trial», *Journal of Consulting and Clinical Psychology*, n.° 70, pp. 1129-1139.

Baer, R. (2003), «*Mindfulness* training as a clinical intervention: A conceptual and empirical review», *Clinical Psychology: Science and Practice*, n.° 10, pp. 125-143.

—, Smith, G. y Allen, K. (2004), «Assessment of *mindfulness* by self-report: the Kentucky Inventory of *Mindfulness* Skills», *Assessment*, vol. 11, pp. 191-206.

—, Smith, G., Hopkins, J., Krietemeyer, J. y Toney, L. (2006), «Using self-report assessment methods to explore facets of *mindfulness*», *Assessment*, vol. 13, pp. 27-45.

—, Lykins, E. y Peters, J. (2012), «*Mindfulness* and self-compassion as predictors of psychological wellbeing in long-term meditators and matched nonmeditators», *The Journal of Positive Psychology*, vol. 7, n.° 3, pp. 230-238.

Bargh, J. y Chartrand, T. (1999), «The unbearable automaticity of being», *American Psychologist*, n.º 54, pp. 462-479.

Barreto, P. (2008), «Intervención psicológica en el sufrimiento al final de la vida y en la elaboración del duelo», *Infocop*.

— y Soler M. (2007), *Muerte y duelo*, Madrid, Síntesis.

— y Soler M. (2008), «Apoyo psicológico en el sufrimiento causado por las pérdidas: el duelo», *Infocop*.

—, Yi, P. y Soler, C. (2008), «Predictores de duelo complicado», *Psicooncología*, vol. 5, n.º 2-3, p. 383.

—, De la Torre, O. y Pérez Marín, M. (2012), «Detección de duelo complicado», *Psicooncología*, vol. 9, n.º 2-3, p. 355.

— y Pérez Marín, M. (2013), «Tratamiento del duelo», en J. A. Cruzado, ed., *Manual de Psicooncología*, Madrid, Pirámide.

Belloch, A., Sandín, B. y Ramos, F. (1995), *Manual de psicopatología*, McGraw-Hill Interamericana.

Bion, W. (1962), *Learning from experience*, Londres, Karnac Books.

Bishop, S., Lau, M., Shapiro, S., Carlson, L., Anderson, N. D., Carmody, J., Segal, Z., Abbey, S., Speca, M., Velting, D. y Devins, G. (2004), «*Mindfulness*: a proposed operational definition», *Clinical Psychology: Science and Practice*, n.º 11, pp. 230-241.

Bisquerra, R. (2016), «Universo de emociones: la elaboración de un material didáctico», *Reflexiones, experiencias profesionales e investigaciones*, n.º 20, pp. 1-860.

Bluth, K. y Blanton, P. (2014), «*Mindfulness* and self-compassion: exploring pathways to adolescent emotional well-being», *Journal of Child and Family Studies*, vol. 23, n.º 7, pp. 1298-1309.

Bodhi, B. (2000), *A comprehensive manual of Abhidhamma*, Seattle, WA, BPS Pariyatt Editions.

Bonanno, G. A. y Keltner, D. (1997), «Facial expressions of emotion and the course of conjugal bereavement», *Journal of Abnormal Psychology*, vol. 106, n.º 1, p. 126.

— (2004), «Loss, trauma, and human resilience: have we underestimated the human capacity to thrive after aversive events?», *American Psychologist*, n.º 59, pp. 20-28.

Borkovec, T. (2002), «Life in the future versus life in the present», *Clinical Psychology: Science and Practice*, n.º 9, pp. 76-80.

Bowlby, J. (1977), «The making and breaking of affectional bonds», *British Journal of Psychiatry*, vol. 130, n.º 1-2.

— (1980), *Attachment and loss: loss; sadness and depression*, Nueva York, Basic Books.

Brito, G. (2014), «Rethinking *mindfulness* in the therapeutic relationship», *Mindfulness*, vol. 5, n.º 4, pp. 351-359.

Brown, K. y Ryan, R. M. (2003), «The benefits of being present: *mindfulness* and its role in psychological well-being», *Journal of Personality and Social Psychology*, n.º 84, pp. 822-848.

— y Vansteenkiste, M. (2006), «Future and present time perspectives, goal attainment, and well-being: antithetical or complementary?», *Psychological Inquiry*, vol. 18, n.º 4.

—, Ryan, R. y Creswell, J. (2007), «*Mindfulness*: theoretical foundations and evidence for its salutary effects», *Psychological Inquiry*, n.º 18, pp. 211-237.

Bucay, J. (2003), *El camino de las lágrimas*, Barcelona, Grijalbo.

Byock, I. (1997), *Dying well: peace and possibilities at the end of life*, Nueva York, Riverhead Books.

Caldwell, C. (2003), «Adult group play therapy», en C. Schaefer, ed., *Play therapy with adults*, Hoboken, NJ, Wiley, pp. 301-316.

Callahan, D. (2000), «Death and the research imperative», *New England Journal of Medicine*, vol. 342, n.º 9, pp. 654-656.

Carmody, J. y Baer, R. (2007), «Relationships between *mindfulness* practice and levels of *mindfulness*, medical and psychological symptoms and well-being in a *mindfulness*-based stress reduction program», *Journal of Behavioral Medicine*, n.º 31, pp. 23-33.

Carr, A. (2007), Psicología positiva: la ciencia de la felicidad, Grupo Planeta (GBS).

Collard, P., Avny, N. y Boniwell, I. (2008), «Teaching *Mindfulness Based Cognitive Therapy* (MBCT) to students: The effects of MBCT on the levels of *mindfulness* and subjective well-being», Counselling Psychology Quarterly, vol. 21, n° 4, pp. 323-336.

Creswell, D., Way B., Eisenberger, N. y Lieberman, N. (2007), «Neural correlates of dispositional *mindfulness* during affect labeling», *Psycosomatic Medicine*, vol. 69, n.° 6, pp. 560-565.

Cuenca, I. y Álvarez, E. (2015), «Tratamiento del duelo en salud mental: Una experiencia grupal», *Revista de Psicoterapia*, vol. 25, n.° 99, pp. 115-133.

Chödröm, P. (1998), *La sabiduría de la no evasión*, Barcelona, Paidós.

Dalai Lama (2010), *Sobre la felicidad, la vida y cómo vivirla*, Barcelona, De Bolsillo.

Darwin, C. (1872), *The expression of the emotions in man and animals*, Londres, John Murray. [Hay trad. cast.: *La expresión de las emociones en el hombre y en los animales*, Madrid, Alianza, 1998].

Davidson, R., Kabat-Zinn, J., Schumacher, J., Rosenkranz, M., Muller, D., Santorelli, S. y Sheridan, J. (2003), «Alterations in brain and immune function produced by *mindfulness* meditation», *Psychosomatic Medicine*, vol. 65, n.° 4, pp. 564-570.

Demi, A. y Miles, M. (1987), «Parameters of normal grief: A delphi study», *Death Studies*, vol. 11, n.° 6, pp. 397-412.

Díaz, N. R., Anchondo, H. E. y Pérez, O. R. (2012), *Inteligencia emocional plena: Mindfulness y la gestión eficaz de las emociones*, Barcelona, Kairós.

Diener, E., Suh, E. M. y Lucas, R. (1999), «Subjective well-being: Three decades of progress», *Psychological Bulletin*, n.° 125, pp. 276-302.

Dimidjian, S. y Linehan, M. (2003), «Defining an agenda for future research on the clinical application of *mindfulness* practice», *Clinical Psychology: Science and Practice*, n.° 10, pp. 166-171.

D'Ors, P. (2015), *Biografía del silencio*, Madrid, Siruela.

Dunn, B., Hartigan, J. y Mikulas, W. (1999), «Concentration and *mindfulness* meditations: Unique forms of consciousness?», *Applied Psychology and Biofeedback*, n.° 24, pp. 147-165.

Ekman, P. (1992), «An argument for basic emotions», *Cognition & emotion*, vol. 6, n.° 3-4, pp. 169-200.

—, (2017), *El rostro de las emociones: Cómo leer las expresiones faciales para mejorar sus relaciones*, Barcelona, RBA Bolsillo.

Engel, G. (1961), «Is grief a disease? A challenge for medical research», *Psychosomatic medicine*, n.° 23, pp. 18-22.

Engler, J. (1986), «Therapeutic aims in psychotherapy and meditation», en K. Wilber, J. Engler, y D. P. Brown, eds., *Transformations of consciousness: Conventional and contemplative perspectives on development*, Boston MA, Shambhala, pp. 17-51.

Erskine, R., Moursund, J. y Trautmann, R. (2013), *Beyond empathy: A therapy of contact-in relationships*, Londres, Routledge.

Falsafi, N. y Leopard, L. (2015), «Pilot study: Use of *mindfulness*, self-compassion, and yoga practices with low-income and/or uninsured patients with depression and/o anxiety», *Journal of Holistic Nursing: Official Journal of the American Holistic Nurses' Association*, vol. 33, n.° 4, pp. 289-297.

Felder, M., Zvolensky, M., Eifert, G. y Spira, A. (2003), «Emotional avoidance: An experimental test of individual differences and response suppression using biological challenge», *Behaviour Research and Therapy*, n.° 41, pp. 403-411.

Freud, S. (1976), *Duelo y melancolía*, Tomo XIV, Buenos Aires, Amorrortu.

García, E. y Lacasta, M. (2010), «El duelo en cuidados paliativos», *Guías médicas SECPAL*.

García-Campayo, J., Navarro Gil, M., Andrés, E., Montero Marín, J., López Artal, L. y Demarzo, M. (2014), «Validation of the Spanish versions of the long (26 items) and short (12 items) forms of the self-compassion scale (SCS)», *Health and Quality of Life Outcomes*, vol. 12, n.º 1, p. 4.

—, J., Cebolla, A. y Demarzo, M. (2016), *La ciencia de la compasión más allá del mindfulness*, Madrid, Alianza.

Gázquez, F. (2011), «*Mindfulness*: Psicología y meditación», *Revista Psicología Enginy*, n.º 18, pp. 69-83.

Germer, C. (2009), *The mindful path to self-compassion*, Nueva York, Guilford.

— (2015), *El poder de mindfulness*, Barcelona, Paidós.

Gibran, K. (2019), *El profeta/El jardín del profeta*, vol. 18, Barcelona, Ediciones Brontes.

Gilbert, P. (2009), *The compassionate mind: A new approach to life's challenges*, Oakland, CA, New Harbinger Press.

— (2015), *Terapia centrada en la compasión. Características distintivas*, Bilbao, Descleé de Brouwer.

— (2018), *La mente compasiva. Una nueva forma de enfrentarse a los desafíos vitales*, Barcelona, Eleftheria.

Goleman, D. (2010), *La práctica de la inteligencia emocional*, Barcelona, Kairós.

Gratz, K. y Gunderson, J. (2006), «Preliminary data on an acceptance-based emotion regulation group intervention for deliberate self-harm among women with borderline personality disorder», *Behavior Therapy*, n.º 37, pp. 25-35.

Grau, A. y Pérez, V. (2013), «Afrontar el sufrimiento a través de *mindfulness* y la compasión», III Jornada de humanización y ética en atención primaria.

Greenberg, L. S. (2004), «Emotion-focused therapy», *Clinical Psychology & Psychotherapy: An International Journal of Theory & Practice*, vol. 11, n.º 1, pp. 3-16.

— (2011), «Emotion-focused therapy», American Psychological Association.

Gross, J. y Muñoz, R. (1995), «Emotion regulation and mental health», *Clinical Psychology: Science and Practice*, n.º 2, pp. 151-164.

Hall, C., Row, K., Wuensch, K. y Godley, K. (2013), «The role of self-compassion in physical and psychological well-being», *The Journal of Psychology*, vol. 147, n.º 4, pp. 311-323.

Hall, M. e Irwin, M. (2001), «Physiological indices of functioning in bereavement», en M. S. Stroebe, *et al.*, eds., *Handbook of bereavement research. Consequences, coping, and care*, Washington, American Psycological Association, pp. 473-492.

Hayes, S. (1994), «Content, context, and the types of psychological acceptance», en S. C. Hayes, N. S. Jacobson, V. M. Follette y M. J. Dougher, eds., *Acceptance change: Content and context in psychotherapy*, Reno, NV, Context Press, pp. 13-32.

—, Strosahl, K. y Wilson, K. (1999), *Acceptance and commitment therapy: an experiential approach to Behavior change*, Nueva York, Guilford Press.

— y Wilson, K. (2003), «*Mindfulness*: Method and process», *Clinical Psychology: Science and Practice*, n.º 10, pp. 161-165.

—, Luoma, J., Bond, F., Masuda, A. y Lillis, J. (2006), «Acceptance and commitment therapy: Model, processes, and outcomes», *Behaviour Research and Therapy*, n.º 44, pp. 1-25.

Hebb, D. O. (1949), *The organisation of behaviour: a neuropsychological theory*, Nueva York, Science Editions.

Hernández, G. (2012), «Transitar el duelo», *Revista Mente sana*, n.º 79, pp. 24-25.

Hoge, E., Hölzel, B., Marques, L., Metcalf, C., Brach, N. y Lazar, S. (2013), «*Mindfulness* and self-compassion in generalized anxiety disorder: Examining predictors of disability», *Evidence-Based Complementary and Alternative Medicine: ECAM*, 576258.

Horowitz, M. (1997), *Stress response syndromes: PTSD, grief, and adjustment disorders*, Lanham, Maryland, Jason Aronson.

Humphrey, K. (2009), *Counselling strategies for loss and grief*, American Counselling Association Alexandria, VA.

Janet, P. (1889), *L'automatisme psychologique*, París, Félix Alcan.

Kabat-Zinn, J. (1990), *Full catastrophe living: Using the wisdom of your body and mind to face stress, pain and illness*, Nueva York, Delacourt.

— (1993), «*Mindfulness* meditation: Health benefits of an ancient Buddhist practice», en Goleman, D. y Garin, J., eds., *Mind/Body Medicine*, Yonkers, NY, Consumer Reports.

— (2003), «*Mindfulness*-based interventions in context: Past, present, and future», *Clinical Psychology: Science and Practice*, n.º 10, pp. 144-156.

— (2004), *Vivir con plenitud las crisis. Cómo utilizar la sabiduría del cuerpo y de la mente para afrontar el estrés, el dolor, y la enfermedad*, Barcelona, Kairós.

— (2005), *Coming to our senses*, Nueva York, Hyperion.

Kingston, J., Chadwick, P., Meron, D. y Skinner, T. (2007), «A pilot randomized control trial investigating the effect of *mindfulness* practice on pain tolerance, psychological well-being, and physiological activity», *Journal of Psychosomatic Research*, vol. 62, n.º 3, pp. 297-300.

Klass, D., Silverman, P. y Nickman, S. (2014), *Continuing bonds: New understandings of grief*, Londres, Taylor & Francis.

Klein, R., Dubois, S., Gibbons, C., Ozen, L., Marshall, S. y Cullen, N. (2015), «The Toronto and Philadelphia *mindfulness* scales: Associations with satisfaction with life and health-related symptoms», *International Journal of Psychology and Psychological Therapy*, vol. 15, n.º 1, pp. 133-142.

Körner, A., Coroiu, A., Copeland, L., Gomez-Garibello, C., Albani, C. y Zenger, M. (2015), «The role of self-compassion in buffering symptoms of depression in the general population», *PloS One*, vol. 10, n.º 10.

Kübler-Ross, E. (2003), *Sobre la muerte y los moribundos*, Nuevas Ediciones de Bolsillo.

Kumar, S. (2005), *Grieving mindfully. A compassionate and spi-*

ritual guide to coping with loss, Oakland, New Harbinger Publications.

— (2013), *Mindfulness for prolonged grief: A guide to healing after loss when depression, anxiety, and anger won't go away*, New Harbinger Publications.

Kurtz, R. (2004), *Hakomy method of mindfulness-based body psychotherapy*, Mendocino, California, LifeRhythm.

Lama, D., Ekman, P. y Goleman, D. (2009), *Sabiduría emocional*, Barcelona, Kairós.

Lanius, R., Williamson, P., Boksman, K., Densmore, M., Gupta, M. y Neufeld R. (2002), «Brain activation during script-driven imagery induced dissociative responses in PTSD: A functional magnetic resonance imaging investigation», *Biological Psychiatry*, n.º 52, pp. 305-311.

Lau, M., Bishop, S., Segal, Z., Buis, T., Anderson, N. y Carlson, L. (2006), «The Toronto *Mindfulness* Scale: Development and validation», *Journal of Clinical Psychology*, n.º 62, pp.1445-1467.

Leary, M. (2004), *The curse of the self: Self-awareness, egotism, and the quality of human life*, Nueva York, Oxford University Press.

— (2005), «Nuggets of social psychological wisdom», *Psychological Inquiry*, n.º 16, pp. 176-179.

—, Adams, C. y Tate, E. (2006), «Hypo-egoic self-regulation: Exercising self-control by diminishing the influence of the self», *Journal of Personality*, n.º 74, pp. 1803-1831.

LeDoux, J. (2003), «The emotional brain, fear, and the amygdala», *Cellular and molecular neurobiology*, vol. 23, n.º 4, pp. 727-738.

Levine, P. y Frederick, A. (1997), *Waking the tiger: Healing trauma: The innate capacity to transform overwhelming experiences*, Berkeley, CA, North Atlantic Books.

Li, J., Stroebe, M., Chan, C. y Chow, A. (2014), «Guilt in Bereavement: A Review and Conceptual Framework», *Death Studies*, vol. 38, n.º 3, pp. 165-171.

Limonero García J., Lacasta Reverte M., García García J., Mate Méndez J. y Prigerson H. (2009), «Adaptación al castellano del inventario de duelo complicado», *Medicina Paliativa*, vol. 16, n.° 5, pp. 291-297.

Lindemann, E. (1944), «Symptomatology and management of acute grief», *American Journal of Psychiatry*, vol. 101, n.° 2, pp. 141-148.

Linehan, M. (1993), *Las ventajas de estar presente: desarrollando una conciencia plena para reducir el malestar psicológico. Tratamiento cognitivo-conductual para el trastorno límite de personalidad*, Nueva York, Guilford.

— (1994), «Acceptance and change: The central dialectic in psychotherapy», en S. C. Hayes, N. S. Jacobson, V. M. Follette y M. J. Dougher, eds., *Acceptance and change: Content and context in psychotherapy*, Reno, NV, Context Press, pp. 73-90.

Lizasoain, L. y Joaristi, L. (2003), *Gestión y análisis de datos con SPSS Versión 11*, Madrid, Thomson.

Lumera, D. (2015), *Los 7 pasos del perdón: la ciencia de la felicidad: un método revolucionario para sanar y realizarse*, Barcelona, Ediciones Obelisco.

Ma, S. y Teasdale, J. (2004), «*Mindfulness*-based cognitive therapy for depression: replication and exploration of differential relapse prevention effects», *Journal of Consulting and Clinical Psychology*, n.° 72, pp. 31-40.

MacBeth, A. y Gumley, A. (2012), «Exploring compassion: A meta-analysis of the association between self-compassion and psychopathology», *Clinical Psychology Review*, n.° 32.

MacFarlane y L. Weisaeth, eds., *Traumatic stress: The effects of overwhelming experience on mind, body, and society*, Nueva York, Guilford Press, 2006, pp. 182-213.

MacLean, P. (1985), «Brain evolution relating to family, play, and the separation call», *Archives of General Psychiatry*, vol. 42, n.° 4, pp. 405-417.

Marcel, A. (2003), «Introspective report: Trust, self-knowledge and science», *Journal of Consciousness Studies*, n.º 10, pp. 167-186.

Martín-Asuero, A. (2010), *Con rumbo propio. Disfruta de la vida sin estrés*, Barcelona, Plataforma.

Martín-Asuero, A. y García de la Banda, G. (2007), «Las ventajas de estar presente desarrollando una conciencia plena para reducir el malestar psicológico», *International Journal of Clinical and Health Psychology*, vol. 7, n.º 2, pp. 369-384.

Martínez, I. (2019), *Profesionales portadores de oxitocina. Los buenos tratos profesionales*, Madrid, El Hilo Ediciones.

Mascaro, J., Darcher, A., Negi, L. y Raison, L. (2015), «The neural mediators of kindness-based meditation: A theoretical model», *Frontiers in Psychology*, n.º 6, p. 109.

Maturana, H. R. (2003), *El sentido de lo humano*, Santiago, JC Sáez Editor.

Mayer, J. D. y Salovey, P. (1997), «What is emotional intelligence», *Emotional development and emotional intelligence: Educational implications*, n.º 3, p. 31.

Meltzer, L., y Huckabay, L. (2004), «Impact of a contemplative end-of-life training program: Being with dying», *American Journal of Critical Care*, n.º 13, pp. 202-208.

Merkes, M. (2010), «*Mindfulness*-based stress reduction for people with chronic diseases», *Australian Journal of Primary Health*, vol. 16, n.º 3, pp. 200-210.

Montero-Marín, J., Tops, M., Manzanera, R., Demarzo, M., de Mon, M. y García-Campayo, J. (2015), «*Mindfulness*, resilience, and burnout subtypes in primary care physicians: The possible mediating role of positive and negative affect», *Frontiers in Psychology*, n.º 6.

Neff, K. (2003), «The development and validation of a scale to measure self- compassion», *Self and Identity*, n.º 2, pp. 223-250.

— (2012), *Sé amable contigo mismo. El arte de la compasión hacia uno mismo*, Barcelona, Onirio.

Neimeyer, R. (2007), *Aprender de la pérdida. Una guía para afrontar el duelo*, Barcelona, Paidós.

Nix, G., Ryan, R., Manly, J. y Deci, E. (1999), «Revitalization through self-regulation: The effects of autonomous and controlled motivation on happiness and vitality», *Journal of Experimental Social Psychology*, vol. 35, n.º 3, pp. 266-284.

Nyklícek, I., y Kuijpers, K. (2008), «Effects of *mindfulness*-based stress reduction intervention on psychological well-being and quality of life: Is increased *mindfulness* indeed the mechanism?», *Annals of Behavioral Medicine*, vol. 35, n.º 3, pp. 331-340.

Odriozola, C. (2002), «La elaboración del duelo», *Revista del psicólogo*.

Ogden, P., Minton, K. y Pain, C. (2009), *El trauma y el cuerpo. Un modelo sensoriomotriz de psicoterapia*, Bilbao, Descleé de Brouwer.

Olson, K., Kemper, K. y Mahan, J. (2015), «What factors promote resilience and protect against burnout in first-year pediatric and medicine-pediatric residents?», *Journal of Evidence-Based Complementary and Alternative Medicine*, vol. 20, n.º 3, pp. 192-198.

Park, C. (1998), «Stress-related growth and thriving through coping: The roles of personality and cognitive processes», *Journal of Social Issues*, vol. 54, n.º 2, pp. 267-277.

Parkes, C. (1972), «Accuracy of predictions of survival in later stages of cancer», *British Medical Journal*, n.º 2, pp. 29-31.

Payás, A. (2007), «Intervención grupal en duelo. En Duelo y Cáncer», Madrid, Sociedad Española de Oncología Médica (SEOM), pp. 169-183.

— (2010), *Las tareas del duelo, psicoterapia del duelo desde un modelo integrativo-relacional*, Barcelona, Paidós.

— (2015), *El mensaje de las lágrimas. Una guía para superar la pérdida de un ser querido*, Barcelona, Paidós.

Pérez Sales, P. (2006), *Trauma, culpa y duelo. Hacia una psicoterapia integradora*, Bilbao, Desclée de Brouwer.

Perls, F. (1973), *The gestalt approach and eye witness to therapy*, Nueva York, Bantam.

Portilla, M., Eraso, S., Galé, C., García, I., Moler, J. y Blanca, M. (2006), *Manual práctico del paquete estadístico SPSS para Windows* (3.ª edición revisada), Navarra, Universidad Pública de Navarra.

Prigerson, H., Vanderwerker, L. y Maciejewski, P. (2008), «A case for inclusion of prolonged grief disorder in DSM-V», *American Psychological Association*, pp. 165-186.

Ramírez, O. (2007), «Los estados emocionales en los momentos de duelo y la forma de abordarlos», *Ciencia y cuidado*, vol. 4, n.º 4.

Rando, T. (1988), *Grieving: How to go on living when someone you love dies*, Jossey Bass.

Reinboth, M., Duda, J. y Ntoumanis, N. (2004), «Dimensions of coaching behavior, need satisfaction, and the psychological and physical welfare of young athletes», *Motivation and Emotion*, vol. 28, n.º 3, pp. 297-313.

Rimpoché, S., Gaffney, P., Harvey, A. y Mustieles, J. L. (2002), *El libro tibetano de la vida y de la muerte*, Barcelona, Ediciones Urano.

Roberts, L. y Montgomery, S. (2015), «*Mindfulness*-based intervention for perinatal grief after stillbirth in rural India», *Issues in Mental Health Nursing*, vol. 36, n.º 3, pp. 222-230.

Robles, R. y Páez, F. (2003), «Estudio sobre la traducción al español y las propiedades psicométricas de las escalas de afecto positivo y negativo (PANAS)», *Salud Mental*, vol. 26, n.º 1, pp. 69-75.

Rogers, C. (1961), *On becoming a person*, Boston, MA, Houghton-Mifflin.

Rojas, S. (2008), *El manejo del duelo. Una propuesta para un nuevo comienzo*, Barcelona, Verticales de bolsillo.

Romo, R. A. (2014), «La emoción decide y la razón justifica», *Padres y Maestros/Journal of Parents and Teachers*, n.º 357, pp. 15-19.

— (2016), *Es emocionante saber emocionarse*, Madrid, Giuntieos Phychometrics.

Rushton, C., Sellers, D., Heller, K., Spring, B., Dossey, B. y Halifax, J. (2009), «Impact of a contemplative end-of-life training program: Being with dying», *Palliative and Supportive Care*, vol. 7, n.º 4, pp. 405-414.

Ryan, R. (2005), «The developmental line of autonomy in the etiology, dynamics, and treatment of borderline personality disorders», *Development and Psychopathology*, n.º 17, pp. 987-1006.

Rychlak, J. (1997), *In defense of human consciousness*, Washington, DC, APA.

Sagula, D. y Rice, K. (2004), «The effectiveness of *mindfulness* training on the grieving process and emotional well-being of chronic pain patients», *Journal of Clinical Psychology in Medical Settings*, vol. 11, n.º 4, pp. 333-342.

Salzberg, S. (1995), *Lovingkindness: The revolutionary art of happiness*, Boston, Shambala Publication.

— (2014), *Amor incondicional: La vía budista de las residencias celestiales que cambiará tu vida*, Barcelona, Debolsillo.

Schellekens, M., Van den Hurk, D., Prins, J., Molema, J., Donders, A., Woertman, W. y Speckens, A. (2014), «Study protocol of a randomized controlled trial comparing *Mindfulness*-Based Stress Reduction with treatment as usual in reducing psychological distress in patients with lung cancer and their partners: the MILON study», *BMC Cancer*, vol. 14, n.º 1.

SECPAL, S. E. D. C. P. (2014), «Guía de Cuidados Paliativos».

Segal, Z., Williams, J. y Teasdale, J. (2002), *Mindfulness based cognitive Therapy for depression: A new approach to preventing relapse*, Nueva York, Guilford.

Seligman, M. E. (2002), «Positive psychology, positive prevention, and positive therapy», *Handbook of positive psychology*, n.º 2, pp. 3-12.

Shapiro, S., Bootzin, R., Figueredo, A., López, A. y Schwartz, G.

(2003), «The efficacy of *mindfulness*-based stress reduction in the treatment of sleep disturbance in women with breast cancer: An exploratory study», *Journal of Psychosomatic Research*, n.º 54, pp. 85-91.

—, Oman, D., Thoresen, C., Plante, T. y Flinders, T. (2008), «Cultivating *mindfulness*: effects on well-being», *Journal of clinical psychology*, vol. 64, n° 7, pp. 840-862.

Sheldon, K. y Vansteenkiste, M. (2005), «Personal goals and time travel: How are future places visited, and is it worth it?», en Strathman, A. y Joreman, J., eds., *Understanding behavior in the context of time: Theory, research, and application*, Mahwah, NJ, Lawrence Erlbaum, pp. 143-163.

Siegel, D. (1995), «Memory, trauma, and psychotherapy: A cognitive science view», *Journal of Psychotherapy Practice and Research*, vol. 42, n.º 2, pp. 93-122.

— (2001), «Toward an interpersonal neurobiology of the developing mind: Attachmentn relationships, Mindsight, and neural integration», *Infant Mental Health Journal*, vol. 22, n.º 1, pp. 67-94.

— (2007), *The mindful brain: Reflection and attunement in the cultivation of well-being* (Norton Series on Interpersonal Neurobiology), WW Norton and Company.

— (2010), *Mindsight: The new Science of personal transformation*, Barcelona, Bantam Books.

Simón, V. (2006), «*Mindfulness* y neurobiología», *Revista de Psicoterapia*, n.º 17, pp. 5-30.

— (2010), «*Mindfulness* y psicología: Presente y futuro», *Información psicológica*, n.º 100, pp. 162-170.

— (2011), *Aprender a practicar mindfulness*, Barcelona, Sello Editorial.

— (2015), *La compasión: el corazón del mindfulness*, Barcelona, Sello Editorial.

Smith, P., Range, L. y Ulmer, A. (1992), «Belief in afterlife as a buffer in suicidal and other bereavement», *OMEGA-Journal of Death and Dying*, vol. 24, n.º 3, pp. 217-225.

Soler Ribaudi, J., Tejedor, R., Feliu-Soler, A., Segovia, P., Carlos, J. y Cebolla, A. (2012). «Propiedades psicométricas de la versión española de la escala *Mindful* Attention Awareness Scale (MAAS)», *Actas Españolas de Psiquiatría*, vol. 40, n.º 1, pp. 19-26 .

Speca, M., Carlson, L., Goodey, E. y Angen, M. (2000), «A randomized, wait-list controlled clinical trial: The effect of a *mindfulness* meditation-based stress reduction program on mood and symptoms of stress in cancer outpatients», *Psychosomatic Medicine*, vol. 62, n.º 5, pp. 613-622.

Stroebe, M., Hansson, R., Stroebe, W. y Schut, H. (2001), *Handbook of bereavement research: Consequences, coping, and care*, American Psychological Association.

Tacon, A. (2011), «*Mindfulness*: Existential, loss, and grief factors in women with breast cancer», *Journal of Psychosocial Oncology*, vol. 29, n.º 6, pp. 643-656.

Tangney, J., Baumeister, R. y Boone, A. (2004), «High self-control predicts good adjustment, less pathology, better grades, and interpersonal success», *Journal of Personality*, n.º 72, pp. 271-322.

Tart, C. (1994), *Living the mindful life*, Boston, MA, Shambhala.

Teasdale, J. (1999), «Emotional processing, three modes of mind and the prevention of relapse in depression», *Behaviour Research and Therapy*, n.º 37, pp. 53-77.

—, Moore, R., Hayhurst, H., Pope, M., Williams, S. y Segal, Z. (2002), «Metacognitive awareness and prevention of relapse in depression: empirical evidence», *Journal of Consulting and Clinical Psychology*, n.º 70, pp. 275-287.

Terol-Cantero, M., Cabrera-Perona, V. y Martín-Aragón, M. (2015), «Revisión de estudios de la escala de ansiedad y depresión hospitalaria (HAD) en muestras españolas», *Anales de Psicología*, vol. 31, n.º 2, pp. 494-503.

Thich Nhat Hanh (2002), *Transformación y sanación*, Barcelona, RBA coleccionables.

Tierno, B. (2008), *Los pilares de la felicidad*, Madrid, Planeta.

Tilghman-Osborne, C., Cole, D. y Felton, J. (2010), «Definition and measurement of guilt: Implications for clinical research and practice», *Clinical Psychology Review*, vol. 30, n.° 5, pp. 536-546.

Tolle, E. (2000), *El poder del ahora*, Barcelona, Norma.

Toro, J. I., Mesa, L. y Quintero, J. F. (2017), «Prácticas de atención a la familia en duelo ante la muerte del neonato en la unidad de cuidado intensivo neonatal», *MÉD.UIS*, vol. 30, n.° 3, pp. 89-100.

Van der Kolk, B. (1987), *Psychological trauma*, Washington, DC, American Psychiatric Association.

— (1996), «The complexity of adaptation to trauma: Self-regulation, stimulus discrimination, and characterological development», en B. A. van der Kolk, A. C. McFarlane y L. Weisaeth, eds., *Traumatic stress: The effects of overwhelming experience on mind, body and society*, Nueva York, Guilford Press, pp.182-213.

—, Bessel, A., Van der Hart, O. y Marmar, C. (1996), «Dissociation and information processing in posttraumatic stress disorder», en B. A. van der Kolk, A. C. McFarlane y L. Weisaeth, eds., *Traumatic stress: The effects of overwhelming experience on mind, body and society*, Nueva York, Guilford Press, pp. 303-327.

Veehof, M., Peter, M., Taal, E., Westerhof, G. y Bohlmeijer, E. (2011), «Psychometric properties of the dutch five facet *mindfulness* questionnaire (FFMQ) in patients with fibromyalgia», *Clinical Rheumatology*, vol. 30, n.° 8.

Wada, K. y Park, J. (2009), «Integrating buddhist psychology into grief counselling», *Death Studies*, vol. 33, n.° 7, pp. 657-683.

Wallach, H., Buchheld, N., Buttenmuller, V., Kleinknecht, N. y Schmidt, S. (2006), «Measuring *mindfulness*–the Freiburg *Mindfulness* Inventory (FMI)», *Personality and Individual Differences*, n.° 40, pp. 1543-1555.

Weinstein, N., Brown, K. y Ryan, R. (2009), «A multi-method examination on the effects of *mindfulness* on stress attribution, coping, and emotional well-being», *Journal of Research in Personality*, n.º 43, pp. 374-385.

Werner, K., Jazaieri, H., Goldin, P., Ziv, M., Heimberg, R. y Gross, J. (2012), «Self-compassion and social anxiety disorder», *Anxiety, Stress and Coping*, vol. 25, n.º 5, pp. 543-558.

Wilber, K. (1996), *A Brief History of Everything*, Boston, Shambhala.

Winnicott, D. (1953), «Transitional objects and transitional phenomena», *The international Journal of Psycho-Analysis*, n.º 34.

Woodfield, R. y Viney, L. (1985), «A personal construct approach to bereavement», *Omega*, n.º 16, pp. 1-13.

Worden, J. (1996), *Children and grief: When a parent dies*, Guilford Press.

— (1997), *El tratamiento del duelo: asesoramiento psicológico y terapia*, Barcelona, Paidós.

— (2013), *El tratamiento del duelo: asesoramiento psicológico y terapia*, Barcelona, Paidós.

—, Payás, A., Herrero, O. y Santos, V., «Visión contemporánea del duelo. Encuentro con los expertos», Jornadas Instituto IPIR, Barcelona, 29-30 abril de 2016.

Yoffe, L. (2012), «Beneficio de las prácticas religiosas/espirituales en el duelo», *Avances en Psicología*, vol. 20, n.º 1, pp. 9-30.

Zessin, U., Dickhäuser, O. y Garbade, S. (2015), «The relationship between self-compassion and well-being: A Meta-Analysis», *Applied Psychology: Health and Well-Being*, vol. 7, n.º 3, pp. 340-364.

Zimbardo, P. y Boyd, J. (1999), «Putting time in perspective: A valid, reliable Individual-differences metric», *Journal of Personality and Social Psychology*, n.º 77, pp. 1271-1288.

AGRADECIMIENTOS

Quiero dedicarles unas líneas impregnadas de amor a todas esas personas que han hecho posible que un sueño se convierta en realidad, un miedo en oportunidad, y un esfuerzo continuo en recompensa. Esa recompensa que se queda impresa en lo más profundo del corazón, grabada a fuego, incapaz de olvidarse. La recompensa por haber hecho un trabajo con cariño, ilusión y paciencia; y la recompensa de haber recibido en el camino todas las ayudas necesarias.

A mis dos profesoras, las doctoras María Pilar Barreto Martín y Marian Pérez-Marín, por su dedicación, paciencia, y por aquellos momentos en los que me he sentido a ciegas y a través de sus palabras me han ayudado a ver con claridad lo que se gestaba en mi mente de una forma vaga y confusa.

A mis compañeros del equipo de investigación, Sheila, Rebeca, Omayra y Kristel, por todos los momentos compartidos y por haber hecho posible, en primera instancia, la puesta en marcha de algunas de las sesiones del protocolo general de *mindfulness* en la universidad, que me ayudaron a confiar en mí misma.

A mis compañeros de trabajo de la AECC, por su presencia en cada una de las ocho sesiones del protocolo. Gracias por esas críticas constructivas, por vuestro tiempo, por vuestro esfuerzo y por el apoyo que he recibido a lo largo del camino. Sin vuestra ayuda y sin esta oportunidad que me habéis brindado, nunca me hubiera atrevido a ponerlo en marcha en personas dolientes.

A mi colega de profesión y compañero del alma, Javier García, por todo el apoyo recibido, por ayudarme a creer en mi valía personal y por quererme incondicionalmente.

A mis primeros profesores de *mindfulness*, Andrés Martín-Asuero y Dharmakirti Zuazquita, porque gracias a ellos sentí cuál era mi camino desde los primeros pasos.

Al doctor Vicente Simón, cuya maravillosa charla a la que asistí cuando todavía era estudiante de la licenciatura de Psicología, me hizo ser plenamente consciente de lo que quería hacer en mi vida profesional y personal.

A mi familia, mis padres, por apoyarme en mi evolución como profesional de la psicología, por haber compartido conmigo mi responsabilidad como madre, gracias a lo que he podido dedicarme en cuerpo y alma a lo que considero mi vocación. A ellos les debo que el esfuerzo de todos estos años haya podido dar su fruto materializado en este libro, cosecha de una investigación previa en el ámbito universitario con la que me doctoré.

A mi hija Sandra, por ser mi luz. A mi nieta Shiela Sofía, mi nieto Uriel y mi nieta Seren, que viene en camino, porque al admirarlos (mirar con amor) puedo conectar con ternura con mi niña interior.

A mi compañera de trabajo en AECC Marta Ramos, y a Estefanía Mónaco, mi angelito en el camino. Vuestra paciencia, tiempo y generosidad permitieron que algo que era para mí un imposible, se transformara en algo posible, e incluso en un reto. Poder investigar este tema junto a vosotras ha sido una verdadera aventura y una gran superación. Os estaré eternamente agradecida.

A todas esas personitas que confiaron en mí y que se permitieron abrir su corazón sesión a sesión, convirtiéndonos en una gran familia: Jorge, Lola, Ramón, Elvira, Mari Carmen, Patricia,

Verónica, Paola, Paolo, Leonor, Pepe, Mari Carmen, Eva, Isabel, Patricia, Dolores, Noelia, Carolina, Mari, Alexandra Montiel, María Dolores, María José y Carmen. Sin vuestras almas dispuestas a compartir el dolor, este libro no hubiese sido posible. Vuestra experiencia le ha dado sentido a este programa, creado desde el camino de la mente y aplicado desde el corazón.

A mi marido Juan Manuel, que en un momento de inspiración compartió conmigo una frase que aparece en un subtítulo del libro y que vibró muy adentro; quizá se convierta en el título de una próxima obra (El amor más allá de la vida). Gracias por ser mi compañero de viaje y el espejo donde se refleja mi luz y mi sombra.

Y a Yolanda, mi editora. Todavía recuerdo el día que abrí el correo y leí su mensaje. Sentí que algo que se había estado gestando debajo de la tierra durante muchos años (como el bambú), iba a salir a la luz de repente gracias a su visión. Entendí que este encuentro formaba parte de un orden más grande y que nosotras sencillamente éramos el instrumento para un fin. Gracias por apostar por este libro y por recordarme la escritora que llevo dentro y que no me había atrevido a dejar salir. Tus palabras han hecho que rescate del cajón de mis recuerdos de la infancia una de las vocaciones más auténticas de mi corazón. Escribir es mi pasión, la había abandonado, hasta que te cruzaste en mi camino. Tu llegada fue mi inspiración.